Innehalten

Die Tiefe des Lebens entdecken

Innehalten

im Geiste der Alexander-Technik,
des Voice Dialogue und des Zen:

Die Tiefe des Lebens entdecken

Helmut Rennschuh

Helmut Rennschuh

Innehalten

im Geiste der Alexander-Technik,
des Voice Dialogue und des Zen:

Die Tiefe des Lebens entdecken

© Copyright der 1. Auflage
2010 Lüchow in Kamphausen.media, Bielefeld

Überarbeitete 3. Auflage 2024
© Helmut Rennschuh

Lektorat: Otmar Fischer
Gestaltung: Kerstin Fiebig, ad department, Bielefeld
Abbildung Titel: © tfazevedo | fotolia.de
Verlag: BoD · Books on Demand GmbH, In de Tarpen 42, 22848 Norderstedt
Druck: Libri Plureos GmbH, Friedensallee 273, 22763 Hamburg

Bibliografische Information der Deutschen Nationalbibliothek
Die Deutsche Nationalbibliothek verzeichnet diese Publikation in der
Deutschen Nationalbibliografie; detaillierte bibliografische Daten sind
im Internet über http://dnd.d-nb.de abrufbar.

ISBN: 978-3-7597-6132-3

*Für Elisabeth,
meine liebe Weggefährtin
und Frau*

Vorwort zur Neuauflage .... Seite 12

Vorwort zur ersten Auflage .... Seite 14

Einleitung .... Seite 18

Zum Geleit .... Seite 23

Teil I: Von der Unruhe zur Stille .... Seite 24

Abschnitt 1: Durcheinander... Seite 25
    Einblick 1: Das Nervensystem .... Seite 25
    Kapitel 1: Leben ohne Innehalten .... Seite 28
        1.1 Unsere rasante Welt... Seite 28
        1.2 Unser beschleunigtes Leben .... Seite 31
        1.3 Außer sich sein .... Seite 33
        1.4 Zu viel zu tun .... Seite 35
    Ausblick 1: Das Ziel verfehlen .... Seite 37
    Überblick und Übungen zur Vertiefung .... Seite 41

Abschnitt 2: Achtsamkeit... Seite 42
    Einblick 2: Unser formbares Gehirn
                als Ergebnis der Evolution... Seite 42
    Kapitel 2: Innehalten um zu leben .... Seite 46
        2.1 Der Beobachter: Wie ein Fels in der Brandung .... Seite 46
        2.2 Beobachter und Hirnforschung .... Seite 48
        2.3 Wahrnehmung unserer Innenwelt .... Seite 50
        2.4 Wahrnehmung der Außenwelt....................................... Seite 53
        2.5 Innehalten und Wahrnehmung .... Seite 56
        2.6 Innehalten und die Verlangsamung der Zeit .... Seite 57
        2.7 Im Kontakt mit unserem Wesenskern .... Seite 60

Ausblick 2: Bewusstsein – Achtsamkeit .... Seite 62
Überblick und Übungen zur Vertiefung .... Seite 66

Abschnitt 3: Mehr Zeit und Muße .... Seite 68
   Einblick 3: Wahrnehmung und invariante Repräsentation .... Seite 68
   Kapitel 3: Wege zum Innehalten .... Seite 71
      3.1 Urlaub.. Seite 71
      3.2 Wandern.. Seite 74
      3.3 Meditation... Seite 77
      3.4 Pause .... Seite 80
      3.5 Achtsamkeit im Alltag.. Seite 81
   Ausblick 3: Sein .... Seite 85
   Überblick und Übungen zur Vertiefung .... Seite 88

Teil II: Eine neue Art innezuhalten... Seite 90

Abschnitt 4: Balance .... Seite 91
   Einblick 4: Zusammenwirken alter und neuer Gehirnteile........ Seite 91
   Kapitel 4: Innehalten während einer Aktivität .... Seite 95
      4.1 Zwei Arten von Innehalten .... Seite 95
      4.2 Beispiel Ausdauersport: Laufen..................................... Seite 96
      4.3 Innehalten und Wahlfreiheit .... Seite 99
      4.4 Beispiel Ballsport... Seite 101
      4.5 Innehalten und Flow .... Seite 103
      4.6 Beispiel Klavierspielen... Seite 106
      4.7 Innehalten und die Qualität der Wahrnehmung .... Seite 109
   Ausblick 4: Handeln im Jetzt – erleuchtetes Handeln............. Seite 112
   Überblick und Übungen zur Vertiefung .... Seite 115

Abschnitt 5: Stufen – der Blick in die Tiefe .... Seite 117
   Einblick 5: Innehalten im Spiegel der Evolution .... Seite 117
   Kapitel 5: Stufen des Innehaltens .... Seite 122
      5.1 Ein Blick in die Tiefe... Seite 122
      5.2 Ein Fundament aus Ruhe und Stille.............................. Seite 125
      5.3 Offen werden für neue Wege.. Seite 127
      5.4 Innehalten als Kunst .... Seite 130
      5.5 Stille und Kreativität .... Seite 134
   Ausblick 5: Innehalten – die Tiefe im Sein .... Seite 135
   Überblick und Übungen zur Vertiefung .... Seite 139

Teil III: Innehalten lernen und vertiefen .... Seite 140

Abschnitt 6: Achtsamkeit, Balance und Aufrichtung .... Seite 141
   Einblick 6: Feste Reaktions-, Denk- und Handlungsmuster ..... Seite 142
   Kapitel 6: Alexander-Technik: Innehalten als Übungsweg ...... Seite 146
      6.1 Die Arbeit mit Denk- und Handlungsmustern .... Seite 146
      6.2 F.M. Alexander und seine Experimente....................... Seite 148
      6.3 Zielstreben und Gewohnheiten..................................... Seite 151
      6.4 Innehalten und Direktiven.. Seite 154
      6.5 Natürliche Koordination und Primärkontrolle .... Seite 156
      6.6 Unterricht .... Seite 159
      6.7 Beispiele für spezifische Anwendungen .... Seite 161
      6.8 Alexander-Technik im Alltag – ein Übungsweg........... Seite 166
      6.9 Mögliche Irrwege und Missverständnisse .... Seite 169
      6.10 Innehalten und
           die Einheit des psycho-physischen Erlebens .... Seite 171
   Ausblick 6: Innehalten und Ausrichtung – der Weg ins Sein... Seite 173
   Überblick und Übungen zur Vertiefung .... Seite 179

Abschnitt 7: Im Fluss des Lebens .... Seite 181
  Einblick 7: Innehalten und bewusste Kontrolle .... Seite 181
  Kapitel 7: Innehalten als Tor zur Veränderung .... Seite 185
    7.1 In Gewohnheiten erstarren .... Seite 185
    7.2 Entscheidungsfreiheit gewinnen .... Seite 187
    7.3 Im Fluss des Lebens .... Seite 189
    7.4 Eine neue Qualität im Denken und Handeln .... Seite 192
    7.5 Entfaltung des Lebens .... Seite 195
  Ausblick 7: Leben heißt Entwicklung.. Seite 198
  Überblick und Übungen zur Vertiefung .... Seite 201

Abschnitt 8: Die Mitte zwischen den Gegensätzen........................ Seite 202
  Einblick 8: Wahrnehmung unserer selbst .... Seite 202
  Kapitel 8: Voice Dialogue: Wahrnehmen statt unterdrücken.. Seite 205
    8.1 Das Drama in unserem Leben .... Seite 205
    8.2 Voice Dialogue.. Seite 207
    8.3 Innehalten und Unterdrücken .... Seite 210
    8.4 Innehalten in der zwischenmenschlichen
        Begegnung.. Seite 214
    8.5 Unrast und Zielstreben im Spiegel
        des Voice Dialogue .... Seite 216
  Ausblick 8: Die Formen unseres Ichs.. Seite 220
  Überblick und Übungen zur Vertiefung .... Seite 223

Teil IV: Innehalten in einem umfassenden Sinne .... Seite 224

Abschnitt 9: Es wachsen Flügel .... Seite 225
   Einblick 9: Achtsamkeit und Verbundenheit .... Seite 225
   Kapitel 9: Was wir von F.M. Alexander, dem Voice Dialogue
           und der Zen-Tradition lernen können .... Seite 229
      9.1 Neue Formen der Achtsamkeit .... Seite 230
      9.2 „Wir werden sehen" .... Seite 231
      9.3 Urteilen als Weckruf .... Seite 232
      9.4 Innehalten statt Benennen .... Seite 235
      9.5 In der Schwebe halten .... Seite 237
      9.6 Ziele verfolgen ohne Zielstreben .... Seite 238
      9.7 Reize als Auslöser von starren Mustern
          wahrnehmen .... Seite 239
      9.8 Bewusst und achtsam in einem umfassenden
          Sinne sein .... Seite 241
   Ausblick 9: Uralte Weisheit .... Seite 244
   Überblick und Übungen zur Vertiefung .... Seite 248

Abschnitt 10: Transparenz – die Lebendigkeit scheint durch .... Seite 250
   Einblick 10: Intention, Innehalten und Entwicklung .... Seite 250
   Kapitel 10: Innehalten als Tor zum Leben .... Seite 253
      10.1 Das Paradox der Zeit .... Seite 253
      10.2 Innehalten als lebendiger Prozess .... Seite 256
      10.3 Die Fülle des Lebens .... Seite 258
      10.4 Die Tiefe des Lebens .... Seite 261
   Ausblick 10: Leben als Erfahrung der Einheit – Einklang .... Seite 264

Ende des klassischen Teils .... Seite 267

Teil V: Alles ist anders .... Seite 268

Abschnitt 11: Leere .... Seite 269
   Einblick 11: Bewusstsein und Ich .... Seite 269
   Kapitel 11: Die große Illusion .... Seite 273
      11.1 Erneutes Innehalten .... Seite 274
      11.2 Vorläufige Antworten .... Seite 275
      11.3 Ursachen unserer Unruhe .... Seite 279
      11.4 Denken und Urteilen erzeugen
          eine starre Identität... Seite 281
      11.5 Gewohnheiten verstärken das illusionäre Ich .... Seite 282
      11.6 Innehalten und Fragen .... Seite 284
   Ausblick 11: Fragen .... Seite 287
   Überblick und Übungen zur Vertiefung .... Seite 291

Abschnitt 12: Verbundenheit .... Seite 292
   Einblick 12: Ein neuer Ansatz .... Seite 292
   Kapitel 12: Alles ist verbunden .... Seite 299
      12.1 Bewusstsein als eine lebendige reale Größe .... Seite 299
      12.2 Offene Wahrnehmung in einem umfassenden Sinn.. Seite 301
      12.3 Das Netz der Natur .... Seite 303
      12.4 Durchlässigkeit .... Seite 306
      12.5 Offenheit .... Seite 307
      12.6 Innen und Außen .... Seite 309
      12.7 Neue Antworten? .... Seite 311
   Ausblick 12: Das Unbeschreibliche beschreiben .... Seite 313

Anmerkungen .... Seite 318
Literaturverzeichnis .... Seite 331
Danksagung .... Seite 334

Vorwort zur Neuauflage

Das Buch „Innehalten" wurde vor über zehn Jahren geschrieben, um dem Wort „Innehalten" zu einer umfassenderen Bedeutung zu verhelfen, denn in der üblichen Bedeutung als „Abwarten" und „Noch-einmal-Nachdenken" beschreibt es nur einen winzigen Teil eines nahezu magischen Phänomens: Wahres Innehalten ist vor allem anderen ein *In-Kontakt-Kommen mit dem gegenwärtigen Moment.* Dieser Perspektivwechsel vom Vorwärtsstreben zum Dasein hat in der Tat etwas Magisches. Es ist wie ein Erwachen. Es ist als würden wir den Klang eines alten Radios durch ein Livekonzert ersetzen oder statt eines vergilbten Fotos eine wirkliche Landschaft sehen.

Vorwort

Nehme ich den Mund zu voll? Wir werden sehen. Natürlich ist der angedeutete Unterschied schwer durch Worte zu vermitteln. Daher ist das vorliegende Buch eine Art Werkzeugkiste. Es enthält so manches, das uns auf dem Weg in die Tiefe das Lebens dienlich sein kann. Für jeden wird dieser Weg etwas anders verlaufen. Daher ist der Werkzeugkasten prall gefüllt – vielleicht etwas zu sehr, wenn man an die Dicke des Buches denkt. Aber auch das werden wir sehen….

Um den Umfang der Änderung für die Neuauflage möglichst gering zu halten, wurde darauf verzichtet „Beobachter" durch „Beobachter oder Beobachterin" oder „Schüler" durch „Schüler und Schülerin" zu ersetzen, wie es aus heutiger Sicht angemessen erscheint. Bitte lesen Sie das Wort „Schüler" gleichsam neutral und denken Sie dabei an Schülerinnen und Schüler.

Helmut Rennschuh
Weimar im August 2024

Innehalten | Die Tiefe des Lebens entdecken

Vorwort zur ersten Auflage

Weil du sie [die Augen] offen hast,
glaubst du, du siehst.

Goethe, *Egmont*, 2. Aufzug, Egmonts Wohnung

Erleben wir das Leben mit all unseren Sinnen und spüren wir seine vitale Kraft in uns? Oder beschränken wir uns darauf, stets von Neuem ein Tagesprogramm zu organisieren und zu absolvieren? Lange können solche Fragen tief in unserem Inneren verborgen sein, bis sie plötzlich den Weg an die Oberfläche unseres Bewusstseins finden. Vielleicht geschieht dies beim Blick in die Augen eines kleinen Kindes, in denen sich das Leben in seiner ursprünglichen, unmaskierten Form zeigt, oder in einer stillen Stunde am Meer, die uns die Tiefe und Weite des menschlichen Daseins spiegelt. Es sind entscheidende Fragen, die da auftauchen. Sie mögen uns manchmal betrübt werden lassen. Doch das ist kein Grund, ihnen auszuweichen, denn sie können uns zu bedeutenden Entdeckungen führen. Davon handelt das vorliegende Buch.

Die meisten Menschen der westlichen Welt sind von Stress geplagt. Sie erledigen eine Aufgabe nach der anderen und hoffen, irgendwann mehr Ruhe zu finden. Viele leben in dem Gefühl, dass sie auf dem falschen Weg sind und ihre wahre Bestimmung noch nicht gefunden haben, doch ihre Betriebsamkeit schiebt das Gefühl in den Hintergrund. Kann Innehalten ein Schlüssel sein, um uns ein Tor zu neuen Wegen zu öffnen? Und lässt sich damit ein umfassender Veränderungsprozess anstoßen – im Einzelnen wie auch global?

Das Innehalten hat viele Facetten. Es erlaubt eine Bestandsaufnahme und eine Neuorientierung. Wie Einstein sagt, kann man Probleme nicht mit derselben Denkweise lösen, durch die sie entstanden sind. Gerade dann, wenn sich drängende Fragen und Aufgaben immer höher vor uns auftürmen und uns anscheinend keine Zeit zum Verweilen lassen, kann ein radikal neues Handeln erforderlich sein. Denn selbst Probleme, die schnelles Handeln verlangen, erscheinen in einem anderen Licht, wenn wir innehalten. So eröffnen sich Wege zu einer Lösung auf einer anderen Ebene, denn unser Denken und Handeln bekommt durch das Innehalten eine neue Qualität. Doch Innehalten bewirkt noch viel mehr.

Wahrhaft tief greifende Veränderungen beginnen im einzelnen Menschen – in uns selbst. Wir können vor allem auf unser eigenes Leben einwirken. Dabei spielt Innehalten eine entscheidende Rolle. Es verändert unser Lebensgefühl in grundsätzlicher Weise. Statt uns immer nur im Außen zu orientieren und dabei ans Außen zu verlieren, können wir durch eine gewisse Art von Innehalten die Verbindung zur Essenz unseres Lebens tief in uns entdecken. Es ist der Schatz, den jeder in sich trägt. Doch viele Menschen haben sich so weit von der Quelle des Lebens entfernt, dass sie die Erinnerung daran verloren zu haben scheinen.

Rastlosigkeit sowie das Gefühl, keine Zeit zu haben, haben sich zu den Grundpfeilern unseres Lebensgefühls entwickelt. So entsteht der Eindruck, wie ein Hamster im Laufrad zu leben. Die Außenwelt stürmt immer mächtiger auf uns ein: Erwartungen und Anforderungen nehmen zu, die Sinne werden mit immer schrilleren, hektischeren Bildern und Klängen überflutet, und Aufgaben sollen effizienter und in kürzerer Zeit erledigt werden. All das verlangt immer schnellere Reaktionen und Antworten.

Schnelligkeit wird dabei zu einem hohen Ziel und zu einer bewunderten Tugend. Schon Kinder und Jugendliche erleben vor allem in der Schule Leistungsdruck, während eine übermäßige Nutzung von Internet und Smartphone ihre Unruhe und Überlastung steigert. Selbst unser Studiensystem ist ganz auf das Sammeln von Creditpoints ausgerichtet. Hinter all dem steht der Gedanke des Wettbewerbs, der die meisten Menschen zu zwingen scheint, in einem zunehmenden Tempo zu leben. Doch da Lebensqualität, wirklicher Fortschritt und innere Entwicklung dabei zu kurz kommen, haben viele das Gefühl, sich nur immer schneller im Kreis zu drehen, statt erfüllt zu leben und sich zu entfalten.

Ein Leben in der oben beschriebenen Weise „schreit" nach mehr Innehalten. Wer dies wahrnimmt, dem stellen sich folgende Fragen:

- Wie kann ich den genannten Zwängen entgehen?
- Wenn sich aber an den äußeren Umständen nichts ändern lässt, kann dann bereits eine Veränderung meiner Reaktionsweise die Situation für mich ändern?

Stellen wir uns ein Leben mit mehr Zeit und Ruhe vor, so fragen wir uns vielleicht:

- Machen Betriebsamkeit und Geschwindigkeit das Leben nicht auch interessant und entsteht ohne sie nicht gar Langeweile oder Stillstand?
- Wie kann sich ein Mensch durch Innehalten entwickeln und entfalten?

Schauen wir etwas tiefer, so stoßen wir auf uralte Fragen der Menschheit, die uns zur Mystik und zum Zen führen:

- Wenn wir innehalten und still werden, erleben viele das wie ein Aufwachen. Was ist dieses Erwachen und wohin führt es uns?
- Was liegt hinter der Unruhe und dem Lärm in unserem Inneren?

Um diese Fragen zu beantworten, betrachten wir nach der Einleitung zunächst die rastlose Welt um uns herum und ihre Entsprechung in unserem Inneren: die Unruhe in uns. Danach untersuchen wir das Phänomen „Innehalten", um daraufhin verschiedene Wege zum Innehalten zu erkunden.

Finden wir Geschmack am Innehalten und weckt ein weitergehendes Interesse an dem Phänomen unseren Forschergeist, so können wir es an unvermuteten Stellen entdecken, nämlich beim Sport oder beim Musizieren. Es nimmt dort die Form eines Geheimnisses an, das nur wenige zu kennen scheinen. Um dieses Geheimnis weiter zu ergründen, loten wir seine Tiefe durch eine Folge von sechs aufeinander aufbauenden Stufen des Innehaltens aus. Anschließend wenden wir uns der Alexander-Technik zu, einem Übungsweg, bei dem das Innehalten die zentrale Rolle spielt. Weitere Klärung bringt ein kurzer Ausflug in den Voice Dialogue, eine Methode, die unsere Verhaltens- und Denkmuster mithilfe innerer Stimmen beschreibt. In dieser Weise kann unser Verständnis wachsen, und dabei zeigt sich uns das ganze Potenzial des zunächst unscheinbar wirkenden Innehaltens. Es erweist sich als unentbehrliches Werkzeug zur Veränderung gewohnter Muster und lässt das eigene Leben zu einem wahren *Erleben* werden.

Verweile doch! du bist so schön!

Goethe, *Faust I, Studierzimmer*

Einleitung

Goethe hat im „Faust" einen wahren Kosmos aus scheinbar historischen, fantastischen und mythologischen Szenen erschaffen. Das Werk sprengt den gewohnten Rahmen eines Schauspiels und erscheint genauso maßlos wie seine Hauptfigur Faust, ein Mensch, der verzweifelt mit den uralten Menschheitsfragen ringt.

Ihn treibt die Gärung in die Ferne...
Und alle Näh und alle Ferne
Befriedigt nicht die tiefbewegte Brust.[1]

Da ihm seine wissenschaftlichen Forschungen die Antworten schuldig bleiben, hat er sich „der Magie ergeben":

Daß ich erkenne, was die Welt
Im Innersten zusammenhält.[2]

In seiner Verzweiflung schließt er einen Pakt mit Mephisto, dem großen Verneiner – dem Teufel: Ihm verschreibt sich Faust für den Fall, dass es

Einleitung

Mephisto gelingt, Faust einen einzigen Moment der vollkommenen Erfüllung und des uneingeschränkten Ja zum gegenwärtigen Augenblick erleben zu lassen:

Werd ich zum Augenblicke sagen:
Verweile doch! du bist so schön!
Dann magst du mich in Fesseln schlagen,
Dann will ich gern zugrunde gehn![3]

Zweifelsohne hat Faust die Magie des gegenwärtigen Augenblicks übersehen, sonst hätte er sich nicht zu dieser verzweifelten Wette hinreißen lassen. Wie wir später sehen werden, verhindert gerade das Faust'sche Vorwärtsstreben, die Tiefe des Lebens zu erleben und dadurch Antworten auf die uralten Menschheitsfragen zu erhalten. Faust ist der Archetyp des leidenschaftlichen Wahrheitssuchers, dem Freude und Erfüllung eben gerade durch sein rastloses Suchen verwehrt bleiben. Darin gleicht er dem heutigen Menschen, den technischer Fortschritt – verbunden mit einer unüberschaubaren Fülle von Möglichkeiten für das Leben des Einzelnen – und Erlebnishunger zu einem unruhig Suchenden machen.

Faust glaubt nicht daran, jemals einen Augenblick zu erleben, der ihn sagen lässt: „Verweile doch! du bist so schön!" Seine vorwärtsdrängende Ungeduld und die zahllosen Enttäuschungen seiner Suche haben ihn am Wert eines Lebens zweifeln lassen, das nur aus Momenten, denen jede Erfüllung fehlt, zusammengesetzt zu sein scheint. Wenn wir jedoch wissen und erlebt haben, wie bedeutsam das Gewahrwerden des gegenwärtigen Augenblicks in unserem Leben ist, so bekommt das „Verweile doch! du bist so schön!" einen anderen Klang. Es kann uns ein Weckruf sein und ein Wegweiser zum Innehalten. Denn so wie die Stille, besitzt das Innehalten eine gewisse Qualität und eine Tiefe, die wir leicht übersehen. Es ist viel mehr als nur das Unterbrechen einer Handlung oder eines Gedankenstroms und scheint mit der Stille verwandt zu sein, von der die Mystiker sprechen.

Innehalten | Die Tiefe des Lebens entdecken

Geradeso wie die Abwesenheit inneren und äußeren Lärms – d.h. das Schweigen sowohl der Außenwelt als auch der Gedanken – eine eigene Qualität besitzt, die wir Stille nennen und die mehr ist, als nur die Abwesenheit von etwas, kann uns das Innehalten in einen anderen Zustand versetzen. Ein Vorhang öffnet sich und der Blick in die Tiefe wird frei. Wir merken dies an einem völlig anderen Lebensgefühl, das in uns erwacht. Wir erleben uns, aber auch die Dinge um uns herum als lebendig und betrachten solche Augenblicke als besonders kostbar.

Manche Menschen halten auf Wanderungen plötzlich inne, wenn sie staunend die Landschaft betrachten, oder erleben im Urlaub, wie fremde Kulturen und Naturschauspiele sie in ihren Bann ziehen. Diese Augenblicke prägen sich ein, sie sind ungewöhnlich und scheinen völlig verschieden von unserem Alltag zu sein. Die Frage ist: Sind es die Landschaften an sich, die wir genießen, oder erwecken sie etwas, das in uns schlummert und plötzlich zum Leben erwacht – eine besondere Qualität des Seins?

In der Mystik und im Zen sowie bei anderen spirituellen Übungswegen aller Zeiten und Kulturen geht es darum, aus einem schlafwandlerischen Traum vom Leben zu erwachen und zu erkennen, wer wir wirklich sind. Diese Suche nach unserem Wesenskern ist in der mittelalterlichen Mystik die Suche nach Gott. Der Ansatzpunkt hierfür ist immer der gegenwärtige Moment – das Sein und die Stille. Er allein gewährt uns Zutritt zu den Tiefen unseres Daseins.

Kehren wir zum staunenden Wanderer und der Frage zurück, was in den besonderen Momenten des Naturerlebens mit uns geschieht. Es scheint, als führten uns fremde Landschaften und beeindruckende Naturschauspiele zu einem Innehalten, das uns neben der intensiveren Wahrnehmung der Außenwelt auch unserem Wesenskern näherbringt. Tun und Denken treten in den Hintergrund und machen den Weg frei für ein tiefes Schauen, das an die Beschreibungen der Mystiker erinnert. Solche äußeren Eindrücke, so prachtvoll sie auch sein können, wären dann doch nicht mehr als ein Mittel, uns einen Blick in die Tiefe unseres eigenen Wesens zu erlauben. Wenn dem so wäre, sollte es möglich sein, in unserem Alltag mehr solcher

Einleitung

Momente zu erleben, in denen wir innehalten und durch eine innere Loslösung von unserer Geschäftigkeit die Tiefe des eigenen Lebens erfahren.

So wie das Innehalten uns das Leben in seiner ganzen Fülle und Tiefe entdecken lässt, so werden wir im Verlauf des vorliegenden Buches das Innehalten selbst als einen vielleicht unerwartet tiefen und reichhaltigen Prozess verstehen lernen. Indem es uns mit unserem Wesenskern und dem Beobachter – der Achtsamkeit in uns – in Kontakt bringt, eröffnet sich eine Fülle von Möglichkeiten für grundlegende Entwicklungsschritte. Mit wachsender Wachheit und Aufmerksamkeit werden weite Bereiche unseres Lebens, die bisher von Gewohnheiten und Mustern geprägt sind, für uns zu Experimentierfeldern für formbare innere und äußere Entfaltungsprozesse.

- Statt uns als Opfer eines äußeren Geschehens zu sehen, auf das wir keinen Einfluss haben, können wir lernen, wenn nicht ein solches Geschehen, so doch unsere Reaktion darauf in gewünschter Weise zu verändern. Dadurch verändert sich die Situation selbst grundlegend.
- Denkmuster verlieren ihre Herrschaft über uns, wenn wir sie wahrzunehmen lernen.
- Die Wahrnehmung durch unsere Sinne lässt sich zu einer offenen Wahrnehmung erweitern, die uns unsere Umgebung in ungeahnter Tiefe und Vielfalt erscheinen lässt.
- Wahre Kreativität entsteht aus einem Geschehen, das „Einfall" genannt wird. Dabei spielen Stille und Innehalten eine wichtige Rolle.
- Eine natürliche Koordination, verbunden mit Leichtigkeit und müheloser Aufrichtung, wie wir sie beim kleinen Kind finden, lässt sich durch Innehalten und eine bewusste Ausrichtung wiedergewinnen.
- Mit der Tiefe des Lebens entdecken wir eine stille, tiefe Freude, die uns belebt, trägt und verwandelt.

Das Innehalten hat noch weitere ungeahnte Facetten. Wenn wir ein Musikinstrument spielen und uns ohne Wollen und Anstrengung ganz dem Fluss der Musik überlassen, so scheint es, als geschehe alles von allein. Ein ähnliches Phänomen gibt es im Sport – es wird „Flow" genannt. Wenn solch ein Geschehen durch Innehalten befördert werden kann, so erscheint das Innehalten in einem neuen Licht: nicht als Verlangsamen und Stoppen der Aktivität, der man gerade nachgeht, sondern als eine Art Grundeinstellung, die besondere Leistungen möglich macht.

Zum Geleit

Wer vieles bringt, wird manchem etwas bringen ...
Goethe, *Faust I, Vorspiel auf dem Theater*

Das vorliegende Buch nähert sich dem vielschichtigen Thema „Innehalten" auf drei Ebenen – der Ebene der *Einblicke,* der Ebene der Hauptkapitel und der Ebene der *Ausblicke.* Sie sind im Wechsel angeordnet und repräsentieren verschiedene Sichtweisen: In den *Einblicken* stelle ich die Sicht einiger Naturwissenschaftler vor – meist sind es Hirnforscher –, die sich in besonderer Weise mit den Themen Wahrnehmung, Präsenz, Meditation und individuelle Entwicklung auseinandergesetzt haben. Die *Ausblicke* zeigen den Menschen als spirituelles Wesen, der den Kontakt mit dem Urgrund des Seins sucht. Zwischen ihnen stehen die Hauptkapitel, die von beiden – sowohl von den *Einblicken* als auch von den *Ausblicken* – befruchtet sind.

Das Buch möchte zu einem spielerischen Umgang einladen. Der Leser hat die Wahl, nur jeweils die *Einblicke* oder die *Ausblicke* herauszupicken, zunächst nur die Hauptkapitel zu lesen oder der Darstellung Seite für Seite zu folgen. In diesem Sinne hat er drei Bücher vor sich, die eng miteinander verflochten sind und die er einzeln, nacheinander oder miteinander lesen kann. Obgleich die Ausgangspunkte auf den drei Ebenen unterschiedlich sind, entwickeln sich im Laufe der Zeit zwischen ihnen die vielfältigsten Verbindungen und Übereinstimmungen, ja, man könnte sagen, es entstehen dieselben Aussagen in unterschiedlichen Sprachen. Möge die Beziehung der drei Ebenen zueinander ein Kraftfeld der Kreativität, des Forschens und des Experimentierens erzeugen.

Teil I

Von der Unruhe zur Stille

Abschnitt 1

Durcheinander

Einblick 1

Das Nervensystem

Unser Gehirn gilt als die „bei Weitem komplizierteste Struktur"[1], die im Universum bekannt ist. Die elementaren Bausteine dieser Struktur sind die Nervenzellen – die Neuronen. Geschätzte 100 Milliarden bis 1 Billion davon[2] erzeugen die unüberschaubar komplexen Steuerungsfunktionen des Gehirns durch ein wahres Feuerwerk kaskadenartiger Aktivierungen. Tatsächlich spricht man bei einem Neuron, das aktiviert ist und ein Signal weiterleitet, von „feuern".

Die Neuronen bilden ein Netzwerk, in dem an jedem Neuron durchschnittlich etwa 5000 Verbindungen[3] für einlaufende Signale von anderen Neuronen ansetzen. Jedes Neuron arbeitet nach dem „Alles-oder-Nichts-

Prinzip"[4]. Die Summe der einlaufenden Signale entscheidet, ob das Neuron aktiviert wird und „feuert" oder nicht. Wenn es feuert, leitet es sein Signal über einen auslaufenden Kanal, der sich verzweigen kann, an bis zu 1000 andere Neuronen.[5] Solche Aktivierungsvorgänge gehen blitzschnell. Typische Neuronen feuern 5- bis 50-mal pro Sekunde.[6]

Es werden zwei Arten von Signalen übertragen: Exzitatorische Neuronen senden Signale, die zur Aktivierung anderer Neuronen beitragen, wohingegen inhibitorische Neuronen Signale senden, die zur Hemmung einer möglichen Aktivierung in einem anderen Neuron beitragen. Etwa die Hälfte der Neuronen sind solche inhibitorischen Neuronen.[7]

Zusammenfassend ergibt sich folgendes Bild: Die elementaren Bausteine des Gehirns, die Neuronen, empfangen ständig eine Vielzahl erregender oder hemmender Signale. Die Summe dieser Signale entscheidet, ob das Neuron in Aktivität versetzt wird. Je nachdem ob es sich um ein inhibitorisches oder um ein exzitatorisches Neuron handelt, sendet es im Falle einer Aktivierung über seinen Ausgangskanal ein erregendes oder hemmendes Signal an andere Neuronen.

Die einzelnen Verbindungen zwischen den Neuronen bilden sich und werden erhalten durch die Benutzung der entsprechenden Leitungsbahnen. Dieser Effekt steht hinter dem Lernen und dem Ausbilden von Gewohnheiten. Die Zahl der Verzweigungsmöglichkeiten ist unvorstellbar groß. Doch häufig benutzte Bahnen werden zu breit ausgebauten Verbindungen, welche dann bevorzugt benutzt werden. Nicht genutzte Verbindungen werden abgebaut. Unser Gehirn erlaubt die Entwicklung vielfältiger Möglichkeiten. Die Einschränkungen, die wir in unserem Leben erfahren, entstehen hauptsächlich durch die Art und Weise, wie wir unser Gehirn gebrauchen.

Vieles in unserem Nervensystem wird automatisch gesteuert. Im nächsten *Einblick* werden wir das menschliche Gehirn als Ergebnis der Evolution betrachten und dabei erkennen, wie verhältnismäßig gering die bewusste Steuerung im Verhältnis zur Gesamtaktivität des Gehirns ist.

Dennoch beeinflusst unser *bewusstes* Verhalten den gesamten Organismus und damit natürlich auch die unbewussten Steuerungsvorgänge im Gehirn. Besonders gut lässt sich dies am autonomen Nervensystem erkennen, das den Körper auf Ruhe oder Aktivität einstellt.

Das autonome – oder auch vegetative – Nervensystem sorgt für die Aufrechterhaltung eines optimalen inneren Körpermilieus.[8] Es reguliert unter anderem Herz, Kreislauf und Verdauung[9] und besteht aus zwei Teilen: dem sympathischen und dem parasympathischen Nervensystem. Der sympathische Anteil dient als Erregungsmechanismus, der den Körper für Leistung, Kampf und Flucht bereit macht. Der parasympathische Anteil wirkt dem entgegen. Er steuert Ruhe und Erholungsphasen, indem er beispielsweise die Vorrausetzung für eine optimale Verdauungstätigkeit schafft. Unsere bewusste Ausrichtung kann eine Balance zwischen Aktivität und Passivität herbeiführen und damit eine heilsame Balance im vegetativen Nervensystem unterstützen. Es kann aber auch beispielsweise durch ein lang anhaltendes überaktives Verhalten eine Art Dauerstress fördern, der mit übermäßiger Aktivierung des sympathischen Anteils einhergeht.

Das vegetative Nervensystem überträgt seine Signale auf die Organe des Körpers. Selbst ist es eng an unser Gefühlsleben (limbisches System[10]) im Gehirn und damit an ein chemisches Steuerungssystem (Hypothalamus und Nebenniere) gekoppelt.[11] All dies sind komplexe, miteinander verbundene Regelkreise. Wir können sie zwar nicht direkt steuern, doch unser Denken und Fühlen beeinflusst sie in indirekter Weise, oft zu unserem Nachteil, indem permanente Unruhe, Angst oder Sorgen ein ungesundes Klima in uns erzeugen.

Kapitel 1
Leben ohne Innehalten

Ihm hat das Schicksal einen Geist gegeben,
Der ungebändigt immer vorwärts dringt
Und dessen übereiltes Streben
Der Erde Freuden überspringt.

Goethe, *Faust I, Studierzimmer*

1.1 Unsere rasante Welt

Seit der Erfindung der Dampfmaschine – mit dem Eintritt ins Industriezeitalter um 1770[1] – hat sich unsere Auffassung von Schnelligkeit und Geschwindigkeit nach und nach gewandelt. Fuhren 1830 die ersten mit Dampf betriebenen Züge nur mit etwa 20 km/h[2], so wurde 1870 bereits auf einem rasch wachsenden Schienennetz mit Schnellzügen bis zu 95 km/h[3] schnell gefahren. 1933 erreichte der berühmte „Fliegende Hamburger" 160 km/h, und seit den achtziger Jahren sausen auf mehr und mehr Schnellstrecken Züge wie der ICE und der TGV mit etwa 300 km/h ihren Zielbahnhöfen entgegen, ohne dass die Fahrgäste auf den schnurgeraden, tunnelreichen Strecken viel von der Landschaft wahrnehmen können, die sie durchqueren.

Was für uns Normalität geworden ist, erweckte schon in seinen Anfängen mahnende Stimmen. So schrieb 1838 der Schriftsteller Gustav Flaubert über die nach unseren Maßstäben dahinschleichenden Züge, dass die schnelle Bewegung bei den Reisenden unfehlbar eine Gehirnkrankheit, eine besondere Art des „Delirium furiosum" erzeugen müsse[4], und er plädierte für einen Bretterzaun, um die Zuschauer vor dem Anblick der vorbeifahrenden Züge zu schützen. Auch wenn eine solche Ansicht heute naiv anmutet, so erscheint bei genauerer Betrachtung die Vorstellung, Reisegeschwindigkeiten eines modernen Flugzeugs oder Schnellzugs gingen spurlos an den Mitreisenden vorüber, mindestens ebenso merkwürdig.

Für die letzten 50 Jahre lässt sich feststellen, dass zusätzlich zum Zugverkehr mehr und mehr Menschen der westlichen Welt immer längere Zeit in immer schnelleren Autos verbringen und eine stetig wachsende Zahl von Menschen immer weitere Flugreisen unternehmen. Dabei haben wir uns zu Wesen entwickelt, die gewohnt sind, ihren Aktionsradius weit über ihre natürlichen Möglichkeiten hinaus auszudehnen. Wir sind in einer Weise mobil geworden, wie sie nicht einmal den Vögeln zu eigen ist. Dies geht einher mit einem Mangel an körperlicher Bewegung, denn der Mensch verbringt heute selbst bei seiner Fortbewegung die meiste Zeit im Sitzen. Unsere Art zu reisen ist offensichtlich höchst unnatürlich.

Doch nicht allein unsere Mobilität erzeugt eine Art Rastlosigkeit. Noch gravierender scheint die zunehmende Informationsflut durch die Veränderungen im Bereich von Kommunikation und Unterhaltung auf uns zu wirken. Nachdem das Telefon in den fünfziger und sechziger Jahren in fast alle Haushalte Einzug gehalten hatte, trat das Handy in den neunziger Jahren seinen Siegeszug an. Zwar verbindet uns ein Telefonanschluss mit der ganzen Welt, doch sind wir damit zu Hause auch jederzeit unmittelbar erreichbar. Ein Brief, den wir bekommen, gibt uns Zeit. Er lässt sich, wann immer uns danach zumute ist, beantworten, ein Telefonanruf hingegen verlangt unsere sofortige Reaktion. Ein eingeschaltetes Mobiltelefon macht uns darüber hinaus nicht nur jederzeit, sondern auch überall erreichbar, es verführt uns dazu, ständig zu antworten und zu reagieren.

Viel Unruhe kann ein Fernseher in unser Leben bringen. Seit seinen Anfängen hat sich das Programmangebot sehr verändert. Die Szenen haben sich in den letzten 60 Jahren enorm verkürzt, in neuen Fernsehproduktionen und Kinofilmen wechseln die Einstellungen ständig, sodass ein alter Film aufgrund seiner Langsamkeit in der Szenenfolge den heutigen Zuschauer oft an eine Theaterinszenierung erinnert. Hinzu kommt die in den letzten 30 Jahren ständig gestiegene Anzahl der Sender, zwischen denen man bequem vom Sessel aus mit der Fernbedienung wechseln – sich durch das Programm „zappen" – kann. Entwicklungen wie Video und DVD erweitern das Angebot ins Unermessliche.

Computer und Internet vervollständigen das Bild. Sie haben in den letzten Jahren sowohl unser Berufsleben als auch unsere Freizeit mehr und mehr bestimmt. Die unüberschaubare Informationsfülle des Internets und die beschleunigte Kommunkation durch E-Mails tragen sehr zur Rastlosigkeit vieler Menschen bei. Da die Übermittlung einer E-Mail nur Sekunden dauert, erwartet der Absender oft sofort eine Antwort.

Auf der einen Seite bieten die beschriebenen technischen Neuerungen fantastische Möglichkeiten. Es lässt sich sehr effektiv mit ihnen arbeiten. Sie können uns bei der Lösung vieler Aufgaben helfen. Die Welt steht uns scheinbar offen, wir können reisen, im Grünen wohnen und in der Stadt arbeiten oder Konferenzen, Workshops, Konzerte an fernen Orten besuchen. Wir können uns über Veranstaltungen und Ereignisse informieren, können mit Freunden an fernen Orten Kontakt halten, uns spontan verabreden oder Neuigkeiten austauschen.

Häufig machen die genannten Erfindungen unser Leben allerdings ärmer statt reicher. Es ist eine Verarmung, die sich unbemerkt in der Fülle der Möglichkeiten ausbreiten kann, indem wir an den vielen verschiedenen Orten, die wir besuchen, gar nicht mehr wirklich ankommen oder uns durch das verführerische Angebot der Medien ablenken und zerstreuen lassen. Denn wenn wir ständig Verpflichtungen oder Vergnügungen hinterherlaufen, werden wir dem Hier und Jetzt mehr und mehr entfremdet. Es geht nicht darum, alle Erfindungen der letzten 50 Jahre zu verteufeln, nur scheint die unreflektierte Nutzung all dieser Erfindungen uns oftmals nicht zu einem erfüllten Leben zu verhelfen, sondern vor allem zu einem unruhigen Alltag beizutragen. Denn unser Lebensgefühl wird nicht allein durch äußere Dinge und Ereignisse bestimmt, sondern vielmehr von unserem Erleben. Freude, Vorfreude, Liebe, Angst, Überlastung und Stress bestimmen unser Lebensgefühl. Wie wir etwas wahrnehmen und erleben, prägt unser Leben. All die genannten Erfindungen werden erst wertvoll, wenn sie uns zu tiefer innerer Freude und zu Qualität statt Quantität in unserer Wahrnehmung führen. Stellen sie Anforderungen an einen ohnehin schon angefüllten Alltag oder verlocken sie uns zu immer mehr zerstreuenden und abwechslungsreichen Aktivitäten, so bringen sie uns nicht ein Mehr an Leben, sondern trennen uns vom Erleben – von der Tiefe des Lebens.

1.2 Unser beschleunigtes Leben

Blicken wir ein paar Hundert Jahre zurück und versuchen wir uns ein Leben ohne all die technischen Neuerungen der letzten 250 Jahre vorzustellen. Viele Menschen arbeiteten in der Landwirtschaft. Sie lebten in und von der Natur: Sie mussten sich dem Lauf der Jahreszeiten anpassen und beobachteten das Wetter, um ihren Tagesablauf danach auszurichten. Ohne elektrische Beleuchtung folgten sie dem Tageslicht. Der Rhythmus der Erde prägte den Rhythmus der Menschen.

Natürlich erlebten die Menschen damals viele Nöte, Gewalt und Hunger. Die Frage ist auch keinesfalls, ob das Leben damals besser war, sondern es geht darum, sich den damaligen Lebensrhythmus vorzustellen, um wahrzunehmen, wie sehr wir unser Leben beschleunigt haben. Nahezu unbeeinflusst von den Jahreszeiten und dem Tageslicht absolvieren wir unser Tagesprogramm. Statt nach dem Wetter richten wir uns nach dem Zugfahrplan oder den Staumeldungen. Statt nach dem Sonnenlicht richten wir uns nach der Uhrzeit, mit deren Hilfe wir unseren Tagesablauf strukturieren. Dabei binden wir uns an einen vorgegeben Plan, den wir selbst, der Arbeitgeber, der Kindergarten oder die Schule festgelegt haben.

Die für uns so selbstverständliche Messung der Zeit führt zum ständigen Vergleich unserer aktuellen Aktivität mit einem vorher festgelegten Plan. Dies erzeugt das Gefühl, keine Zeit zu haben und zu spät zu sein – oder auf der anderen Seite zu früh zu sein, zu warten, sich zu langweilen oder gar die Zeit totzuschlagen. Oftmals ist es ein eng geknüpftes Planungsnetz, dem wir folgen. Die Kinder müssen zu einer bestimmten Zeit in der Schule sein, die Arbeit beginnt, Besprechungen, Sitzungen, Fertigstellung eines Projekts zu einer bestimmten Zeit, Verabredungen … Eine unrealistische Planung, unerwartete Zwischenfälle oder Verzögerungen führen dazu, dass wir uns hetzen, um unseren Plan so gut es geht doch noch zu erfüllen.

Neben dem Takt der Uhr ist es vor allem die Überflutung unserer Sinne, die unser heutiges Leben bestimmt und es so sehr vom Leben in früheren Zeiten unterscheidet. Sowohl unsere Mobilität als auch die Medien erzeugen eine solche Menge an Reizen, vor allem für Augen und Ohren, dass wir entweder angestrengt und zielfixiert wie mit Scheuklappen unseren Tagesplan verfolgen oder uns von der Flut des Angebots zerstreuen lassen.

Eine typische Episode aus einem derart beschleunigten und übervollen Leben mag etwa folgendermaßen aussehen: Wir eilen zum Bahnhof, werden von Musik und Reklamebildern überschwemmt, reisen im Zug mit 200 km/h, ohne die Landschaft wahrzunehmen, arbeiten stattdessen auf dem Notebook, hören vielleicht sogar Musik dabei – dazwischen klingelt das Handy, wir telefonieren und wenden uns danach wieder unserem Bildschirm zu, während unser Nachbar einen Anruf erhält. Er spricht 20 Minuten, wir werden nervös, weil wir uns nicht mehr konzentrieren können. Plötzlich sind wir am Zielort, wir steigen aus, eilen zu einer Verabredung, denn der Zug hatte 15 Minuten Verspätung …

In der geschilderten Situation erinnert nichts mehr an die eingangs beschriebenen einfachen Lebensumstände. Ein Leben nach der Uhr, eine rasante unnatürliche Fortbewegung im Sitzen, begleitet von dem Bemühen, sich auf seine Computerarbeit zu konzentrieren, ständige Beschallung durch Musik oder Lautsprecherdurchsagen, künstliches Licht und eine

Klimaanlage schaffen eine künstliche Welt, die kaum noch Bezug zu unseren natürlichen Ursprüngen hat.

In unserem Inneren dreht sich unterdessen ein Gedankenkarussell. Die äußere Unruhe entspricht einer inneren. Ohne Pause tauchen Gedanken, Planungen, Erinnerungen und Ängste auf. Oft bemerken wir diese erst, wenn es ruhig um uns herum wird und wir ausruhen möchten. Dann lassen uns die kreisenden Gedanken keine Ruhe. Vom übervollen Tagesgeschehen angetrieben, drehen sich die Gedanken wie ein Schwungrad immer weiter. Wenn wir nicht wie Süchtige jeden ruhigen Moment mit Beschäftigung oder Gesprächen überdecken, so lassen uns die unruhigen Gedanken eine Ablenkung suchen und verführen dazu, uns weiterhin der Sinnesüberflutung durch die Medien auszusetzen.

1.3 Außer sich sein

In der oben beschriebenen Weise verlieren wir uns im Außen, man könnte sagen, „wir geraten außer uns". Statt in uns zu ruhen und den gegenwärtigen Augenblick zu erleben, eilen wir voraus: zu all den Dingen, die erledigt sein wollen, zu den Problemen, die wir erwarten, aber auch zu freudigen Ereignissen, von denen wir uns Erfüllung und Glück erhoffen. So wie unsere Gedanken, eilen wir uns selbst voraus und sind der Zukunft, statt der Gegenwart zugewandt. Statt zu gehen, streben wir vorwärts, statt einzukaufen, erledigen wir den Einkauf, beim Kochen möchten wir bereits essen und beim Essen schnell satt werden. Dies führt uns ständig weg von der Wahrnehmung dessen, was ist, hin zu unseren Gedanken, Vorstellungen und Wünschen. Wir treiben uns voran und sind gleichzeitig die Getriebenen.

In unserer Gesellschaft, die auf Wettbewerb und Konkurrenz ausgerichtet ist, erfreuen sich Sportereignisse großer Beliebtheit. Besonders attraktiv sind die Sportarten, in denen es um Geschwindigkeit geht. Dabei erleben viele Menschen den Sport vor allen Dingen als Zuschauer: Ohne im eigenen Körper anwesend zu sein, hängt sich die Aufmerksamkeit an ein Idol.

Der passive Zuschauer vergisst sich selbst, statt seiner selbst agiert der Sportler. In ähnlicher Weise verliert sich der Kinobesucher und Fernsehzuschauer in der Filmgeschichte. Wir sind viel mehr bei dem Sportler bzw. der Geschichte als bei uns selbst. In dieser Weise vergessen wir uns selbst und die Gegenwart – ein oftmals durchaus gewünschter Effekt. Der schnellen Szenenfolge der flimmernden Bilder entspricht eine unruhige Grundverfassung des Zuschauers, der Ablenkung und Unterhaltung sucht.

Wie sehr Kino und Fernsehen unseren Daseinszustand verändern, kann man besonders gut bei kleinen Kindern beobachten, die gebannt und selbstvergessen auf den Bildschirm starren. Es hat fast den Anschein, als hätte ihr Geist den Körper verlassen und wäre in das Fernsehgerät hineingerutscht, so ausschließlich und vollständig sind sie beim Filmgeschehen, während ihr Körper schlaff und leblos dasitzt. Auch dieser Zustand lässt sich als „außer sich sein" beschreiben, denn die Kinder nehmen weder ihre Umgebung noch sich selber wahr.

Unser Nicht-Präsent-Sein nimmt häufig träumerische Formen an. Wir verlieren uns in Reflexionen, sind in einem traumähnlichen Zustand, nicht ganz wach, nicht wirklich anwesend. Wir sind dabei zwar mit der Aufmerksamkeit sozusagen noch in uns, jedoch nicht präsent in unserem Körper, sondern in Gedanken und Träumen versunken. Unsere Gedanken und Tagträume tragen uns davon, entfernen uns von der Gegenwart und führen uns aus einer körperlichen Präsenz heraus. Da in einem solchen Zustand kein wacher Beobachter das Hier und Jetzt belebt und erlebt, könnte man auch diesen träumerischen Zustand als „nicht da" und damit als „außer sich sein" bezeichnen.

Ein solches „außer sich sein" bedeutet nicht nur, in Wut und Aufregung zu geraten, sondern beinhaltet jede Form von geistiger Abwesenheit: nicht „zu Hause" bei sich selbst und im Hier und Jetzt zu sein. Offensichtlich kann dies auf zweierlei Arten geschehen:

- Indem wir einem Ziel zustreben und, getrieben von dem drängenden Wunsch, es zu erreichen, dem gegenwärtigen Moment und damit uns selbst enteilen.
- Indem wir in einen träumerischen Zustand versinken und Gedanken und Gefühlen nachgehen, die keinen oder nur einen schwachen Bezug zur gegenwärtigen Situation haben.

Dass wir in diesem erweiterten Sinne meistens „außer uns sind", darauf verweist schon ein berühmtes Wort Meister Eckharts, nach dem Gott immer in uns ist, doch wir nur selten zu Hause sind.

1.4 Zu viel zu tun

Ein wichtiger Grund dafür, dass die meisten Menschen ständig „außer sich" geraten, ist das Gefühl, zu viel zu tun zu haben. Trotz einer Vielzahl technischer Hilfsmittel wie Computer, Auto, Waschmaschine oder Geschirrspüler, die uns das Leben erleichtern können, erleben viele Menschen ihren Alltag als von Arbeit überladen. Bisweilen gewinnen wir den Eindruck, dass diese Hilfsmittel uns mehr Probleme schaffen, als sie uns an Arbeit abnehmen. So werden durch die Mobilität, die Auto und Bahn uns schenken, längere Schulwege und weitere Fahrten zur Arbeitsstätte erst möglich und nach und nach normal. Immer neue Kommunikationsmittel scheinen nicht nur in der Berufswelt immer neue Aufgabenfelder zu erschließen, all diese Geräte und Maschinen in unserem Haushalt wollen auch gewartet, repariert und fachmännisch bedient werden. Sie scheinen damit unser Leben oftmals komplizierter, anstatt einfacher zu machen.

Insgesamt haben sich die Erwartungen an uns und unsere eigene Vorstellung von dem, was wir an einem Tag alles erledigen können, mit der allgemeinen Beschleunigung des Lebens geändert. Daher lastet immer mehr Arbeit auf unseren Schultern. Betrachten wir unseren Arbeitsalltag etwas genauer, so können wir unsere Aufgaben in drei Kategorien einteilen:

- eine Fülle von Dingen, die getan werden müssen
- Dinge, die wir nicht tun müssen, die wir aber aus Pflichtgefühl und Perfektionsdrang dennoch erledigen
- Dinge, die nicht notwendig sind, die wir aber aus Gewohnheit oder aus innerer Unruhe heraus dennoch tun

Oftmals fühlen wir uns durch die Aufgaben der ersten Kategorie schon überlastet. Wir könnten uns dann fragen, ob einige dieser Aufgaben in Wahrheit vielleicht zur zweiten oder dritten Kategorie gehören und ob wir unser Leben grundlegend anders organisieren können. Doch anstatt uns in dieser Weise von Ballast zu befreien, reagieren wir auf das Gefühl, zu viel zu tun zu haben, meist mit dem Versuch, schnell heute noch etwas zu erledigen, um dann morgen mehr Zeit zu haben. Dies stellt sich oft als Illusion heraus, denn eine solche Entscheidung wird aus einer inneren Unruhe heraus getroffen, die immer neue Aufgaben entdeckt, sich dann durch weitere Erledigungen verstärkt und zu Erschöpfung oder Schlafstörungen führt. Damit entfernen wir uns weiter und weiter von der Ruhe, die wir eigentlich suchen.

Wenn wir innehalten und die Situation wahrnehmen, können wir unsere Lebenssituation mit mehr Abstand sehen und Entscheidungen treffen, die uns nicht immer weiter von uns selbst entfernen. Im Abschnitt 2.6 werden wir noch einen anderen, überraschenden Effekt des Innehaltens kennenlernen, der dazu beitragen kann, unser Leben in grundlegender Weise selbst dann zu entschleunigen, wenn unsere Aufgaben die gleichen bleiben.

Ausblick 1
Das Ziel verfehlen

Ein Mensch, der eifrig seinen Verpflichtungen nachgeht und sich mühsam durch sein Tagesprogramm arbeitet, wird in unserer Gesellschaft oft als Vorbild angesehen. Gerade Menschen in Führungspositionen arbeiten oft sehr lange und haben einen dicht gefüllten Terminkalender. Doch worauf gründet eine solche Ansicht? Ist sie ein Zeichen für unser Verhaftetsein im Materiellen? Hat sie mit der Neigung der Naturwissenschaften zu tun, alles zu messen, um es in Zahlen auszudrücken und so den Blick von der Qualität auf die Quantität zu lenken? Spielt dabei ein religiöser Gedanke der Pflichterfüllung, des Befolgens von Geboten, eine Rolle?

Der zeitgenössische Mystiker und spirituelle Lehrer Eckhart Tolle verweist in seinem Buch „Eine neue Erde" auf die ursprüngliche Bedeutung des Wortes „Sünde".[1] Während wir bei „Sünde" meist an eine konkrete Verfehlung, an das Übertreten eines Gebotes, denken, hat das Wort ursprünglich eine etwas andere Bedeutung. Im Neuen Testament ist es die Übersetzung des griechischen „hamartia", im Alten Testament geht es auf das hebräische „chat´at" zurück. Beides bedeutet: das Ziel verfehlen.[2] Wenn nach biblischem Verständnis die Menschheit nach dem Sündenfall im Zustand der Erbsünde lebt, bedeutet das demnach, dass wir das eigentliche Ziel unseres Lebens verfehlen.

Ein anderer zeitgenössische Mystiker, Willigis Jäger, Benediktinerpater und Zenmeister, zitiert in diesem Zusammenhang gern die Geschichte vom verlorenen Sohn und betont in seiner Deutung, dass wir vergessen haben, wer wir wirklich sind. Nach seinem Verständnis der genannten Geschichte, die sich sowohl in der Bibel als auch in den Lehren Buddhas findet[3], verlangt der Sohn vom Vater sein Erbteil, weil er denkt, das Leben zu Hause könne doch nicht das eigentliche Leben sein, es müsse noch etwas anderes geben. Er geht in die Welt, vergisst, wer er ist, braucht sein Erbe auf und kehrt als armer Mann in die Gegend zurück, in der sein Vater wohnt. Dieser erkennt ihn, und statt ihm Vorwürfe zu machen, gibt er ihm neue Kleider und lässt ein Fest feiern, weil sein Sohn seine wahre Herkunft wiedergefunden hat.

Es ließen sich noch weitere Stimmen zitieren, die uns Ähnliches sagen. Danach ist es unsere Hauptaufgabe in diesem Leben, wieder in Verbindung mit dem Urgrund des Seins zu kommen, zu erkennen, wer wir wirklich sind. Das ist die eigentliche Bedeutung eines spirituellen Lebens. Oft wird Spiritualität hingegen als die Suche nach gewissen ungewöhnlichen Erlebnissen missverstanden. Vor diesem Hintergrund betonen spirituelle Lehrer wie Willigis Jäger, dass wir nicht Menschen sind, die spirituelle Erfahrungen machen, sondern spirituelle Wesen, die eine menschliche Erfahrung machen. Es geht also nicht darum, ein spirituelles Erlebnis zu suchen – so wie wir uns durch einen Kinobesuch, einen Konzertbesuch oder ein Naturerlebnis eine Freude und einen Genuss bereiten können –, sondern vielmehr darum, aus einem bestimmten Verständnis heraus unser Leben zu erfahren.

Mit Begriffen unserer Zeit lässt sich der tiefe Sinn des menschlichen Lebens in ähnlicher Weise beschreiben. Dies führt uns zu „Evolution" und „Bewusstsein". Eckhart Tolle und andere moderne Mystiker wählen eine solche Beschreibung, um Begriffe zu meiden, die durch die religiöse Tradition für viele Menschen belastet sind. Betrachten wir dazu im Folgenden die Evolution des Lebens vor allem als eine Entwicklung des Bewusstseins.

Die vielen ungeklärten Fragen rund um die Entwicklung eines Lebewesens aus der befruchteten Eizelle – etwa: Woher weiß eine Zelle, dass sie eine Gehirnzelle oder eine Muskelzelle wird? – legen die Annahme einer schöpferischen Kraft genauso nahe, wie die zahlreichen Lücken bei fossilen Funden, die dem Darwinismus als einer Entwicklungstheorie widersprechen, bei der Anpassung und zufällige Mutation die Hauptrolle spielen.[4]

Es gibt weitere Gründe, so etwa die relativ kurze Zeit der Evolution, die im Widerspruch zu Wahrscheinlichkeitsberechnungen steht, die verbreitete These von der Evolution als einem zufälligen Geschehen zu verwerfen.[5] Wenn wir hingegen eine vitale Kraft, ein für uns unfassbares universelles Bewusstsein, dahinter sehen, so klären sich die Widersprüche, die der Darwinismus als Erklärungsmodell mit sich bringt. Wissenschaftliches Zweifeln braucht uns also von den folgenden Vorstellungen nicht abzuhalten.

Nehmen wir an, das menschliche Bewusstsein ist von derselben Natur wie das umfassende Bewusstsein, das hinter der Evolution steht. Wir können danach mit Eckhart Tolle das Aufblühen des menschlichen Bewusstseins im spirituellen Erwachen als ein Ereignis verstehen, bei dem das allumfassende Bewusstsein sich selbst im menschlichen Bewusstsein erkennt[6] und sich als dieses Leben erfährt – in einem umfassenden Sinne *selbstbewusst* wird.

Anders ausgedrückt, wir verfehlen unser Ziel, wenn wir uns völlig in die Form verlieren. Form steht dabei im Gegensatz zum Formlosen, aus dem alle Formen entstehen. Es umfasst nicht nur die materiellen Dinge, sondern auch jeder Gedanke und jede Überzeugung ist eine Art Form. Unsere Betriebsamkeit lässt sich verstehen als das unbewusste Verlieren an die Form. Wir vergessen dabei, wer wir wirklich sind, und leben in einer Art Halbbewusstsein: Wir sind uns unserer wahren Natur nicht bewusst. Es ist wie eine Art Schlaf. Daher wird in diesem Zusammenhang von einem Erwachen gesprochen. Es gibt die Möglichkeit, aus einem Halbbewusstsein in ein umfassenderes *Bewusstsein* zu erwachen. Innehalten, in einem umfassenden, tiefen Sinne verstanden, hat mit diesem Prozess zu tun.

*Ohne Innehalten:
Das Leben
nur verwalten,
nur verhalten
zu leben.*

Überblick 1

Je besser wir unsere Muster erkennen, desto leichter können wir uns von ihnen lösen. Äußere Umstände mögen unausweichlich erscheinen, unsere Reaktion darauf ist es nicht. Das Durcheinander kann sich ordnen, wenn wir uns ordnen. Wenn wir lernen, mehr wahrzunehmen und bewusste Entscheidungen zu treffen, werden wir vom Opfer äußerer Umstände zum Mitgestalter. Das Leben verliert dann seine Schwere.

Übungen zur Vertiefung 1

1) Lassen Sie die letzten Stunden Revue passieren: Wann haben Sie sich gehetzt? Wann waren Sie ganz bei sich?
2) Machen Sie eine Liste mit drei Spalten, auf der Sie stichwortartig die folgenden Fragen beantworten:
   - Was wollte ich in den letzten Tagen tun?
   - Was habe ich tatsächlich getan?
   - Was hätte ich lassen können?
3) Suchen Sie eigene Beispiele für die drei Kategorien aus Kapitel 1.4.
4) Am Wochenende: Fügen Sie Pausen zwischen Ihre Aktivitäten ein, setzen Sie sich kurz hin und kommen Sie zur Ruhe. Verweilen Sie etwa 2 Minuten (bitte mit Uhr, denn Sie werden wahrscheinlich erstaunt sein, wie lang zwei Minuten sind).
5) Nehmen Sie die kleinen Wege im Alltag als Pausen wahr, in denen Sie zu sich kommen können.
6) Schaffen Sie kleine Freiräume in ihrem Arbeitsalltag: Kommen Sie kurz zur Ruhe (auch wenn es nur für einen Atemzug ist) oder gehen Sie bewusst ein paar Schritte (etwa um sich ein Glas Wasser zu holen).

Abschnitt 2

Achtsamkeit

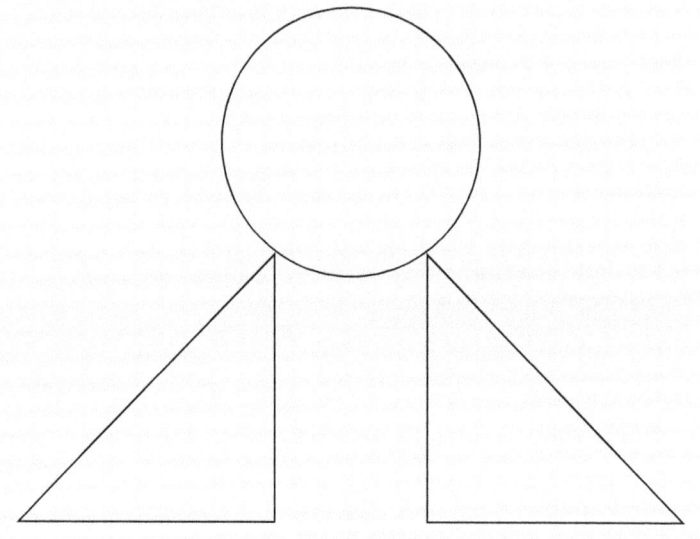

Einblick 2

Unser formbares Gehirn als Ergebnis der Evolution

Der Komplexität unseres Gehirns nähert man sich am besten durch einen Blick auf seine Evolution, die sich in enger Verbindung mit der Evolution des gesamten Körpers über Millionen von Jahren entfaltet hat.

Wir tragen nicht nur Spuren dieser Evolution in uns, sondern wir können uns als eine Synthese aller in der Evolutionskette vor uns liegenden Lebensformen verstehen. Das lässt sich am deutlichsten an unserem Gehirn ablesen. Seine Teile werden manchmal nach ihrer Entwicklungsgeschichte benannt: Reptiliengehirn, (Ur-)Säugetiergehirn und Primatengehirn. Die im Deutschen üblichen Bezeichnungen, die wir auch in den folgenden Kapiteln verwenden werden, sind kursiv gedruckt.

Drei Schichten unseres Gehirns wölben sich – vergleichbar den Jahresringen eines Baums – übereinander, wobei die älteste direkt über der Wirbelsäule liegt, wie eine Art Verlängerung des Rückenmarks:

- Das *Stammhirn* (der Hirnstamm) wird auch Reptiliengehirn[1] genannt und steuert lebenserhaltende Grundfunktionen des Körpers wie Herzschlag, Atmung und Wach-Schlaf-Rhythmus[2], auch Instinkte und Reflexe sind hier fest installiert.[3] Es entwickelte sich vor über 500 Millionen Jahren.[4] Ähnlich alt (300 bis 500 Millionen Jahre)[5] ist das Kleinhirn. Es liegt hinter dem Hirnstamm, steuert Bewegungen, sorgt für ihre Feinabstimmung und empfängt eine Flut von uns unbewusst bleibenden, sensorischen Informationen über Körperhaltung und Bewegung.[6]

Darüber wölbt sich
- das *limbische System* (Mittelhirn)[7], auch Vogel- und Säugetiergehirn[8] oder paläo-mammalisches Gehirn[9] (Ursäugetiergehirn) genannt. Hier werden Gefühle, aber auch so grundlegende Funktionen wie Körpertemperatur, Verdauung[10] und unser unwillkürliches autonomes Nervensystem gesteuert. Es entwickelte sich vor 150 bis 300 Millionen Jahren und erreichte vor ca. 250000 Jahren den Höhepunkt seiner Entwicklung.[11]

Darüber legt sich

- die *Großhirnrinde* (kurz Kortex), auch Primatengehirn[12] oder neomammalisches Gehirn[13] genannt. Sie entwickelte sich vor etwa 3 Millionen Jahren.[14] Hier sitzt unser Bewusstsein mit bewusster Wahrnehmung und Steuerung willkürlicher Bewegungen, mit unserem Denken und unserem Sprachvermögen.[15]

Bei uns Menschen hat sich insbesondere der vordere, hinter der Stirn liegende Teil dieser Schicht in einzigartiger Weise weiterentwickelt[16], wir wollen ihn daher im Folgenden wie eine Extraschicht behandeln:

- Die *präfrontale Rinde* (Frontallappen) steuert diejenigen Funktionen, die uns als Menschen auszeichnen: Hier wird unser „Ich" gebildet, unser Selbstbild, hier geschieht Planung.[17] Unser Arbeitsgedächtnis (für kurzzeitiges Erinnern), eine übergeordnete Selbstregulation unseres Verhaltens[18] und die Steuerung unserer Aufmerksamkeit haben hier ihren Sitz.[19] Außerdem geschehen von hier der Ausgleich unserer Emotionen und die Einstimmung auf andere Menschen.[20] Zusammenfassend könnte man sie als den Ort unserer bewussten Steuerung bezeichnen.

Unser Gehirn ist ein unüberschaubares Netzwerk aus ungefähr 100 Milliarden Nervenzellen[21] und ihren Verbindungen untereinander. Das Erlernen neuer Verhaltensweisen entsteht durch die Fähigkeit, neue Verbindungen zwischen Nervenzellen zu bilden. Diese Formbarkeit des Gehirns nimmt von den älteren zu den neueren Gehirnteilen hin immer weiter zu. Daher zeichnet sich das menschliche Gehirn, bei dem die Großhirnrinde etwa zwei Drittel der gesamten Hirnmasse ausmacht, durch eine besonders hohe Plastizität aus.

Tiere wie Reptilien oder Insekten, die hauptsächlich von ihrem Stammhirn gesteuert werden, kommen mit einem fest verschalteten Gehirn auf die Welt. Das ermöglicht ihnen in einer Umgebung, für die sie die Evolution über lange Zeiträume hinweg angepasst hat, zu überleben.[22] Tiere, wie Vögel, die sich auf ein stark entwickeltes limbisches System stützen können, sind anpassungsfähiger. Sie lernen am Anfang ihres Lebens vor allem durch ihre Eltern und werden damit für ihr weiteres Leben konditioniert[23], denn in der frühen Kindheit erworbene Verhaltensweisen sind später kaum noch veränderbar. Diese Art früher Formbarkeit erlaubt es den Tieren, sich an den Lebensraum anzupassen, in den sie hineingeboren werden. Die Bindung an die Eltern ist für den damit verbundenen Lernprozess eine wichtige Voraussetzung.

Die Möglichkeit, lebenslang zu lernen, besitzt vor allem der Mensch. Er wird mit einem vergleichsweise unfertigen Gehirn geboren. Die Bindung an die Eltern ist beim Menschen besonders lang und intensiv. Sein Gehirn ermöglicht es ihm, sich in andere Lebewesen hineinzuversetzen, mitzufühlen und Verhalten vorauszuahnen. Obwohl das Gehirn des Menschen wie bei allen Lebewesen immer noch die Hauptaufgabe hat, den Körper zu steuern und am Leben zu erhalten, ist es vor allem auch ein soziales Organ[24], das ein komplexes Zusammenleben in Gemeinschaften ermöglicht hat, und es ist ein kulturelles Organ[25], durch das erworbenes Wissen und erlernte Fähigkeiten an andere weitergegeben werden kann.

Kapitel 2
Innehalten um zu leben

Nun schaut der Geist nicht vorwärts, nicht zurück;
Die Gegenwart allein – ist unser Glück.

Goethe, *Faust II, 3. Akt, Innerer Burghof*

Durch alle Töne tönet

Im bunten Erdentraum

Ein leiser Ton gezogen

Für den, der heimlich lauschet.

Friedrich Schlegel, aus dem Gedicht *Die Gebüsche*

2.1 Der Beobachter: Wie ein Fels in der Brandung

All den in Kapitel 1 beschriebenen Zuständen ist eines gemeinsam: der wache Beobachter fehlt. Der Beobachter – die Achtsamkeit in uns – ist nicht zu verwechseln mit einem Kommentator, der zu allem, was geschieht, Bezeichnungen, Bewertungen, Vergleiche, Befürchtungen oder Erwartungen liefert. Diese sind nämlich nur wieder Gedankenkonstruktionen, die die Realität verdecken, denn sie schieben sich zwischen uns und das Objekt unserer Wahrnehmung. Der Beobachter nimmt einfach nur wahr, d.h. alles – oder zumindest vieles –, was in uns und in unserer Umwelt auftaucht und geschieht, bringt der Beobachter zum Bewusstsein.

Die *inneren* Objekte, die der Beobachter wahrnehmen kann, sind Gedanken- und Gefühlsmuster. Ein Gedanke und die bewusste Wahrnehmung dieses Gedankens entstehen auf unterschiedlichen Ebenen. Unsere Gedanken tauchen oft in einem dämmernden, dahinträumenden Zustand auf und werden darin fortgesponnen, doch wirklich wahrgenommen wird ein solcher Gedanke nur in dem wachen Zustand eines größeren Bewusstseins. Besonders unsere wohlvertrauten Gedankenmuster nehmen wir oft nicht wahr. Sie sind ein Teil von uns. Wir übersehen sie genauso, wie wir die Gegenstände in unserer Wohnung nicht beachten, die immer am selben Platz stehen.

So wie nur ein Teil unserer Gedanken ins Licht unseres Bewusstseins tritt, so nehmen wir auch nur einen Teil unserer Gefühle bewusst wahr. Besonders wohlvertraute Gefühlsmuster entgehen oft der Aufmerksamkeit. Das altvertraute Gefühlsklima, aus dem heraus wir urteilen und Entscheidungen treffen, ist uns oftmals nicht bewusst. Stattdessen fällt es uns leichter, Unterschiede zu gewohnt auftretenden Gefühlen wahrzunehmen – gerade so wie im Winter 8°C kein besonderes Temperaturempfinden auslösen, während wir dieselbe Temperatur in einer Sommernacht als kalt wahrnehmen. Ein wacher Beobachter unseres inneren „Klimas" zeichnet sich dadurch aus, dass er nicht nur deutliche Temperaturunterschiede spürt, sondern auch das gewohnte Klima wahrnehmen kann.

In der *Außenwelt* sind es vor allem visuelle Objekte sowie Geräusche und Klänge, die wahrgenommen werden können. Hier gilt eine ähnliche Unterscheidung wie in der Gedankenwelt. Selbstverständlich sehen wir die Buchstaben auf dem Bildschirm, wenn wir am Computer arbeiten. Das ist die untere Ebene der Wahrnehmung. Doch nur wenn wir zwischendurch auch den Bildschirm als Ganzes mit der Schreibtischoberfläche, auf der er steht, wahrnehmen, schützen wir uns davor, durch eine verengte Aufmerksamkeit in den Bildschirm gleichsam hineingesogen zu werden.

Ein wacher Beobachter nimmt wenigstens einen Teil der auftauchenden Gedanken wahr. Er ist sich der gerade vorherrschenden Grundstimmung seiner Gefühlswelt bewusst. Die Gegenstände seiner Außenwelt – wie beispielsweise Computer, Schränke, Stühle oder Geschirr – sieht er nicht nur in einem praktischen Sinne, um sie für seine Ziele benutzen zu können. Sie sind für ihn nicht nur Mittel zum Zweck. Er sieht Bäume nicht nur als Hindernisse, denen es auszuweichen gilt, um nicht über ihre Wurzeln zu stolpern oder von ihren Ästen verletzt zu werden, so wie er die Wolken am Himmel nicht nur als Vorboten eines Regens wahrnimmt. Vielmehr nimmt er den Baum als Baum wahr – in seiner einzigartigen Form und seinen von den momentanen Lichtverhältnissen abhängigen Farben. Er sieht die Leuchtkraft blühender Blumen und die räumliche Struktur eines Stuhls.

Der wache Beobachter kann so die Schönheit der Welt in sich aufnehmen, statt nur ihre praktische Seite zu sehen. Doch geht es nicht nur um die Schönheit, die zumindest in allem von der Natur Geschaffenen leicht zu entdecken ist, und schon gar nicht geht es um Bewertung. In unserem Zusammenhang ist vor allen Dingen Folgendes wichtig: Die hellwache Wahrnehmung macht den Menschen zu einem Fels in der Brandung, zum Ruhepol inmitten eines brausenden, rauschenden Geschehens, das man als solches erkennen kann, ohne sich in das Auf und Ab und seine Wirbel hineinziehen zu lassen.

2.2 Beobachter und Hirnforschung

In einem seiner Vorträge[1] berichtet Gerald Hüther – Leiter der neurobiologischen Grundlagenforschung der Universitätsklinik Göttingen – von einem bemerkenswerten Experiment, dessen überraschendes Resultat zeigt, wie sehr sich die Hirnaktivitäten eines zielorientiert Handelnden und eines wachen Beobachters unterscheiden. Es wird mithilfe der computergestützten Positronen-Emissions-Tomografie durchgeführt, mit der sich die Aktivität im Gehirn bildlich darstellen lässt:

Ein Mann wird in einen Computertomografen geschoben. Er trägt eine Videobrille, die ihm ermöglicht, ein Computerspiel zu spielen. Als Erstes soll er im Rahmen dieses Spiels ein Auto über eine Rennstrecke so schnell wie möglich ins Ziel steuern. Im zweiten Teil des Experimentes wird er gebeten, nur die Rolle des Beifahrers und Beobachters zu spielen, das heißt, nichts zu machen, sondern nur die Strecke und das Geschehen zu beobachten. Das Ergebnis ist sehr interessant: Während im ersten Teil des Experiments die Bilder des Computertomografen belegen, dass nur sehr wenige Bereiche in seinem Gehirn arbeiten, zeigen die Bilder des zweiten Teils eine umfassende Aktivität weiterer Gehirnareale.

Gerald Hüther zieht daraus den Schluss, dass wir, um möglichst schnell, effektiv und in eintrainierter Weise an ein Ziel zu gelangen, unser Gehirn nur sehr eingeschränkt benutzen, wohingegen beim aufmerksamen Beobachten das Gehirn in viel umfassenderer Weise aktiviert wird. Der wache Beobachter fordert sein Gehirn mehr als der auf sein Ziel fixierte Zielstreber und fördert dadurch die Entwicklung seines Gehirns. Er verhält sich „hirntechnisch" gesehen günstiger, denn das Gehirn entwickelt sich so, wie es benutzt wird.[2] Der wache Beobachter erzeugt also im Laufe der Zeit ein flexibles Gehirn mit komplexeren Verschaltungen, während der Zielstreber sein Gehirn nur sehr eingeschränkt nutzt und entwickelt.

In seinem Buch „Bedienungsanleitung für ein menschliches Gehirn", das leicht verständlich geschrieben ist und sich an eine breite Öffentlichkeit wendet, rät Gerald Hüther zu einem Leben in Achtsamkeit, denn Unachtsamkeit sei eine Haltung, die wenig Hirn beanspruche, wohingegen Achtsamkeit eine ganz wesentliche Unterhaltungs- und Wartungsmaßnahme für das menschliche Gehirn darstelle.[3]

In seiner Darstellung geht Gerald Hüther sogar noch einen Schritt weiter. Er betrachtet die Wahrnehmungsfähigkeit eines Menschen als Kriterium, um „wahre Propheten und Seher" von falschen zu unterscheiden: Wahren Propheten und Sehern sei es im Lauf ihrer Entwicklung gelungen, all ihre Sinne, und zwar sowohl die zur Wahrnehmung von Veränderungen in ihrer äußeren Welt als auch die zur Wahrnehmung dessen, was in ihnen selbst geschehe, gleichzeitig zu schärfen. Sie hätten die Fähigkeit entwickelt, all diese Sinne gleichzeitig und gleichwertig zu gebrauchen und damit die höchste Stufe der Wahrnehmungsfähigkeit eines menschlichen Gehirns erreicht.[4]

Gerald Hüther spricht von der Stufenleiter der Wahrnehmung, auf der wir nach oben gelangen, indem wir uns für bestimmte Wahrnehmungen sensibilisieren und so unsere Sinne „schärfen".[5] Dies geschehe, wenn wir all diejenigen neuronalen Verschaltungen besonders häufig und intensiv aktivierten, die an der Annahme, Verarbeitung und Abspeicherung gewisser Sinneseindrücke beteiligt seien, denn dann würden diese Verschaltungen auch besonders gut herausgeformt und würden leichter aktivierbar als andere.[6] Dazu brauchen wir eine angemessene innere Einstellung, denn, so schreibt Hüther, der Abstieg auf der Stufenleiter der Wahrnehmung funktioniere von allein; hinauf jedoch gehe es nur, wenn man auch dorthin will.[7]

2.3 Wahrnehmung unserer Innenwelt

Das gewöhnliche Denken und das wache Beobachten geschehen auf unterschiedlichen Ebenen – Gerald Hüther spricht von der Stufenleiter der Wahrnehmung. Besonders deutlich wird dies in der Meditation. Unter Meditation ist hier eine Aktivität gemeint, die zum einen zum Erlebnis der Stille führt und zum anderen den wachen Beobachter schult. Mithin handelt es sich weder um einen Dämmerzustand noch um einen gezielt herbeigeführten Traum- oder Gefühlszustand.

Der wache Beobachter wird gestärkt, indem man sich einen Fokus gibt, an den man seine Aufmerksamkeit hängt. Dies kann der Atem sein, das Zählen des Atems oder ein umfassendes, hellwaches Körperbewusstsein. Auch das offene Hineinhorchen in die Stille ist möglich. So fordert der Zenmeister und Benediktinerpater Willigis Jäger dazu auf, die Stille hinter der Stille wahrzunehmen, um zu erfahren, dass die Stille mehr ist als nur die Abwesenheit von Lärm – sie besitzt eine gewisse Qualität.[8] Die Stille bekommt also in der Meditation eine Tiefe. Eine ungeheure Lebendigkeit wird spürbar, die sich als die Quelle allen Lebens erweist. Willigis Jäger nennt sie „hintergründige Wirklichkeit".

Die Begegnung mit dieser Stille ist nur die eine Seite der Meditation. Die andere ist ein Entwicklungsprozess, der durch sie angestoßen wird. Dieser erfordert Übung, denn er ist wie jeder Lernprozess verbunden mit einem Anpassungsprozess im Gehirn und kann nach Gerald Hüther als der allmähliche Aufstieg auf der Stufenleiter der Wahrnehmung angesehen werden. Diese Seite der Meditation bringt nicht nur angenehme Erfahrungen mit sich, denn es können uns Denk- und Gefühlsmuster bewusst werden, die uns unangenehm berühren und die wir oft nur ungern als Teil von uns akzeptieren. Außerdem wird uns auf diesem Wege bewusst, wie viele Gedanken uns ständig durch den Kopf gehen und wie weit entfernt von einer inneren Stille wir oftmals leben.

Wenn wir anfangen, unsere Gedanken wahrzunehmen, bemerken wir auch, dass das wache Bewusstsein, das den Strom der Gedanken bewusst anschaut, eher mit der tiefen Stille im Hintergrund verbunden ist als mit der Ebene, auf der der Gedankenstrom fließt. Ist der Beobachter – die Achtsamkeit in uns – hellwach, so wird unsere Gedanken- und Gefühlswelt beleuchtet. Statt von ihr hin- und hergerissen zu sein, können wir sie von einer höheren Warte aus betrachten. Dies gelingt allerdings nur, wenn wir einfach auf das innere Geschehen schauen, ohne es zu bewerten, und dabei wie ein Fels in der Brandung sind. Dadurch können wir eine tiefe Stille in uns zumindest erahnen. Dies lässt den brausenden Strom der Gedanken und Gefühle abebben.

Beim Meditieren lässt sich auch am besten erfahren, wie Gedanken und Gefühle – in unserem meist vorherrschenden Bewusstseinszustand weitgehend unbemerkt – eine Art Eigenleben in uns führen. Sie scheinen größtenteils unbewusst fast ohne Unterbrechung zu fließen. Dies scheint ein Widerspruch zu sein, denn zum Denken gehört Bewusstsein. Doch folgende Erfahrungen hält die Meditation für jeden, der es probieren möchte, bereit:

Nachdem wir uns eine Weile bemüht haben, unsere Aufmerksamkeit durch einen Fokus wach zu halten, geschieht irgendwann etwas, das dem Einschlafen vergleichbar ist. Der wache Zustand geht allmählich verloren, unbemerkt setzt der Strom der zerstreut dahinfließenden Gedanken ein. Plötzlich werden wir gewahr, dass wir in träumende Gedanken geraten sind, schrecken auf, wie nach einem kurzen Einnicken, und wenden uns wieder unserem Fokus zu. Der Unterschied zwischen der hellwachen Aufmerksamkeit und dem alltäglichen, träumenden Vor-sich-hin-Denken kann dabei eindrucksvoll erlebt werden.

Nehmen wir das Zählen des Atems als Fokus, so lautet die „Spielregel", dass wir das Ausatmen zählen und nach zehn Atemzügen wieder bei eins anfangen. Wenn wir während des Zählens allerdings abschweifende Gedanken bemerken, gehen wir direkt auf eins zurück und beginnen erneut von vorn. Üben wir einige Zeit in dieser Weise, so bemerken wir während des Zählens vielleicht, dass wir uns bereits seit einer Weile wieder in Gedanken verstrickt haben. Denn oft registrieren wir erst mit einer gewissen Verzögerung, dass wir in den Gedankenstrom zurückgefallen sind.

Unser gewöhnliches Denken scheint also, wenn auch nicht völlig ohne Bewusstsein, so doch selten in einem hellwachen Bewusstseinszustand zu geschehen. Vielmehr scheint es sich in einem halb bewussten Dämmerzustand abzuspielen, aus dem gelegentlich markante und emotional geladene „wichtige" Gedanken hervorleuchten. Diese bestimmen dann unser Handeln. Dasselbe gilt für Gefühle, welche meist an Gedanken gekoppelt sind. Daher sind wir viel häufiger die „Opfer" unserer Gedanken als deren Lenker.

Bringen wir mehr Licht ins Dunkel unserer Gedankenwelt, so können wir unsere Muster erkennen und leichter in Kontakt mit der inneren Stille kommen. Daraus entstehen Gedanken und Gefühle einer neuen Qualität. Sie besitzen mehr Frische und Tiefe und drehen sich nicht halb bewusst und der Gewohnheit folgend wie ein Karussell immer nur im Kreise. Ein Mensch, der in dieser Weise seine eigene Tiefe erfährt, hat den Zugang zu wahrer Kreativität und einer natürlichen Urlebendigkeit gefunden.

2.4 Wahrnehmung der Außenwelt

Über die Augen, die Ohren und unseren Tast- und Geschmackssinn erfahren wir die Welt. Unsere Sprache weist darauf hin, dass für unsere Wahrnehmung der Außenwelt – aber auch für unsere Einstellung zu einer Situation, einer Sache oder dem Leben – das Sehen besonders wichtig ist. „Das kann man so oder so betrachten", „das kann man auch anders sehen", „eine einseitige Betrachtung", „ein verengter Blick", „den Überblick bewahren", „eine wunderbare Einsicht", „ein tiefer Einblick", „etwas übersehen" sind nur einige der Redewendungen, in denen das Sehen in übertragenem Sinne gebraucht wird. Interessanterweise verweist auch eine Bezeichnung für den gegenwärtigen Moment, der uns so kostbar sein sollte und den wir so oft *übersehen,* auf das Sehen: *der Augenblick.*

Wie wir die Welt sehen oder wie wir eine Situation betrachten, bestimmt unseren Zustand. Dies gilt nicht nur im übertragenen Sinne. Die im Kapitel 1 beschriebene Zielstrebigkeit ist stets verbunden mit einem eingeengten Blickfeld und einem stark fokussierten Sehen. Wir gehen dann wie mit Scheuklappen durch die Welt. Wollen wir um jeden Preis an ein Ziel gelangen, so verschärft sich das fokussierte Sehen zu einer Art Tunnelblick: Wir sehen zwar ein Ziel vor uns, alles andere blenden wir jedoch aus. Wie beim sprichwörtlichen „Licht am Ende des Tunnels" hoffen wir auf einen besseren zukünftigen Moment, befinden uns selbst aber in tiefer Dunkelheit, denn wir nehmen den jetzigen Moment mit all seiner Schönheit nicht wahr.

Unser Zustand wirkt auf unser Sehen, aber umgekehrt beeinflusst unser Sehen auch unsere Verfassung. Unser Zustand und unser Sehen scheinen einander zu entsprechen. Daher können wir durch bewussteren Umgang mit dem Schauen auf unseren Zustand einwirken. Dies kann auf zweierlei Weise geschehen: Wir können durch häufiges Praktizieren eines „offenen Schauens" mit dieser Art zu sehen vertraut werden und sie sich nach und nach zu einer Art guten Gewohnheit entwickeln lassen. Außerdem können wir, wenn uns eine zu starke Zielfixierung in unserem Verhalten auffällt, unseren verengten Blick bewusst öffnen. Das Zweite setzt einen wachen Beobachter voraus, der den Zustand wahrnimmt, in dem wir uns befinden. Ein erwachender Beobachter, der erkennt, in welchem Zustand wir uns gerade befinden, befreit uns bereits teilweise aus der Enge des Zielstrebens. Das Öffnen des Blicks vollendet diese Befreiung.

Betrachten wir ein Beispiel: Gehen wir schnellen Schrittes zum Bahnhof, um einen Zug zu erreichen, so werden wir wahrscheinlich stark fokussiert und wie mit Scheuklappen unserem Ziel entgegenstreben. Sind wir sehr spät dran und wollen wir unbedingt einen bestimmten Zug erreichen, so werden wir eilig vorwärtsdrängen, mit einem Tunnelblick, der auf die in der Ferne bereits sichtbare Uhr am Bahnhofsgebäude gerichtet ist. Erwacht der Beobachter in uns, so können wir den Blick öffnen: Ohne uns langsamer fortzubewegen, nehmen wir plötzlich die Bäume am Straßenrand und die anderen Menschen wahr. Das Bild, das sich uns bietet, bekommt Weite und Tiefe. Wir sind mit dem jetzigen Moment stärker verbunden. Wir gehen oder laufen und sind mit unserer Aufmerksamkeit bei der Bewegung, vielleicht genießen wir sie jetzt, denn es macht Spaß, sich zu bewegen, wenn die Bewegung nicht allein Mittel zum Zweck ist.

Das Beispiel des Wegs zum Bahnhof zeigt das Zielstreben besonders deutlich. Es erinnert an das Experiment der Hirnforscher, in dem ein Proband mithilfe eines Videospiels in zwei ähnlich unterschiedliche Zustände gebracht wird. Die Einengung der Sinneswahrnehmung beim Zielstreben ist offenbar verbunden mit einer eingeengten Hirnaktivität. Das Mehr an Leben in uns und um uns herum, das wir wahrnehmen können, wenn wir die Enge des Zielstrebens verlassen, scheint einer umfassender angeregten Gehirnaktivität zu entsprechen.

Experiment: So wie im Beispiel des Wegs zum Bahnhof beschrieben, können wir unseren Blick in jeder Situation öffnen: Sitzen wir am Computer, so können wir wenigstens zwischenzeitlich, statt nur auf die Buchstaben zu starren, den Computer als Ganzes zusammen mit dem Schreibtisch wahrnehmen und uns für die weitere Umgebung öffnen, vielleicht können wir dabei sogar aus dem Fenster schauen. Kaufen wir Lebensmittel, so können wir zum Beispiel für einen Moment das Obst- und Gemüseregal in seiner ganzen Pracht und Fülle betrachten. Sitzen wir als Beifahrer im Auto, so können wir die Landschaft um uns herum wahrnehmen, statt nur auf die Straße zu schauen.

Experiment: Das Öffnen des Blicks führt manchmal zu beeindruckenden Erlebnissen. Sitzen wir in einem Bus auf den hinteren Bänken, so können wir durch das offene Schauen das Innere des Busses und die Umgebung, durch die wir fahren, gleichzeitig wahrnehmen. Gewöhnlich betrachten wir entweder das Innere des Busses, indem wir z.B. die Fahrgäste beobachten, oder wir schauen aus dem Fenster nach draußen. Mit dem offenen Schauen können wir wahrnehmen, wie sich der von innen betrachtete Bus durch die Landschaft bewegt.

Experiment: Beim Hören von Musik können wir unsere Ohren in vergleichbarer Weise wie unsere Augen beim Schauen öffnen: Statt Musik eindimensional zu hören, können wir mehr von der Vielfalt der Klänge wahrnehmen, wenn wir uns nicht nur auf die Melodie konzentrieren. Die Vielfalt der einzelnen Stimmen lässt dabei ein Beziehungsgeflecht in der Musik entstehen, und die unterschiedlichen Töne, die gemeinsam erklingen, lassen uns immer neue Klänge und Klangfarben wahrnehmen.

Experiment: Auch sonst können wir offen lauschend durchs Leben gehen. Statt nur zu schauen, wenn wir uns draußen bewegen, können wir die auftretende Geräuschkulisse wahrnehmen. Das kann auf einem Bahnhof erdrückend wirken und dazu führen, dass wir uns, wenn möglich, eine ruhigere Stelle suchen. Nehmen wir jedoch durch unsere offenere Wahrnehmung den Gesang eines Vogels wahr, so schenkt uns das Genüsse, die uns durch das zielfixierte, am Praktischen orientierte Hören entgehen.

2.5 Innehalten und Wahrnehmung

Die im letzten Abschnitt beschriebene Veränderung unseres Zustandes und unseres Verhaltens könnte man als „Innehalten" bezeichnen. Wie wir gesehen haben, braucht ein solches Innehalten nicht notwendigerweise Zeit. Es geschieht – genau wie eine Wahrnehmung – im Augenblick und muss kein Anhalten oder Stillstehen zur Folge haben. Unverzichtbar für das Innehalten hingegen ist die Aufmerksamkeit.

Betrachten wir noch einmal den oben beschriebenen Weg zum Bahnhof, um zu erkennen, wie eng Innehalten und Wahrnehmung miteinander verknüpft sind. Durch das Öffnen des Blicks halten wir inne – wir lösen uns vom Zielstreben –, und durch das Erwachen des Beobachters in uns – was bereits ein Innehalten vom unbedingten Zielstreben bedeutet – erinnern wir uns daran, offener zu schauen. Ein so verstandenes Innehalten und Wahrnehmen bedingen und entsprechen einander.

Innehalten und Wahrnehmen sind vor allem geistige Prozesse. Sie geschehen blitzschnell und verändern – im wahrsten Sinne des Wortes – unsere Sicht auf die Dinge und damit unser Verhalten. Wir können jederzeit innehalten und in der oben beschriebenen Weise offen wahrnehmen, es bedarf dazu keiner Vorbereitung. Es ist allerdings möglich, dass wir in einem geschäftigen Alltag nicht die Kraft haben, achtsam genug zu sein, um als wache Beobachter das Innehalten zu lernen. In diesem Fall kann ein entschleunigtes Leben mit häufigeren Auszeiten durch Wandern und Urlaubstage (Kapitel 3), ein Bewusstseinstraining wie z.B. Zen-Meditation (Kapitel 3.3) oder Unterricht in Alexander-Technik (Kapitel 6) uns die nötigen grundlegenden Erfahrungen dafür vermitteln, einen Lernprozess anzustoßen, der unser Leben in fundamentaler Weise verändert.

Um Innehalten zu trainieren, ist es förderlich, sich Zeit zu nehmen und sein Tun zu verlangsamen. Dadurch können wir leichter bei uns bleiben und Raum für die Wahrnehmung schaffen. Kleine Pausen, in denen wir alles Tätigsein stoppen, helfen ebenfalls dabei, den wachen Beobachter in uns zu erwecken, offen zu schauen und zu lauschen. Indem wir in dieser

Weise unser Aktivsein unterbrechen, entsteht durch das Anhalten der Aktivität ein Innehalten, das Raum gewährt für ein Gewahrwerden des gegenwärtigen Augenblicks.

Je vertrauter wir mit dem Innehalten werden, desto eher wird es uns gelingen, es auch in einem turbulenten Alltag zu praktizieren. Das ist das eigentliche Geheimnis des Innehaltens: dass es keine Zeit benötigt und doch augenblicklich einen anderen Zustand – ein Gewahrwerden – in uns entstehen lässt. Es handelt sich also um eine Art Perspektivenwechsel, der jedoch nicht nur als eine wichtige und wertvolle Einsicht erlebt wird, sondern den Charakter unseres Handelns und unser Leben verwandelt.

Der genannte Perspektivenwechsel ist der Wechsel von einem rein praktischen Umgang mit den Dingen – sie nur zu benutzen, „um zu ..." – hin zu einem Verhalten, das den gegenwärtigen Moment und alle Dinge und Menschen, die uns gerade begegnen, in den Mittelpunkt stellt, gemäß dem berühmten Wort Meister Eckharts, die wichtigste Stunde sei immer die Gegenwart und der bedeutendste Mensch sei immer der, der uns gerade gegenüberstehe. Es handelt sich dabei um den grundlegenden Wechsel von der Zielfixiertheit zur Aufmerksamkeit für den gegenwärtigen Augenblick. Meister Eckhart nennt ein Drittes: das notwendigste Werk, das immer die Liebe sei. Der *Einblick* 9 wird uns in überraschender Weise zeigen, wie eng alle drei hirntechnisch betrachtet zusammenhängen.

2.6 Innehalten und die Verlangsamung der Zeit

Kapitel 1 hat gezeigt, wie sehr ein beschleunigtes Leben für uns zur Normalität – d.h. zur Gewohnheit – geworden ist. Der ständige Begleiter eines solchen Lebens ist das Gefühl, keine Zeit zu haben. Um diesem Gefühl auf den Grund zu gehen, betrachten wir im Folgenden einige wissenschaftliche Untersuchungen zum Thema Zeitempfinden.

In einem Experiment wurden den Teilnehmern Bilder geometrischer Formen gezeigt. Dabei sollten die Versuchspersonen einschätzen, wie viel

Zeit zwischen dem Auftauchen und dem Verschwinden der Formen auf dem Bildschirm verging. Es zeigte sich, dass ungewöhnliche – „exzentrische" – Formen das Zeitempfinden veränderten: Für die Versuchsteilnehmer verlangsamte sich die Zeit, d.h. die entsprechenden Zeitabschnitte kamen ihnen länger vor.[9]

Wenn wir in zielstrebiger Weise etwas erledigen wollen, so ist das mit sehr wenig Wahrnehmung verbunden. Wie die Testperson, deren Gehirnaktivität gemessen wurde, als sie im Rahmen eines Videospiels ein Auto möglichst schnell ans Ziel steuern sollte[10], blenden wir dabei alles scheinbar Unnütze einfach aus. Es laufen vorwiegend automatische Vorgänge ab, in unserem Gehirn ist wenig Aktivität.

Das oben beschriebene Experiment zum subjektiven Zeitempfinden kann uns erklären, warum wir durch zielstrebiges Handeln keine Zeit gewinnen können – zumindest nicht nach unserem eigenen Erleben, das doch dabei schließlich das Entscheidende ist: Vorausgesetzt, wir sind tätig und langweilen uns nicht, so lässt eine fehlende bewusste Wahrnehmung offensichtlich die Zeit für uns schneller vergehen, als wenn wir außergewöhnliche Sinneseindrücke erleben. Das allein schon könnte erklären, warum so viele Menschen sich wie in einem Teufelskreis bewegen, in dem sie objektiv gesehen immer schneller agieren und immer mehr an einem Tag erledigen und dennoch das Gefühl haben, keine Zeit dabei zu gewinnen.

Wie wir gesehen haben, ist Innehalten stets mit Wahrnehmung verbunden.[11] Wenn wir also innehalten und mit offener Wahrnehmung einer Tätigkeit nachgehen, so wird sich das Gefühl einstellen, mehr Zeit zu haben, denn nach unserem Empfinden verläuft die Zeit dann langsamer. Wir erleben damit eine Entschleunigung, die vor allem auf einem anderen Zeitempfinden beruht. Darüber hinaus werden wir, je mehr das Innehalten uns vertraut wird, wahrscheinlich auch manche Entscheidungen in unserem Leben anders treffen[12], was dann ebenfalls zur Entschleunigung beiträgt.

Die meisten Menschen nehmen selbst auf Wanderungen nur sehr wenig von dem, was ihre Sinne aufnehmen, bewusst wahr. Die folgenden Kapitel widmen sich der Frage, auf welche Weise das Innehalten mehr Raum in unserem Leben bekommen kann. So wie Gerald Hüther von der Stufenleiter der Wahrnehmung spricht, könnte man von Stufen in der Entwicklung des Innehaltens sprechen.

Es beginnt bei einem kurzen Erwachen, einem bewussten Wahrnehmen dessen, was wir gerade tun oder vor uns haben, **und führt über** ein häufiges, kurzes Erwachen, das zu einer Art andauerndem Halbbewusstsein führt, bei dem ein loser Kontakt mit dem gegenwärtigen Moment und unserer Umgebung entsteht und wie ein entfernter Hintergrund unserer Leben begleitet, **bis hin zu** einer tiefen inneren Verbundenheit und einer Verankerung im Hier und Jetzt, bei der das Gewahrsein des gegenwärtigen Moments im Vordergrund steht, sodass unser Wahrnehmen und Denken aus der Perspektive der Präsenz geschieht.

Meister Eckhart hat die tiefe Verbundenheit mit dem gegenwärtigen Moment als „Vollendung der Zeit" erlebt. Für ihn fließt alle Zeit in einem „gegenwärtigen Nu" zusammen. Er erklärt, das sei das Nu der Ewigkeit, wo die Seele alle Dinge in Gott erkenne, so neu und so frisch und in derselben Lust, wie er, Eckhart, sie jetzt gegenwärtig habe.*[13]*

Je offener und unbefangener – man könnte auch sagen, je achtsamer – wir durchs Leben gehen, desto frischer und ungewohnter sind unsere Sinneseindrücke. Daniel Siegel beschreibt in seinem Buch „Das achtsame Gehirn", wie die Informationen, die von unseren Sinnen ins Gehirn aufsteigen, gefiltert werden und mit abgespeicherten Bildern – „inneren Repräsentanten" – überlagert werden.[14] Er geht davon aus, dass ein achtsames Wahrnehmen, das die Information von unseren Sinnen ungestört vom Einfluss der inneren Repräsentanten in unser Bewusstsein strömen lässt, die Zeit für uns ausdehnt.[15] Wir können daraus folgern, dass sich die Zeit für uns desto mehr verlangsamt, je weiter oben wir uns auf der Stufenleiter der Wahrnehmung und des Innehaltens gerade befinden. Wir „haben" dann plötzlich Zeit.

Es ist wohl diese Verbundenheit mit dem gegenwärtigen Moment, auf die Meister Eckhart sich bezieht, wenn er sagt:

Ein Leben der Ruhe, in Gott geführt, ist gut; ein mühevolles Leben in Geduld gelebt, ist besser; aber Ruhe zu haben in einem mühevollen Leben, das ist das Allerbeste.[16]

2.7 Im Kontakt mit unserem Wesenskern

Verweilen wir noch einen Moment bei der Mystik und schauen wir, wie Meister Eckhart (1260–1328), der vielleicht bekannteste deutsche Mystiker, und Angelus Silesius (1624–1677), Dichter des „Cherubinischen Wandersmanns", einer bekannten Sammlung eindringlicher Kurzgedichte, in den Worten ihrer Zeit das Innehalten als wesentlichen Bestandteil der spirituellen Suche beschrieben haben. Diese Suche nach unserem Wesenskern ist in der Mystik die Suche nach Gott. Der „Ort" dieser „Suche" ist immer der gegenwärtige Moment: das Sein und die Stille. Doch bedenken wir, dass all diese Worte unzureichende Umschreibungen sind, denn natürlich gibt es weder einen Ort noch eine Suche, denn das Gesuchte ist bereits da: im gegenwärtigen Moment und in uns.

Angelus Silesius verweist den Menschen auf das einfache Dasein, das ohne Wollen, Wissen und Unruhe ist:

Halt an, wo läufst du hin, der Himmel ist in dir:
Suchst du Gott anderswo, du fehlst ihn für und für. [17]

Gott ist die ew´ge Ruh´, weil er nichts sucht noch will;
Willst du ingleichen nichts, so bist du eben viel. [18]

Wie selig ist der Mensch, der weder will noch weiß. [19]

Er kennt die Bedeutung der Stille und des Hier und Jetzt, das er „Nun" nennt:

*Mensch, so du willst das Sein der Ewigkeit aussprechen,
So mußt du dich zuvor des Redens ganz entbrechen.* [20]

Du mußt ganz lauter sein und stehn in einem Nun. [21]

Für Meister Eckehart ist das Sein, der Zustand des Menschen, wichtiger als seine „Werke", selbst wenn es um „fromme Werke" geht. Er führt uns damit vom Denken und Tun zum Dasein, in dem wir „von Gottes Gegenwart leuchten":

Die Menschen sollten nicht soviel nachdenken, was sie tun sollen, sie sollten aber bedenken, was sie sind. [22]

Bist du gerecht, so sind auch deine Werke gerecht. Denke nicht, dein Heil zu setzen auf ein Tun: man muß es setzen auf ein Sein. Denn die Werke heiligen uns nicht, sondern wir müssen die Werke heiligen. Und seien's noch so fromme Werke, sie heiligen darum, weil wir sie verrichten, uns auch nicht im mindesten: sondern soweit wir Sein und Wesen haben, soweit heiligen wir all unser Tun, gleich ob Essen, Schlafen, Wachen oder was sonst. [23]

Also soll auch der Mensch von Gottes Gegenwart leuchten ohne besondere Bemühung, vielmehr soll er die Dinge in ihrer wahren Gestalt sehen und ihrer gänzlich ledig bleiben. [24]

Lesen wir diese Zitate von Angelus Silesius und Meister Eckhart, so erkennen wir, wie sehr unser heutiges Leben vom entgegengesetzten Pol geprägt ist. Die starke Ausprägung von Unrast, Lärm, Reizüberflutung und innerer Unruhe erweckt in immer mehr Menschen die Sehnsucht nach Stille und einem Leben im gegenwärtigen Augenblick. Dabei erscheinen die Schriften der Mystiker in einem neuen Licht. Unser Verlangen nach Stille und innerer Ruhe ist mehr, als nur der Wunsch nach einer Erholung von einem beschleunigten Leben, es führt uns zur uralten Suche nach unserem Wesenskern.

Ausblick 2

Bewusstsein – Achtsamkeit

Das Erwachen aus einem halb bewussten Alltagsbewusstsein zu einem umfassenderen *Bewusstsein* geschieht normalerweise nur für kurze Zeitspannen. Es ließen sich wahrscheinlich Stufen des Bewusstseins angeben, die von der zaghaften Freude an den leuchtenden Farben einer Blume oder dem Erkennen unerwünschter Gefühle in uns – wie Neid, Stolz oder Ärger – zu einem allumfassenden Wahrnehmen reichten, einem Gefühl der Verbundenheit und Einheit. Doch betrachten wir in diesem *Ausblick* lieber einige der unterschiedlichen Bereiche, in denen sich ein solches bewusstes *Sein* zeigen kann.

Es handelt sich dabei um einen Entwicklungsprozess, dessen Verlauf von kleinen Sprüngen gekennzeichnet ist. Wir fallen dabei in einen Zustand größerer Wachheit und gleiten nach einer gewissen Zeit wieder zurück. Je öfter wir dies erleben, umso leichter geschieht es, umso vertrauter wird uns dieser wache Zustand. Im Laufe eines solchen Prozesses treten dann häufiger Zustände immer umfassenderer Wachheit auf. Nur in Ausnahmefällen, meist verbunden mit großem Leiden, geschieht ein gewaltiger Sprung in einen anderen Zustand, der einem dauerhaften Erwachen gleicht. Offensichtlich hat Eckhart Tolle so etwas erlebt.[1]

In uns zeigt sich ein wachsendes Bewusstsein als die Fähigkeit, Gedanken und Gefühle wahrzunehmen. Zunächst mag es nur ein gelegentliches Erkennen vertrauter Muster sein, mit denen wir normalerweise so sehr identifiziert sind, dass wir sie nicht bemerken. Je deutlicher wir solche Muster wahrnehmen, desto eher können wir uns von ihnen lösen. Indem wir erkennen, dass wir einen Gedanken haben oder ein Gefühl in uns auftaucht, *sind* wir das Feld des Bewusstseins, in dem sich ein Geschehen abspielt. Es ist, als hätten wir die zweidimensionale Welt des Agierens und Reagierens verlassen und könnten als dreidimensionale Wesen diesem Geschehen in uns folgen.

Die Methode des Voice Dialogue[2] arbeitet beispielsweise mit der Entwicklung eines solchen „dreidimensionalen Beobachters". Er wird dort „Aware Ego" genannt, ist jedoch keine Teilpersönlichkeit, sondern einfach ein Prozess der Achtsamkeit und des Gewahrseins. Je mehr sich dieser Beobachter in uns entwickelt, desto leichter können sich unsere Verhaltensweisen ändern. Bereits sein erstes Auftreten kann unsere Reaktion ändern, denn die Situation ist dann eine andere: Wir haben für einen Moment eine neue Dimension hinzugewonnen. Wichtig ist, dieses auftauchende Bewusstsein nicht durch Bewertung zu belasten und sich zum Beispiel über unerwünschte Gefühle zu ärgern. Wir werden später erkennen, wie sehr uns solche Bewertungen einschränken.

Als durchgehend angenehm können wir das wachsende Bewusstsein im Kontakt mit der Natur erleben. Sei es die tiefe Harmonie, die sich in der Natur zeigt, besonders wenn sie nicht vom Menschen „bearbeitet" worden ist, sei es das Fehlen eines unruhigen menschlichen Verstandes in Steinen, Pflanzen und Tieren: Auf eine geheimnisvolle Weise wirkt die Natur „heilsam ansteckend" auf uns. Was sich dabei überträgt, ist wohl die Stille, das Einfach-nur-da-Sein, das die Natur auszeichnet. So wie wir an einem unruhigen Arbeitsplatz oder in einem betriebsamen Einkaufszentrum leicht ein ausgeglichenes *Dasein* verlieren und Teil der uns umgebenden Unruhe werden, geschieht etwas mit uns, wenn wir eine Weile in der Natur sind. Wir werden zum Teil der gedankenfreien Ruhe und Harmonie um uns herum.

Natürlich kann es uns geschehen, dass wir voll von Gedanken in die Natur gehen und eine halbe Stunde später der Zustand innerer Unruhe noch immer andauert. Dann sind wir im halb bewussten Vor-uns-hin-Denken fast wie Schlafwandler unterwegs gewesen, ohne unsere Umgebung wahrzunehmen. Ist uns jedoch ein wacher Geisteszustand vertraut, wird es uns selbst bei einem sehr unruhigen Verstand leichter möglich, zu einer offenen Wahrnehmung der Umgebung zu gelangen. Dann vor allem entfaltet die Natur ihre Wirkung auf uns.

Je mehr uns das Wahrgenommene zum Staunen bringt, desto kräftiger wirkt es auf uns. Das kann eine weite Aussicht von einem Berg, ein einsames Tal mit rauschendem Fluss oder auch nur eine einzelne Blüte oder ein uralter Baum sein. Je häufiger wir dies erleben, desto leichter wird selbst ein einzelner Grashalm uns in einen Zustand staunender Präsenz versetzen. Denn in diesem Zustand werden selbst die alltäglichsten Dinge zu lebendigen Wundern. So erfährt ein wachsendes Bewusstsein immer mehr Freude im Betrachten seiner Umgebung.

Wenn wir noch etwas tiefer schauen, so stellen wir fest, dass sich das wachsende Bewusstsein sogar an der Stille, am Nichts erfreuen kann. Vielleicht ist es diese Essenz aller Dinge, die uns auch in der Natur anspricht. In der Meditation, in der uns nur das reine Dasein bleibt, ist es vor allem diese Qualität, die uns Freude und ein tiefes Erleben schenkt. Wenn die Formen der Welt, seien es Dinge oder Gedanken, zurücktreten, bleiben die Stille und ein waches Bewusstsein, das erkennt, dass es Teil dieser Stille ist.

*Im Innehalten,
die Zeit anhalten.
Mit allen Sinnen,
draußen und drinnen.*

Innehalten | Die Tiefe des Lebens entdecken

Überblick 2

Der Beobachter – die Achtsamkeit in uns – verleiht unserem Leben eine neue Dimension. Plötzlich ist da nicht nur ein Film, der sich planmäßig abspult, sondern auch ein Zuschauer, der das Geschehen wahrnimmt, erlebt und eine tiefe Freude in unser Leben bringt. Wahrnehmung und Zeit sind nicht mehr nur praktische Orientierungshilfen, sondern beginnen sich in eine veränderliche Basis unserer Erlebniswelt zu wandeln.

Übungen zur Vertiefung 2

1) Nutzen Sie die Gelegenheit, wenn Sie als Beifahrer im Auto fahren, um das Experiment aus Kapitel 2.2 nachzuspielen:

a) Verfolgen Sie das Geschehen auf der Straße, als führen Sie selber das Auto – spielen Sie Fahrer.

b) Öffnen Sie jetzt Ihren Blick und nehmen Sie aus der Perspektive des Beifahrers, der sich dem Fahrer anvertraut, so viel wie möglich wahr: den Verlauf der Straße, die Landschaft, durch die Sie fahren, den Himmel und den Horizont.

c) Vergleichen Sie die beiden Perspektiven miteinander. Wie fühlen sich (a) und (b) im Vergleich an?

d) Gelingt es Ihnen, sowohl das Auto (Scheibe, Kühlerhaube usw.) als auch die Landschaft zu sehen und dabei wahrzunehmen, wie das Auto sich durch die Landschaft bewegt?

2) Wahrnehmungsübungen

a) Wo immer Sie gerade sind, nehmen Sie offen wahr, das heißt den gesamten Raum, auch am Rande Ihres Sichtfeldes: Formen, Farben, Licht, Schatten. Nehmen Sie alle Geräusche wahr.

b) Wechseln Sie auf dem Weg zur Arbeit oder zum Einkaufen, so oft es geht, ins offene Schauen. Nehmen Sie wahr, wie durch Ihre Bewegung – durch den sich verändernden Blickwinkel – die Gegenstände, an denen Sie vorbeigehen, plastischer werden.

c) Suchen Sie einen Park auf oder gehen Sie in die Natur und genießen Sie die Landschaft im offenen Schauen.

d) Sitzen Sie jeden Morgen 5 Minuten in Stille und nehmen Sie Ihren Körper und die Lebendigkeit in ihm wahr.

3) Beobachten Sie Ihre Gedankenmuster. Legen Sie eine Liste mit drei Spalten und folgenden Überschriften an:

- oft wiederkehrende Gedanken
- damit verbundene Gefühle
- Situationen, in denen sie auftreten oder durch die sie ausgelöst werden.

4) Gestalten Sie 20 „Innehalten"-Karten oder kopieren Sie die Vorlage:

Innehalten

Verteilen Sie diese an Orten, an denen Sie innehalten möchten: in Ihrer Wohnung, im Auto, im Portemonnaie, am Arbeitsplatz usw. Benutzen Sie sie als Erinnerung.

Abschnitt 3
Mehr Zeit und Muße

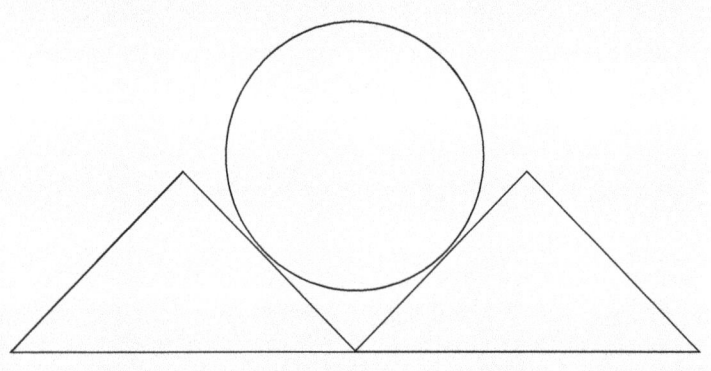

Einblick 3
Wahrnehmung und invariante Repräsentation

Bei der Wahrnehmung spielen eingeprägte Muster meist eine dominierende Rolle. Wenn wir beispielsweise einen Baum sehen, so wird die Sinneswahrnehmung, die in Form von Nervenimpulsen im Gehirn einläuft, mit abgespeicherten Bildern verglichen und eingeordnet. Die tatsächliche Wahrnehmung wird dabei überdeckt von einem abgespeicherten Repräsentanten, der dieser Wahrnehmung – in unserem Fall dem Baum –

ähnelt.[1] Das geschieht nicht ohne Grund, es bietet nämlich den Vorteil, das Wahrgenommene augenblicklich einordnen und beurteilen zu können, was eine schnelle Gefahreneinschätzung und eine entsprechende Reaktion ermöglicht. Es hat jedoch den gravierenden Nachteil, dass wir auf diesem Wege das Objekt unserer Wahrnehmung gar nicht wirklich wahrnehmen können.

Die abgespeicherten Repräsentanten werden invariante Repräsentation genannt.[2] Solange diese unsere Wahrnehmung überlagern, nehmen wir beispielsweise nicht die unendliche Vielfalt der Formen und Farbschattierungen eines individuellen Baumes wahr, sondern erkennen das Objekt stattdessen nur als einen Vertreter der „Baum-Familie", das ein gewisses im Gehirn abgespeichertes Muster – die invariante Repräsentation – aktiviert. Wir sind also Gefangene unserer Vorprägung. Eine ungestörte Wahrnehmung scheint unmöglich. Die invarianten Repräsentationen wirken wie eine Schablone, hinter der das Wahrgenommene verborgen ist, oder wie eine beschriftete Schublade – beispielsweise mit der Aufschrift „Baum" –, in der das beobachtete Objekt verschwindet.

Schauen wir etwas genauer auf dieses Geschehen, das wie ein Filter wirkt. Der Neokortex besteht aus sechs Schichten. Bei einer Wahrnehmung gelangt die sensorische Information zu den beiden unteren „Input"-Schichten[3], von wo sie dann zu den höheren aufsteigt, um zu einer bewussten Wahrnehmung zu werden. Gleichzeitig werden nun aber von den oberen beiden Schichten abgespeicherte Informationen nach unten gesendet – die invariante Repräsentation. Diese vermischen sich in den mittleren Schichten mit den aufsteigenden sensorischen Informationen. Damit wird eine vorurteilsfreie Wahrnehmung verhindert, denn die Information von dem Baum, den wir sehen, mischt sich mit dem Bild eines gewissen Typs „Baum", das wir abgespeichert haben.

Die Wissenschaft nennt einen solchen Prozess „Verarbeitung von oben nach unten".[4] Dabei dominiert das abgespeicherte Muster – das Bekannte – das neu Wahrgenommene. Dem gegenüber steht die „Verarbeitung von unten nach oben", bei welcher der Informationsfluss von den Sinnesorganen möglichst ungehindert in unsere Wahrnehmung gelangt. Daniel Siegel vermutet, dass im Zustand von Präsenz – bei „achtsamem Gewahrsein" – der Fluss von oben nach unten abgeschaltet wird und so eine höhere „Informationsdichte" nach oben fließen kann.[5] Dabei werde das Gewöhnliche außergewöhnlich, jeder Moment einzigartig und die „hierarchischen Zwänge invarianter Repräsentation" aufgelöst.[6] Dies ist die wissenschaftliche Beschreibung der Erfahrung, die jeder machen kann, wenn er innehält und offen wahrnimmt.[7] Der Begriff „offene Wahrnehmung"[8] bekommt durch die Beschreibung der Vorgänge im Gehirn noch eine weitere Bedeutung: er steht für das offene, ungestörte Aufsteigen der Informationen aus den Sinnesorganen in die bewusste Wahrnehmung.

Kapitel 3
Wege zum Innehalten

Die ganze Natur ist eine Melodie,
in der eine tiefe Harmonie verborgen ist.

Goethe, *Fragment eines Romans in Briefen*

Schläft ein Lied in allen Dingen,
die da träumen fort und fort,
und die Welt hebt an zu singen,
triffst du nur das Zauberwort!

Eichendorff, *Gedicht „Sprüche"*

3.1 Urlaub

Ein Urlaub führt uns meist weg vom Tun hin zur Wahrnehmung. Wir verlassen für eine gewisse Zeit unsere gewohnte Umgebung und Tätigkeit. Mit dem Wechsel der Landschaft und des Tagesablaufs finden unsere Gedanken neue Wege. Oft denken wir weniger, weil es weniger zu bedenken gibt und weil unsere Aufmerksamkeit stärker auf unsere Umgebung gerichtet ist.

Unterschiedlichster Art können die ungewohnten Sinneseindrücke sein, die unsere Wahrnehmung beleben: Beim Sommerurlaub am Strand ist der frische Wind vom Meer sowohl auf der Haut als auch beim Atmen spürbar. Die intensiv scheinende Sonne wird auf der Haut, aber auch mit den Augen wahrgenommen. Durch die Sonne verändern sich die Farben unserer

Umgebung, sie werden heller und scheinen intensiver. Das Salzwasser und die Wellen verschaffen der Haut, aber auch unserem Gleichgewichtssinn und dem gesamten Bewegungssystem eine ungewohnte Erfahrung. Das Rauschen der Brandung und des Windes breitet für unsere Ohren einen ungewohnten Klangteppich aus. Ein fremdartiger Wolkenhimmel sowie Sonnenaufgänge und -untergänge vermitteln visuelle Impressionen.

Bei einem Urlaub in den Bergen können wir die intensivere Höhenstrahlung der Sonne mit den Augen und auf der Haut, die majestätische Bergkulisse mit den Augen und die fremden Düfte mit der Nase aufnehmen. Die tiefe Stille der Bergwelt, in der wir gelegentlich Bäche rauschen hören, macht uns sensibler für die Klänge der Natur und regt in vielen Menschen eine innere Stille an. Der auffrischende Wind in den Höhenlagen der Berge ruft uns ebenso ins Hier und Jetzt, wie die berauschend schöne Aussicht von einem Gipfel.

Experiment: Erinnern Sie sich an einen Ihrer letzten Urlaube und stellen Sie sich vor, an einem Ort zu sein, der Ihnen Stille und frische Sinneseindrücke geschenkt hat. Lassen Sie die entsprechenden Eindrücke auftauchen und erinnern Sie sich an das damit verbundene Lebensgefühl.

Besonders groß sind die beschriebenen Eindrücke, wenn der Urlaub fernab von großen Touristenzentren in der Natur erlebt wird. Dann nehmen wir den gemächlicheren Rhythmus der Natur auf und werden durch ihn verwandelt. Je weniger Menschen an dem Urlaubsort ihre eigene Unruhe verbreiten, desto leichter kann der Einzelne Ruhe finden und Stille erleben. Der Gang der Sonne, das Ziehen der Wolken, das Schwanken der Bäume im Wind, die unbeweglichen Berge, das beständige Rauschen des Meeres oder eines Baches „sprechen" zu uns in einer Sprache, die uns im Inneren vertraut sein mag, deren Stimme wir jedoch im Hin und Her des menschlichen Alltags lange nicht gehört haben mögen. Je mehr wir unsere alltägliche Betriebsamkeit hinter uns lassen können, desto offener werden wir für die Wahrnehmung, dessen was ist. Je merkwürdiger und ungewöhnlicher unsere Sinneseindrücke in einer fremden Urlaubswelt sind, desto präsenter werden wir und desto mehr können wir gewohnte Verhaltens- und Denkgewohnheiten hinter uns lassen. Die räumliche Entfernung kann daher genauso förderlich sein, wie die Fremdartigkeit der Kultur am Urlaubsort.

Unser Denken und Handeln ist meist die Reaktion auf einen äußeren Reiz. Solche Reize sind beispielsweise ein klingelndes Telefon, ein bestimmter Mensch oder eine vertraute, oft erlebte Situation, die eine gewohnheitsmäßige Reaktion hervorruft; ein Reiz kann aber auch bereits der Anblick der eigenen Wohnung oder des eigenen Gartens sein. Dabei wirkt jeder Reiz auf unterschiedliche Menschen höchst verschieden. Der Anblick des eigenen Gartens kann bei einem Menschen eine entspannende Reaktion – ein genießendes Pausieren – auslösen, während er den anderen sofort zur Gartenarbeit treibt. Oft sind wir durch unsere unmittelbare Reaktion so sehr in einem Muster gefangen, dass wir die Dinge unserer Umwelt gar nicht mehr bewusst wahrnehmen, sondern nur noch halb bewusst auf die Reize reagieren, die unsere Umgebung für uns bereithält.

Wahrscheinlich ist es deshalb so schwer, in den eigenen vier Wänden Urlaub zu machen, weil wir statt von neuen, ungewohnten Sinneseindrücken eines Urlaubsortes von all den bekannten, mit einer langen Geschichte belasteten Reizen unseres Alltags umgeben sind. Diese halten uns in unseren Denk- und damit auch Handlungsmustern gefangen, selbst wenn wir durch mehr Zeit und weniger Verpflichtungen unseren Tagesablauf etwas verändern können. Der Urlaubseffekt beruht anscheinend weniger auf der freien Zeit als vielmehr darauf, dass durch eine fremdartige Umgebung eine offenere und freiere Wahrnehmung angeregt wird und wir so unseren Mustern entkommen können. Nicht größere Passivität für sich genommen scheint erholsam, sondern die durch die Vielzahl der fremden Sinneseindrücke erzeugte größere Präsenz.

Natürlich gibt es viele Arten, seinen Urlaub zu gestalten. Der oben beschriebene Urlaub ist ein Urlaub im „Hier und Jetzt". Er mag durch

Aktivität oder durch Passivität geprägt sein, entscheidend ist seine anregende Belebung, die das präsentere und wachere Dasein im gegenwärtigen Augenblick mit sich bringt. So wie die Unrast des Alltags unser Vorwärtsstreben fördert und unsere Wahrnehmung einschränkt, bewirkt ein Urlaub in der beschriebenen Weise ein umfassendes Innehalten. Wir kommen zurück in eine natürliche Balance, wenn eine freie und offene Wahrnehmung in uns erwacht und den ihr angemessen Raum erhält. Indem wir unsere Aufmerksamkeit dem gegenwärtigen Moment zuwenden, wird er für uns lebendig – und mit ihm wir selbst.

Ein Urlaub in diesem Sinne kann viel mehr sein als nur eine Erholung, denn er kann einen Neubeginn ermöglichen. Dazu müssen wir uns der Qualität, die unser Leben im Urlaub ausmacht, bewusst werden, um mehr davon in unseren Alltag zu bringen. Die freie Zeit und die Unabhängigkeit von allen Verpflichtungen, die wir im Urlaub erleben, führen uns zur wacheren Wahrnehmung und zum Innehalten. Zeit und Unabhängigkeit erleichtern das Innehalten, doch sie sind keine unabdingbaren Voraussetzungen dafür. Denn wie wir bereits gesehen haben, braucht das Innehalten genauso wie das Schauen und Wahrnehmen keine bestimmte Zeitspanne, denn es kann im Augenblick geschehen und kann so auch unseren Alltag beleben.

3.2 Wandern

Eine Wanderung ist einem kurzen Urlaub vergleichbar. Wenn sie uns aus unserer gewohnten Umgebung in die Natur und durch eine schöne Landschaft führt, kann sie uns in ähnlicher Weise wie eine weite Reise dem Innehalten näherbringen. Da sie weniger Planung, Vorbereitung und Zeit erfordert, kann sie unser Leben bereichern, indem sie uns regelmäßig Gelegenheit zum Innehalten bietet. In dieser Chance einer Regelmäßigkeit liegt ihr besonderer Wert. Denn um nicht allein von den Ansprüchen des Alltags geprägt zu werden oder um einen Veränderungsprozess anzustoßen, brauchen wir als Wesen, die so leicht Opfer ihrer Gewohnheiten werden[1], häufige Anregungen und Impulse, die uns in die gewünschte Richtung weisen.

Wenn wir bemerken, dass unser Leben zu sehr vom Vorwärtseilen und Zielstreben geprägt ist, so ist es an uns, bewusst andere Akzente zu setzen. Wandern bedeutet dann vor allen Dingen, die Landschaft wahrzunehmen, die sich uns im Moment zeigt, statt einem fernen Ziel – etwa einem Aussichtspunkt – zuzustreben, und es bedeutet, unsere Aufmerksamkeit zu öffnen für die Blumen, die Bäume, die Steine und Felsen am Wegesrand sowie für den Gesang der Vögel.

Experiment: Gehen Sie spazieren und öffnen Sie Augen und Ohren. Bewegen Sie die Augen beim Schauen. Betrachten Sie einen Baum. Nehmen Sie ihn räumlich wahr, seine Höhe, seine Breite, aber auch seine Tiefe. Nehmen Sie seine Lage in der ihn umgebenden Landschaft wahr. Erweitern Sie das Feld Ihrer Wahrnehmung bis zu den Rändern des Sichtfeldes, während Sie weiterhin den Baum vor sich wahrnehmen. Die Ränder Ihres Sichtfeldes können mehr Aufmerksamkeit erhalten, wenn Sie die Veränderungen beobachten, die an diesen Rändern durch Ihre eigene Bewegung beim Gehen entstehen.

Experiment: Wenn Sie einige Male in dieser Weise das offene Schauen praktiziert haben, so schenken Sie nun dem Hören mehr Aufmerksamkeit, ohne dabei das wache, offene Schauen aufzugeben. Nehmen Sie zunächst markante, plötzlich auftretende Geräusche wahr, die Melodie eines Singvogels, den Ruf eines Waldvogels, das Rascheln des Laubes oder das Knacken eines Astes. Erweitern Sie Ihre Aufmerksamkeit erneut und schließen Sie die permanenten Hintergrundgeräusche mit ein, etwa von fließendem Wasser oder rauschenden Blättern – vielleicht aber auch Geräusche einer nahen Straße. Achten Sie auch auf die Geräusche, die Ihre Schritte verursachen.

Die Fortbewegung, die mit dem Wandern verbunden ist, lässt uns ein anderes Tempo erleben als im Auto, Zug oder Flugzeug. Die Hirnforschung hat entdeckt, dass länger andauernde, rhythmische Bewegung unsere Hirntätigkeit harmonisiert.[2] Um wie viel größer ist wohl dieser Effekt, wenn uns das Wandern durch den Kontakt mit der Natur mit unseren Wurzeln verbindet?

Um die Natur mit offenen Sinnen wahrzunehmen, ist es günstig, entweder allein oder wenigstens einen Teil des Weges schweigend zu gehen. Wir erleben dann, dass jede Jahreszeit ihre Reize hat, und werden uns in Zukunft nicht nur von leuchtenden Sommertagen ins Freie locken lassen. Der Schnee des Winters verändert die Landschaft und bringt Licht in die dunkle Jahreszeit. Die kahlen Bäume zeigen mehr von ihrer charakteristischen Gestalt und erlauben weite Blicke in die Landschaft. Das Frühjahr belebt den lichtdurchfluteten Waldboden und lässt zahlreiche Blumen erblühen. Der Frühling bringt das helle, frische Grün hervor, während der Herbst die Blätter in bunte Farben taucht. Selbst Regenwetter hat seinen Reiz. Ohne das helle Licht der Sonne schimmern die nassen Stämme der Bäume. Es lohnt sich daher – mit entsprechender Bekleidung –, jedes Wetter zum Wandern zu nutzen. Der Wandel der Jahreszeiten lässt uns teilhaben am gemächlichen Gang der Natur und zeigt uns selbst bekannte Orte stets in einem neuen Gewand.

Das Wandern kann uns nicht nur mit der äußeren Natur, sondern auch mit unserem natürlichen inneren Wesenskern[3] in Verbindung bringen, denn unsere eigene Bewegung, die zahlreichen Eindrücke aus der Natur, die frische Luft und das natürliche Licht der Sonne, das wir beim Wandern erleben, führen uns in ein waches Bewusstsein. In dieser Weise fördert das Wandern sowohl unsere Wahrnehmung als auch unser Wachsein – es fördert somit den wachen Beobachter und damit das Innehalten.

Wie wir gesehen haben, führt der wache Beobachter uns auf eine höhere Ebene der Bewusstheit. Diese ist als Möglichkeit in uns angelegt und scheint als Ergebnis des evolutionären Prozesses gleichzeitig die

Richtung anzugeben, in die sich unsere Entwicklung immer weiter bewegt.[4] Beim wahren Wandern ist das hellwache Bewusstsein der wünschenswerte und ureigene Zustand des achtsamen Wanderers – ganz mit sich und der umgebenden Natur in Verbindung zu sein.

3.3 Meditation

Das Wandern in der oben beschriebenen Art und Weise hat bereits sehr viel mit einer Meditation gemeinsam. Denn auch beim Meditieren geht es um einen Zustand der wachen Aufmerksamkeit und darum, innere und äußere Stille zu erleben, um sich mit seinem inneren Wesenskern zu verbinden. Im Unterschied zum Wandern, wie es oben beschrieben wurde, richtet sich die Aufmerksamkeit in der Meditation jedoch vor allem nach innen. Die Augen werden dabei nahezu geschlossen, sodass nichts in der Außenwelt mehr zu erkennen ist und nur noch wenig Licht in die Augen fällt. Dies ist wichtig, denn bei ganz geschlossenen Augen neigen wir dazu zu träumen.

Experiment: Setzen Sie sich in einen stillen Raum und versuchen Sie, nicht zu denken. Strengen Sie sich dabei nicht an, sondern beobachten Sie, ob es ihnen gelingt, einfach ohne Gedanken zu sein.

Wahrscheinlich haben Sie bemerkt, dass bereits nach wenigen Sekunden wieder Gedanken auftauchen. Sie lassen sich nicht auf direktem Wege stoppen. Wir sind zu sehr mit unserem Denken verbunden, d.h. zu sehr mit unseren Gedanken identifiziert, um sie einfach wie ein Kleidungsstück ablegen zu können. Unser Gehirn ist daran gewöhnt, in einer Art halb bewusstem Zustand, in assoziativer Weise, einen Gedanken an den anderen zu hängen und in einer für uns jeweils charakteristischen Weise vor sich hin zu denken. Sind die Inhalte dieses Gedankenstroms von Mensch zu Mensch auch verschieden, so ist dieses dahinplätschernde, halb bewusste Denken für die Spezies Mensch in ihrem momentan vorherrschenden

Bewusstseinszustand gerade so bezeichnend wie der aufrechte Gang. Da es anscheinend nicht möglich ist, unsere Gedanken auf direktem Wege anzuhalten, benötigen wir einen Fokus, durch den wir unsere Aufmerksamkeit wach halten können. Dadurch fallen wir nicht so schnell wieder in den träumerischen Zustand zurück, in dem wir unsere Gedanken fortspinnen. Die folgende Übung wird im Zen besonders Menschen, die mit der Meditation beginnen, empfohlen, damit sie durch einen starken Fokus aus dem Strom der Gedanken aussteigen können.

Experiment: Beobachten Sie Ihren Atem und zählen Sie den Atem, indem Sie sich beim Ausatmen langsam eine Zahl innerlich vorsagen. Beginnen Sie bei eins und zählen Sie bis zehn, um danach erneut bei eins zu beginnen. Sobald Sie bemerken, dass der Strom der Gedanken wieder einsetzt, gehen Sie mit Ihrer Aufmerksamkeit zum Atem zurück und beginnen mit dem Zählen erneut bei eins. Selbst wenn Sie dabei nicht weiter als bis eins oder zwei kommen sollten, lassen Sie sich nicht entmutigen, sondern setzen sie die Übung eine Weile fort.

Bereits das bloße Beobachten des Atems ist ein geeigneter Fokus. Durch das Zählen wird unser unruhiger Verstand zusätzlich beschäftigt, sodass er sich nicht in Gedanken verliert. Das Zählen des Atems bietet einen sehr starken Halt im „Hier und Jetzt", und wir können frühzeitig bemerken, wann wir den aufmerksamen Zustand, in dem wir zählen, verlassen und wieder in ein träumerisches Denken geraten. Die Klarheit des Zählens steht in einem deutlich wahrnehmbaren Gegensatz zu dem unmerklich geschehenden Abdriften in den Strom der Gedanken – sie ist bewusster.

So wie wir beim Wandern das Feld unserer Aufmerksamkeit immer weiter aufspannen können, lässt sich in der Meditation die Wahrnehmung auf den gesamten Körper ausdehnen. Relativ einfach ist es, eine Lebendigkeit in unseren Händen, Armen und Beinen zu spüren. Sie kann mit etwas Übung im gesamten Körper wahrgenommen werden. Diese Lebendigkeit führt uns genauso zu unserem Wesenskern, wie das Lauschen in die Stille hinein. All dies lässt sich verbinden zu einem offenen „Horchen, Spüren und Lauschen mit jeder Zelle unseres Körpers", wie es der Zenmeister und Benediktinerpater Willigis Jäger am Benediktushof in Holzkirchen lehrte.

In einem Meditationszentrum wie dem Benediktushof lässt sich das Meditieren erlernen und in fünftägigen Intensivkursen vertiefen. Während eines solchen Zen-Sesshins sitzt eine Gruppe von bis zu hundert Teilnehmern den ganzen Tag über immer wieder für 25 Minuten unbewegt und in großer Präsenz. Der gesamte Kurs findet im Schweigen statt. Dabei baut sich ein kraftvolles Feld der Stille auf. Sie wird deutlich spürbar und erfahrbar. Setzen wir die Übung durch eine tägliche 20-minütige Morgenmeditation zu Hause fort, so bringen wir mehr Stille in unser Leben und gehen einen Übungsweg, bei dem wir mehr Achtsamkeit insbesondere für unsere Innenwelt entwickeln. Wir stärken dadurch den wachen Beobachter – die Achtsamkeit – in uns und verlieren uns weniger in der turbulenten Alltagswelt.

Meditation ist vielleicht die radikalste Form des Innehaltens. Wir setzen uns einer Wand gegenüber – wodurch wir alle Reize der äußeren Welt meiden – und gehen in unsere Übung. Dabei begegnen wir früher oder später einem scheinbar unauflösbaren Widerspruch, denn irgendwann werden wir bemerken, dass wir auch in der Meditation einem Ziel entgegenstreben, anstatt einfach nur da zu sein. Indem wir jedoch die Stille suchen und vom Gefühl angetrieben werden, einen besseren Zustand zu erreichen, entfernen wir uns vom Einfach-nur-Dasein, das die Voraussetzung der Meditation bildet.

Der beschriebene Widerspruch löst sich, wenn wir Folgendes erkennen: Das „Hier und Jetzt" lässt sich nicht als ein Ziel erreichen, denn es ist bereits da und nur durch unsere unruhige Gedankenwelt verdeckt. Unser Zielstreben führt nicht zum Ziel, da es diese Unruhe nur noch vermehrt und damit das lebendige „Hier und Jetzt" hinter immer dichteren Gedankenwolken und unruhigem Erreichenwollen verbirgt.[5] Wir können die Enge des Zielstrebens verlassen, wenn wir uns in der Übung dem „Hier und Jetzt" öffnen, anstatt ihm nachzujagen. Wenn uns dies gelingt, lässt sich das „Hier und Jetzt" als lebendiger Hintergrund wahrnehmen, vor dem sich unser Leben abspielt. In dieser Weise lässt uns die Meditation unmittelbar die Freude des Daseins erfahren. Da in der Meditation alles äußere Erleben ausgeschlossen wird, reduziert sie das Leben für die Zeit des Sitzens auf seine Essenz – das reine Dasein.

3.4 Pause

In der Musik ist eine Pause mehr als nur eine Unterbrechung der Klänge. Pausen können eine enorme Wirkung entfalten, genau wie das eigentliche Klanggeschehen. Außerdem beeinflussen sie die Wirkung der Klänge, die vor und nach der Stille von Pausen entstehen. In der gleichen Weise können wir die Leere einer Pause im Alltag als eine wichtige Gelegenheit ansehen, uns wieder mit der Tiefe unseres Lebens – der hintergründigen Wirklichkeit, wie Willigis Jäger es nannte – zu verbinden. Eine solche Pause strahlt dann wie in der Musik auf das nachfolgende Geschehen aus.

Ähnlich wie in der Meditation geht es darum, die Pause nicht in erster Linie als eine Pause von etwas oder als ein „Pausieren, um zu" zu erleben, sondern als einen Moment zu begreifen, der die ganze Tiefe des Lebens bereits enthält. Sie kann – wie die Meditation – zu einem Moment reinen Daseins werden, wenn wir sie nicht als etwas Unbedeutendes übersehen. Selbst wenn sich uns in ihr nur ein kleiner Funke der tiefen Lebendigkeit des Augenblicks zeigt, so kann dieser wie ein Licht in der Finsternis uns außerordentlich bereichern.

Pausen sind genauso unscheinbar und leicht zu übersehen wie die Blumen am Wegesrand. Sie können uns scheinbar von unseren Zielen abbringen, tatsächlich enthalten sie bereits die ganze Freude des Lebens und können uns den Weg zum Ziel werden lassen. Wir brauchen unsere Ziele nicht völlig zu vergessen, doch wenn sie uns die Blumen des gegenwärtigen Moments übersehen lassen, laufen wir wie mit Scheuklappen durch die Welt.

3.5 Achtsamkeit im Alltag

Je häufiger wir im Urlaub, beim Wandern oder beim Meditieren unsere Innenwelt und unsere Umgebung bewusst wahrnehmen, desto mehr wird auch unser Alltag von wacher Wahrnehmung durchdrungen sein. Der Beobachter – die Achtsamkeit in uns – wird dann auch bei den praktischen Dingen des Lebens, die erledigt sein wollen, eine immer wichtigere Rolle spielen. In dieser Weise beschränkt sich das Innehalten nicht nur auf die ruhigen Zeiten unseres Lebens, sondern kann unser Leben selbst dann noch prägen, wenn es turbulent und in hohem Tempo abläuft.

Doch es ist nicht immer ein beschleunigter Alltag, übervoll mit Pflichten und Aufgaben, der dazu führt, dass wir außer uns geraten. Bei manchen Menschen ist es vor allem ihre rastlose innere Welt, die sie immer wieder in denselben Gedanken und Sorgen gefangen hält. Ein besonders anschauliches Beispiel dafür gibt uns Eckhart Tolle, ein Mystiker unserer Zeit, der in seinem Buch „Jetzt! Die Kraft der Gegenwart" sein Erwachen aus dem unaufhaltsamen Strom stets wiederkehrender Gedanken schildert.[6]

Nach Abschluss seines Romanistik-Studiums wurde Eckhart Tolle mehr und mehr von beständig wiederkehrenden Gedanken und Sorgen gequält. Er lebte damals in London – sehr einfach. Er scheint seinen Gedanken- und Gefühlsmustern völlig ausgeliefert gewesen zu sein, denn alle Freude am Dasein war Zukunftsängsten und Depressionen gewichen. Sein Leiden am Leben war derart groß, dass es einen spontanen inneren Wandlungsprozess in Gang setzte. Plötzlich, eines Nachts, als er wieder einmal in Sorgen und Ängsten aufwachte, lief ein visionäres, traumartiges Geschehen in ihm ab, das seinen Bewusstseinszustand grundlegend und dauerhaft veränderte. Von da an bildete die Wahrnehmung des gegenwärtigen Moments als lebendiges „Jetzt" das Zentrum seiner Aufmerksamkeit. In seinen Büchern und Vorträgen gibt er uns eine Ahnung von der – eigentlich nur erlebbaren und nicht beschreibbaren – Tiefe des „Jetzt".

Wer sich im Getümmel des Alltags oder der Unrast seiner inneren Welt verliert, dem fehlt die Perspektive des Beobachters[7] und damit der Abstand, eine Situation als das zu erkennen, was sie ist, nämlich als ein äußeres Erscheinungsbild – eine „Form", wie Eckhart Tolle es nennt, die der lebendige Augenblick gerade annimmt und die geeignet ist, uns durcheinanderzuwirbeln und das „Jetzt" zu verdecken. Ein „Perspektivwechsel"[8] ist jedoch jederzeit möglich, er erfordert Innehalten und Wahrnehmen. Dabei ist das „Jetzt" kein philosophisches Konzept, sondern eine Aufforderung zur Achtsamkeit, eine Erinnerung ans wahre Leben. Aldous Huxley gibt uns in seinem Roman „Eiland", in dem er das Bild einer idealen Gesellschaft entwirft, dafür ein schönes Beispiel. Dort erfolgt der Weckruf zum Leben beständig auf direkte Weise durch die Vögel, die „Gib acht" und „Hier und Jetzt" von den Bäumen herab rufen.[9]

Indem wir die Dinge der äußeren Welt – aber auch unsere Gedanken – bewusst als Reize wahrnehmen, die bestimmte Verhaltens- und Denkmuster auslösen können, begegnen wir diesen Dingen und Gedanken nicht mit Geringschätzung. Vielmehr öffnet sich in dem achtsameren Zustand, der uns etwas als Reiz erkennen lässt, unsere Wahrnehmung und lässt uns die Dinge an sich sehen.[10] Indem wir den Blick für die Situation als Ganzes behalten, nehmen wir unsere Umwelt, aber auch auftauchende Gedanken und Gefühle bewusster wahr und erkennen gleichzeitig unsere mögliche Konditionierung, zu der sie als Reize beitragen können. Betrachten wir dazu ein Beispiel:

Wenn wir das Klingeln eines Telefons nur als Signal aufnehmen, dass unseren unbedingten Gehorsam erfordert, dann werden wir, ohne zu zögern, in zielstrebiger Weise mit aufgesetzten Scheuklappen versuchen, den Hörer so schnell wie möglich ans Ohr zu bekommen. Wir haben dann weder die Situation noch den Raum, in dem wir sind oder durch den wir uns bewegen, wahrgenommen – ganz zu schweigen von dem lebendigen Augenblick. Hat das Telefon in der vorherigen Stunde bereits mehrmals geklingelt, so werden wir vielleicht anfangen, uns zu ärgern und uns vom Telefon tyrannisiert zu fühlen. Wir können das Klingeln des Telefons jedoch auch als eine Tonfolge wahrnehmen, die uns signalisiert, dass jemand mit uns sprechen möchte, und gleichzeitig als einen Reiz erkennen, der uns zum Zielstreben veranlassen kann. Eine solche Wahrnehmung erfordert einen wachen Beobachter und ist verbunden mit einem kurzen Innehalten. Verweilen wir noch einen Augenblick und fragen wir uns, ob wir auf das Klingeln des Telefons tatsächlich reagieren wollen, so haben wir die Situation grundlegend geändert. Wenn wir den Anruf dann annehmen, tun wir es aus eigener Entscheidung, wir haben die Zwangsläufigkeit der Situation aufgelöst. Wenn wir nicht beim ersten Klingeln zwanghaft – oder durch die äußeren Umstände gezwungen – reagieren, haben wir gute Aussichten, auch anschließend mit offener Wahrnehmung zum Telefon zu gehen. Diese freie und ungezwungene Art zu handeln, erzeugt weder Ärger noch Stress, selbst wenn wir uns stets entscheiden, den Anruf anzunehmen, anstatt das Telefon einfach klingeln zu lassen. Diese Handlungsweise besitzt eine andere Qualität, als die oben beschriebene, scheinbar erzwungene Reaktion. Der Unterschied liegt vor allen Dingen darin, *wie* wir handeln und nicht so sehr darin, *was* wir tun. Selbst äußerlich ähnliche zeitliche Abläufe können sich so grundlegend unterscheiden.

Während das Telefon meist überraschend klingelt, was keine bewusste Vorbereitung ermöglicht, können wir viele Situationen des Alltags bewusst dafür nutzen, achtsam zu sein. So können wir uns angewöhnen, beim Gehen – selbst wenn es nur der Weg von einem Zimmer zum anderen ist – offen zu schauen und die Umgebung wie eine Naturlandschaft wahrzunehmen. Dadurch werden die alltäglichen Wege in der Wohnung, im Büro oder beim Einkaufen zu kleinen „Wanderungen".

Zu einer umfassenden Achtsamkeit im Alltag fehlt uns jetzt noch ein wesentliches Element. Wir haben bisher eine erhöhte Aufmerksamkeit für die äußere Welt – hauptsächlich durch offenes Schauen – und eine größere Wachsamkeit gegenüber Gedanken- und Gefühlsmustern in Zusammenhang mit der Meditation kennengelernt. Das Kapitel 6 wird sich einer Methode widmen, die ein wesentliches – vielleicht das wichtigste – Element jeder Achtsamkeitsübung in den Mittelpunkt rückt, das bisher nur in Zusammenhang mit der Meditation kurz aufgetaucht ist: unseren Körper. Es handelt sich um die F.M. Alexander-Technik. Sie arbeitet mit einer bewussten Ausrichtung des eigenen Körpers –– ohne direktes Tun. Diese Neuausrichtung ist verbunden mit einem Innehalten, wie es am Beispiel des klingelnden Telefons beschrieben wurde.

Die Situation der meisten Erwachsenen mit ihren festen Verhaltens- und Denkmustern vergleicht Gerald Hüther gerne mit dem Bild eines schiefen Hauses: Sein Bewohner hat sich während der Jahre an die zunehmende Schieflage der Wohnräume gewöhnt und alle Einrichtungsgegenstände daran angepasst. Einen grundlegenden Veränderungsprozess bei einem solchen Menschen hält Hüther dann für möglich, wenn am Fundament des Hauses, d.h. mit dem Körper, gearbeitet wird.[11] Die Alexander-Technik steht in diesem Sinne hier stellvertretend für all die Methoden, die in ganzheitlicher Weise am Körper ansetzen. Sie passt darüber hinaus besonders gut in unseren Zusammenhang, da Innehalten und Achtsamkeit bei ihr recht eigentlich im Mittelpunkt eines Lernprozesses stehen, der darauf abzielt, den Menschen von konditionierten Verhaltensweisen und ungünstigen Bewegungs- und Haltungsmustern mehr und mehr zu befreien.

Mit einer solchen Methode erweitert sich die lebendige Wahrnehmung unserer inneren und äußeren Welt zu einem umfassenden Feld der Wahrnehmung, das auch unsere Bewegungen und die natürliche Aufrichtung unseres Körpers mit einschließt. Das stärkt den Beobachter in uns in umfassender Weise. Als Fels in der Brandung sind wir ohne Starrheit, dafür voller Lebendigkeit. Indem wir unsere Achtsamkeit im Körper verankern, gewinnen wir einen Ruhepol, der uns – selbst durch Wirbel und an Hindernissen vorbei – dem Strom des Lebens gelassen folgen lässt.

Ausblick 3
Sein

„Die Zivilisation hat Uhren, die Natur hat Zeit." Diesen Satz eines Sterbenden zitiert der Dirigent George Alexander Albrecht[1], der sich nach einem Nahtoderlebnis der Sterbebegleitung gewidmet hat. Viele Menschen entdecken im Angesicht des Todes die Essenz des Lebens, wenn alles Geschäftigsein, alle materiellen Güter und falschen Identifikationen von ihnen abfallen. Was bleibt, ist oft eine Erfahrung, in der sich die tiefste Wahrheit offenbart. Man könnte diese letzte Zeit als ein großes Innehalten betrachten, bei dem der Lebensalltag zum Stillstand kommt und allein das Sein bleibt.

Wenn wir aufhören, die Zeit zu messen und unseren Tagesplan nach ihr auszurichten und stattdessen den gegenwärtigen Moment als Teil der Ewigkeit erfahren, sind wir im Zustand des Seins. Doch wir müssen nicht bis zu unserem Lebensende warten, um mit dem Sein in Kontakt zu kommen. Wann immer wir uns aus der Umklammerung des planenden Denkens lösen und frei von Zweck und Ziel in einer offenen Wahrnehmung sind, spüren wir eine andere Qualität in unserem Leben.

Der Zustand des Seins ist das Erleben des Formlosen und zwar nicht nur im Angesicht des Todes. Denn das Formlose ist nicht nur ein leeres Nichts, sondern gleichermaßen eine Fülle nicht manifestierter Möglichkeiten. Im Gegensatz zu den uns umgebenden Dingen, Gedanken, Plänen, Gefühlen und Handlungen, die unserem Leben seine charakteristische Form geben, ist die Formlosigkeit der lebendige Hintergrund unseres Lebens, in den uns das präsente Sein hineinführt. Dieser Moment, in dem ich einfach nur bin, zeigt sich gleichermaßen als Leere, die frei ist von allem Tun und Denken, und als ein

Reichtum an Möglichkeiten, die dadurch in Erscheinung treten können, dass ich das konditionierte Tun und Denken für einen Moment verlasse.

Wenn das Sein ein wichtiger Teil unseres Lebens wird, kommt es zu einem Zustand des Gleichgewichts: Beide, Form und das Formlose, prägen dann unser Erleben. Balance ist ein wichtiges Charakteristikum des Lebens. Zahllose physikalische und chemische Gleichgewichte in unserem Körper werden, solange wir leben, aufrechterhalten. Idealerweise besteht auch ein Gleichgewicht zwischen Ruhe und Aktion. Ihnen entsprechen zwei unterschiedliche Teile des vegetativen Nervensystems.[2] Dabei ist Ruhe unser Tor zum Sein und Sein das Tor zur Tiefe des Lebens.

Ein Alltag, der sich nur im Verwalten und im Abarbeiten an der Form erschöpft, hält uns an der Oberfläche des Lebens. Er ist einer horizontalen Ebene vergleichbar, der die dritte Dimension fehlt, um zum Raum zu werden. Das Sein fügt unserem Leben diese fehlende Dimension der Tiefe hinzu und lässt es damit zu einem umfassenden Erleben werden. Denn wir brauchen beides: Formloses und Form, Sein und Handeln, Himmel und Erde, Sonne und Regen ... Nur so können wir wachsen.

*Die Zeit
wird weit –
dieser Moment
ohne End'.*

Überblick 3

Der Weg zum Innehalten ist kein harter Weg der Selbstkasteiung. Es stellt sich uns vielmehr die Frage: Dürfen wir es uns erlauben, so sehr auf uns zu achten? Die Antwort ist: Ja, nicht nur um unserer selbst willen, sondern auch zum Besten unserer Umgebung. Doch selbst wenn der Weg ein Weg der Freude ist, so drängen uns gewisse Kräfte und Konditionierungen immer wieder in eine andere Richtung. Obwohl kein Weg der Entbehrungen, ist es doch ein Weg, der eine gewisse Beharrlichkeit verlangt.

Übungen zur Vertiefung 3

1) Betrachten Sie Fotografien von einem Urlaub in der Natur.

   a) Erinnern Sie sich, wie die Natur auf Sie gewirkt hat.

   b) Gehen Sie in Ihrer Vorstellung an einen Ort, der Sie besonders angesprochen hat. Schließen Sie die Augen. Stellen Sie sich vor, dort zu sein.

2) Gehen Sie in die Natur.

   a) Suchen Sie sich Orte der Stille in der Nähe, die Sie leicht erreichen können: einen Park, einen Wald oder einen Feldweg. Nehmen Sie sich Zeit für kleine Spaziergänge und nehmen Sie wahr: die unendliche Vielfalt der Bäume, den sich stets verändernden Himmel, die Weite ebener Felder oder die sanft ansteigende und abfallende, wellenförmige Gestalt einer hügeligen Landschaft.

   b) Suchen Sie sich ein größeres zusammenhängendes Naturgebiet. Machen Sie eine Tageswanderung, am besten allein oder im Schweigen.

3) Setzen Sie sich vor Ihren Computer, vor den Abwasch oder an einen anderen Ort, wo Arbeit auf Sie wartet. Tun Sie nichts. Sitzen sie einen Moment nur einfach still da und bemerken Sie, wie die Arbeit Sie anzieht.

4) Experimentieren Sie mit den Meditationsformen aus Kap. 3.3:

   a) Zählen Sie Ihren Atem.

   b) Beobachten Sie einfach nur Ihren Atem, werden Sie eins mit ihm.

   c) Nehmen Sie die Lebendigkeit in Ihrem Körper wahr und lauschen Sie der Stille. Die beste Zeit dafür ist direkt morgens nach dem Aufstehen, für 10 bis 20 Minuten.

5) Nutzen Sie, sooft es geht, Pausen zur offenen Wahrnehmung.

6) Lassen Sie sich durch die „Innehalten"-Karten zur offenen Wahrnehmung führen.

7) Schauen Sie zurück auf die letzten 24 Stunden.

a) Erinnern Sie sich an Momente der Achtsamkeit.

b) Welche Ihrer typischen Alltagssituationen eignen sich als Achtsamkeitsübung?

Teil II

Eine neue Art innezuhalten

Teil 2 | Eine neue Art innezuhalten

Abschnitt 4
Balance

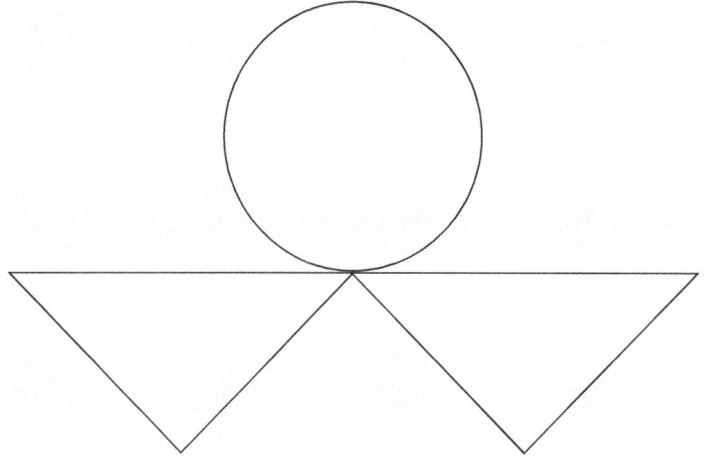

Einblick 4
Zusammenwirken alter und neuer Gehirnteile

Unser Verhalten entsteht im Zusammenspiel der im *Einblick* 2 vorgestellten Gehirnteile. Es gibt schöne Bilder, um sich dies zu veranschaulichen. Jonathan Haidt vergleicht unseren bewussten Anteil mit einem Reiter – präfrontale Rinde – auf dem Rücken eines Elefanten, der diesem hilft, bessere Entscheidungen zu treffen.[1] Der Elefant steht dabei für das

Stammhirn, aber mehr noch für das limbische System. Ein anderes Bild liefern Rick Hanson und Richard Mendius mit der Vorstellung, dass wir – als präfrontale Rinde, d.h. als unser bewusster Anteil – mit einem „Eidechsen-Eichhörnchen-Affen-Gehirn" in unserem Kopf leben und dass dieses aus so verschiedenen Teilen zusammengesetzte Gehirn in einem von unten nach oben laufenden Prozess unsere Reaktionen formt.[2]

Natürlich ist es unangemessen, unsere älteren Gehirnteile als eine Art evolutionären Ballast zu betrachten. Tatsächlich geschehen hier die wesentlichen Steuerungsfunktionen unseres Körpers. Es ist genauso irreführend, in unserem Gehirn vor allem ein wundervolles Denkorgan zu sehen, das einen Körper zu seiner Versorgung braucht. Diese veraltete Vorstellung ist das Ergebnis einer dualistischen Sicht, die Geist und Materie getrennt betrachtet und auf Descartes (1596–1650) zurückgeht. Da wir heute immer noch von diesem geistigen Erbe beeinflusst sind, ist es hilfreich, sich eine modernere und realistischere Sicht der Dinge vor Augen zu führen.

Es erscheint wie eine sehr weise Einrichtung, dass die alten Gehirnteile unsere elementaren Überlebensfunktionen steuern und dass in Gefahrensituationen, wo es auf blitzschnelles Reagieren ankommt, selbst noch der in seinem Denken und Bewusstsein so weit entwickelte Mensch automatisch auf das „Wissen" der alten Gehirnteile zurückgreifen und unbewusst angemessen reagieren kann. Auch in vielen Sportarten – wie etwa dem Tennisspiel – sind die Reaktionszeiten so kurz, dass ein bewusstes Handeln nicht möglich erscheint.[3] Selbst unsere Koordination – unsere Haltung und Bewegung – ist ohne die alten Gehirnteile undenkbar. Jede bewusste Bewegung ist begleitet von unzähligen Ausgleichsreaktionen, die unser Gleichgewicht bewahren und als ein unbewusstes Geschehen im Hintergrund ablaufen.

Um die alte dualistische Sicht zu überwinden, die Körperliches und Geistiges als getrennt betrachtet und den Körper zu einer Art materiellem Ballast herabstuft, hilft es, tiefer in die Struktur des Gehirns hineinzuschauen. Der Hirnforscher Gerald Hüther betont oft in seinen Vorträgen, dass die Hauptaufgabe unseres Gehirns nicht das Denken ist, sondern die Steuerung des Organismus und seine Lebenserhaltung. Neben der Aufrechterhaltung lebenswichtiger Grundfunktionen steuern die oben beschriebenen Schichten ein umso komplexeres Geschehen, je weiter außen sie liegen. So erzeugt:

- der Hirnstamm Reaktionsmuster,
- das limbische System (insbesondere der Thalamus) Handlungsmuster,
- die Großhirnrinde Verhaltensmuster und
- die präfrontale Rinde Einstellungen und Grundhaltungen.[4]

Dabei wirkt die nächsthöher liegende Schicht jeweils als eine Art Metaebene, die den Aktivitäten der unteren Schichten Sinn gibt und sie zu komplexen Mustern zusammenfasst.[5] Wenn beispielsweise der Anblick eines schlangenartigen Tiers ein Gefühl der Angst in uns auslöst, so wird dieses Gefühl vom limbischen System gesteuert. Das limbische System koordiniert dabei unter anderem Aktivitäten im Stammhirn, welche ihrerseits eine Reihe von elementaren körperlichen Reaktionen – vgl. Schreckmuster[6] – erzeugen. Wenn wir nun daraufhin erkennen, dass es sich bei dem Tier um eine Blindschleiche handelt, und uns klarmachen, dass von dieser keine Gefahr für uns ausgeht, so ist das eine Aktivität des Kortex, welche das Gefühl von Angst, das im limbischen System erzeugt wurde, stoppt.[7]

Bei dem hierarchischen Aufbau des Gehirns kommt der präfrontalen Rinde als der Spitze des Schichtsystems, das im Laufe der Evolution entstanden ist, eine Schlüsselrolle zu. Sie erzeugt die komplexesten Erregungsmuster im Gehirn, indem sie ein Geschehen in den unteren Schichten verbindet und koordiniert. Im Unterschied zu den anderen Schichten hat die präfrontale Rinde keine spezifischen einfachen Funktionen. Daher ging die Hirnforschung lange Zeit davon aus, dass dieser Teil des Gehirns überflüssig sei.[8] Die Forscher hatten durch elektrische Reizung einzelner Gehirnteile während Gehirnoperationen für alle anderen

Bereiche spezifische Funktionen ermitteln können. Die komplexe Arbeitsweise der präfrontalen Rinde hingegen, ließ bei einer Erregung von außen keine einfachen Reaktionen im Menschen erkennen.

Kapitel 4
Innehalten während einer Aktivität

Aus den Wolken muß es fallen,
Aus der Götter Schoß das Glück,
Und der mächtigste von allen
Herrschern ist der Augenblick.

Schiller, *aus dem Gedicht „Die Gunst des Augenblicks"*

Der Mensch spielt nur, wo er in voller Bedeutung des Wortes Mensch
ist, und er ist nur da ganz Mensch, wo er spielt.

Schiller, *Ästhetische Erziehung*

4.1 Zwei Arten von Innehalten

In der bisherigen Darstellung haben wir das Innehalten vor allem als ein Mittel kennengelernt, durch das die Hektik und die übergroße Zielstrebigkeit unseres Lebens ausgeglichen werden kann. Im Folgenden werden wir einen Aspekt des Innehaltens näher betrachten, der am Beispiel des Weges zum Bahnhof zutage trat. Es handelt sich um die Tatsache, dass das Innehalten nicht mit einer Pause oder einer Verlangsamung verbunden sein muss, sondern auch während einer Aktivität möglich ist. Diese kann in der gewohnten Geschwindigkeit ablaufen, bekommt aber durch das Innehalten eine andere Qualität.

Wie wir weiter unten sehen werden, zeigen manche Sportler und Musiker eine Art natürliche Veranlagung zum Innehalten, indem sie in einem hochkomplexen und sehr schnell ablaufenden Geschehen zu ruhen scheinen. Viele trainieren ihre innere Ruhe und ihre Übersicht durch mentales Training, vollkommene Automatisierung der Bewegung und das Üben stark verlangsamter Bewegungen. Im Kapitel 6 werden wir sehen, wie man das Innehalten *im Tun* erfahrbar und damit leichter lernbar machen kann.

Wenn wir das Innehalten, wie wir es in den vorangegangenen Kapiteln kennengelernt haben, und die hier beschriebene neue Art gegenüberstellen, so kann sich leicht der Eindruck einstellen, es handele sich um zwei gänzlich verschiedene Arten des Innehaltens: zum einen das mit Urlaub, Wandern, Pausen, Meditation, Sich-Zeit-Nehmen und Entschleunigung unseres Lebens verbundene Innehalten *vom* Tun, zum anderen das mit Ruhen in der Aktivität, Flow, überlegenem Handeln und meisterlicher Vollkommenheit verbundene Innehalten *im* Tun.

Tatsächlich ähneln sich beide Arten in ihrer Verbundenheit mit dem Hier und Jetzt. Finden wir im ersten Fall zur Wahrnehmung des gegenwärtigen Moments, indem wir uns von unserer Geschäftigkeit wenigstens zeitweise lösen, so verbinden wir uns im zweiten Fall mit dem Augenblick, indem wir uns in der Aktivität von der Zielstrebigkeit lösen.

Obwohl die zweite Art des Innehaltens keinerlei Extrazeit oder Pausen erfordert, benötigen wir im Lern- und Übungsprozess Zeit, um diese Art des Innehaltens zu erlernen und zu verinnerlichen.[1] Es scheint jedoch auch besonders Begabte – besser gesagt: ungestört Herangewachsene[2] – zu geben, die ein hohes Maß an natürlichem Innehalten als kostbare „Gabe" mitbringen und die ihren Bewegungen als Sportler oder ihrem Instrumentalspiel dadurch eine besondere Qualität verleihen. Einige Beispiele dafür sind in den Abschnitten 4.4 und 4.6 zu finden.

4.2 Beispiel Ausdauersport: Laufen

Es liegt nahe, das Laufen vor allem als eine Fortbewegung zu verstehen, die uns schnell ans Ziel führen soll. Das vermitteln uns auch zahlreiche sportliche Wettkämpfe, Meisterschaften oder die Olympischen Spiele. Sie finden ein breites Interesse in der Öffentlichkeit, denn Wettbewerb und der Kampf um den Sieg genießen hohes Ansehen. Bei genauerem Hinschauen lässt sich allerdings feststellen, dass viele Läufer wenigstens bei den längeren Strecken in der Bewegung zu ruhen scheinen. Sie bewegen sich zwar mit großen, schnellen Schritten, doch scheinen sie dabei mit ruhigem Oberkörper in der Luft zu schweben. Ihr Oberkörper bleibt bis auf kleine rotierende Bewegungen der Schultern und des Beckens, die jeweils der Arm- oder Beinbewegung folgen, in Ruhe. Je eleganter und leichter sich ein Läufer bewegt, desto größer ist diese Ruhe.

Selbst der Sportler, der ein Rennen gewinnen möchte, muss analysieren, wie effektiv seine Bewegungen in jedem Moment sind. Der Wille allein, Erster zu sein, reicht als treibende Kraft für das erfolgreiche Laufen nicht aus. Umso mehr gilt es für den Freizeitläufer, nicht in die Enge des Zielstrebens zu verfallen, sondern das Laufen als einen Zustand zu begreifen, in dem man sich behaglich einrichten kann. Das muss nicht bedeuten, durchweg nur langsam zu laufen. Allerdings ist es günstig, einen Lauf sehr langsam zu beginnen. Sonst geschieht es, dass wir nach der ersten Euphorie des Loslaufens schnell in ein Loch fallen und wir uns nur unter Anstrengung, schweren Schrittes weiterquälen.

Beginnen wir betont langsam, so kann sich unser Körper allmählich auf die neue Anforderung einstellen. Wir genießen die frische Luft, das Licht und die Natur um uns herum in ähnlicher Weise wie im Kapitel 3.2 beim Thema Wandern bereits beschrieben. Das offene Schauen – auf den Weg in 5 bis 10 Meter Entfernung und auf unsere Umgebung – hilft uns, den Kopf in geeigneter Weise auszurichten[3] und bewahrt uns davor, nach unten auf den Boden zu schauen, denn das würde uns eine Orientierung nach unten geben und uns schwer machen. Statt daran zu denken, wie weit wir laufen wollen, setzen wir einen Schritt vor den anderen und schauen mit offenem Blick in die Umgebung.

Da wir eventuelle Anstrengungen und Ermüdungserscheinungen vor allem in den Beinen wahrnehmen, betrachten wir das Laufen fälschlicherweise fast ausschließlich als eine Aktivität der Beine. Tatsächlich ist es eine Aktivität des gesamten Körpers und insbesondere des Rückens, denn sowohl die Qualität als auch die Effektivität des Laufens und Gehens werden ganz wesentlich vom Geschehen im Rücken geprägt. Um den Rücken in natürlich aufgerichteter Weise arbeiten zu lassen, muss der Kopf frei auf der Wirbelsäule balancieren, ohne dabei die Tendenz zu bekommen, nach hinten zu fallen. Mehr dazu im Kapitel 6.5.

Vereinfacht lässt sich das Laufen mit langem, weitem, uns tragendem Rücken als „running tall"[4] – „groß laufen" – beschreiben. Diese Größe entsteht durch den langen, d.h. unverkürzten Rücken und nicht dadurch, dass man den Brustkorb nach oben zieht, denn dies verkürzt den Rücken. Es kann nützlich sein, den Geräuschen der eigenen Schritte zu lauschen: Stampfen wir schwer in den Boden hinein oder bewegen wir uns leicht federnd vorwärts? Doch darf die Aufmerksamkeit für unsere Schritte nicht dazu führen, dass wir uns nach unten orientieren und uns vom Boden anziehen lassen. „Running tall" bedeutet, sich vom Boden weg nach oben auszurichten, ohne sich dabei nach oben zu drücken.

Zwei Vergleiche mögen das ruhige, doch nicht notwendigerweise langsame Laufen veranschaulichen: Wenn die Comicfigur Asterix ihren Zaubertrank zu sich genommen hat, so zeigt sie eine charakteristische Laufbewegung. Oben ruht der Oberkörper, und unten verschwimmen die sich schnell drehenden Beinchen in der Zeichnung zu Rädern. In ähnlicher Weise können wir uns beim Laufen an das Radfahren in einem kleinen Gang erinnern: Der Oberkörper ist vom Sattel getragen, und die Beine folgen ohne viel Kraftaufwand der Bewegung, die durch die Pedale vorgegeben wird.

In der beschriebenen Weise wird unser Laufen zu einem Zustand, den wir erleben und genießen können. Es gleicht einem Schweben, nicht einem Stampfen. Wir verweilen in der Bewegung, ohne den Wunsch zu haben, irgendwo anzukommen. Der Hirnforscher Gerald Hüther berichtet[5], dass der beständige Rhythmus einer regelmäßigen Bewegung – wie beim Laufen – nach etwa 15 Minuten unsere Gehirnwellen (d.h. unsere Gehirnaktivität) synchronisiert. In einem solchen Zustand bringen wir das Laufen nicht wie eine lästige Pflicht hinter uns, sondern wir genießen unsere Laufzeit. Wir können so den gegenwärtigen Moment „bewohnen", „uns behaglich darin einrichten" und zu ihm sagen: „Verweile doch, du bist so schön."

4.3 Innehalten und Wahlfreiheit

Innehalten und Wahlfreiheit bedingen einander. Einerseits wird das Innehalten ohne die innere Freiheit, über das weitere Handeln zu entscheiden, zu einem reinen Abwarten oder Ausruhen. Wir ruhen dabei nicht wirklich in uns, sondern sind bereits wieder „auf dem Sprung", die geplante Handlung auszuführen. Andererseits haben wir eine wirkliche Entscheidungsfreiheit erst dann, wenn wir innehalten, um zu uns zu kommen und die Situation erfassen zu können. Wir gewinnen dadurch etwas mehr Abstand vom Geschehen und verlieren uns nicht im übereifrigen Tun.

Betrachten wir noch einmal das Beispiel „eiliger Gang zum Bahnhof". Wie wir gesehen haben, kann die Verbissenheit des unbedingten Zielstrebens durch eine offene Wahrnehmung bereits wirksam aufgelöst werden.[6] Die Offenheit, die dadurch entsteht, wird zu einer spielerischen Offenheit, wenn wir uns auf unserem Weg zum Bahnhof auch noch kurz bewusst machen, dass selbst ein verpasster Zug nicht den Weltuntergang bedeutet. Wir können uns dann kurz die Frage stellen, ob wir wirklich weitereilen oder doch lieber einen anderen Zug nehmen wollen. Das bedeutet keine langen inneren Dialoge, sondern nur die Befreiung von einer zwanghaften Vorstellung und der unbedingten Anstrengung, das vielleicht schon vor Stunden ins Auge gefasste Ziel in jedem Fall zu erreichen. Zusammen mit der offenen Wahrnehmung der Umgebung entsteht dadurch eine andere Qualität der schnellen Fortbewegung: Statt gehetzt zum Bahnhof zu eilen, können wir uns – wie oben beim Laufen beschrieben – in der

Bewegung einrichten, wir laufen nicht, um zu einem Ziel zu gelangen, sondern wir laufen einfach.

Wie sehr die Wahlfreiheit unsere Reaktionen verändern kann, zeigt folgende kleine Geschichte: Lange Zeit habe ich in Berlin gelebt. Dem Tempo der Großstadt folgend hatte ich mir angewöhnt, stets loszulaufen, wenn ich aus einiger Entfernung den ankommenden Bus oder die einfahrende U-Bahn sah oder hörte. Merkwürdigerweise änderte sich dies während der Alexander-Technik-Ausbildung. Jeden Mittag musste ich nach dem Ausbildungskurs den Bus nehmen. Der Weg zur Haltestelle erlaubte einen weiten Blick in die Straße, aus der sich die Busse der Haltestelle näherten. Doch geschah es jetzt, dass ich einfach weiterging, um den wohlig harmonischen Zustand nach dem Kurs nicht zu verlieren. Die Busse kamen und fuhren oft ohne mich, und ich fand das amüsant und ungewohnt.

Innehalten und Nichtreagieren waren die Basis der Ausbildung, die ich besuchte. So wurde es mir leicht, nicht in die gewohnte vorwärtseilende Reaktion auf den Reiz „Bus" oder „U-Bahn" zu verfallen. Doch nach einigen Wochen geschah etwas Interessantes. Wieder einmal war ich nach dem Kurs auf dem Weg zur Haltestelle, und wieder einmal sah ich einen Bus sich der Haltestelle nähern. Blitzschnell schoss mir die Frage durch den Kopf: Soll ich einfach langsam weitergehen oder soll ich rennen? Ich entschied mich für das Rennen und lief einfach – mit der Freiheit, mich jeden Moment doch noch fürs Gehen und den nachfolgenden Bus zu entscheiden, unbeschwert von Sorgen um das Ziel.

Dieses Erlebnis mag unspektakulär erscheinen, dennoch hat es ein festes Verhaltensmuster grundlegend geändert. Dieses Muster wurde gefördert durch die Unrast des mich umgebenden Großstadtlebens, durch meine alte Überzeugung, durch Eilen mehr zu erreichen und zu erleben, und in der genannten Situation von der Aussicht, die eigene Mittagspause zu verkürzen oder zu verlängern. Nachdem ich den Unterschied zwischen „eilen, um den Bus zu erreichen" und „laufen und eventuell in einen bereits wartenden Bus einsteigen" erlebt hatte, wählte ich wieder häufiger das

Laufen, statt einfach nur weiterzugehen. Ich beobachtete aufmerksamer meine Ausrichtung beim Gehen, und wenn ich – selbst im Gefühl, keine Zeit zu haben – plötzlich „erwachte" und feststellte, dass ich vorwärtseilte, so konnte ich diesen Zustand in der beschriebenen Weise durch offenes Schauen[7] und Wählen verlassen, um einfach wieder nur zu gehen oder auch gemütlich zu laufen.

Auch das Beispiel des klingelnden Telefons[8] veranschaulicht, wie wichtig Innehalten für die Wahlfreiheit ist. Wenn es uns gelingt, nicht unmittelbar auf das Klingeln zu reagieren, sondern das Telefon als Reiz wahrzunehmen, der uns zu einer automatischen Reaktion verleitet, wird eine bewusste Entscheidung möglich. Diese Wahlfreiheit allein verändert bereits unsere Reaktion. Wenn wir in dieser Weise aus dem Dickicht von Reiz und automatischer Reaktion auftauchen, gleicht das, wie jeder Aufstieg auf der „Stufenleiter der Wahrnehmung"[9], einem Erwachen. Wir können aufatmen und befreiter leben, denn die Verstrickungen durch unsere zwangsläufigen Reaktionen lösen sich.

4.4 Beispiel Ballsport

Selbst im rasanten Geschehen vieler Sportarten spielen Innehalten und Wahlfreiheit eine bedeutendere Rolle, als man zunächst geneigt ist anzunehmen. Als Zuschauer kann man leicht den Eindruck bekommen, dass die Spieler einer Ballsportart für eine Reaktion oder eine Handlung gar nicht genügend Zeit zur Verfügung haben, um überlegt zu agieren oder zwischen unterschiedlichen Reaktionsmöglichkeiten auszuwählen. Tatsächlich planen die Spieler dabei nicht ihre eigenen Bewegungen, denn diese sind automatisiert, doch viele scheinen in der Lage zu sein, blitzschnell zwischen verschiedenen Varianten zu wählen.

Interessanterweise bewunderte F.M. Alexander[10] den Kricketspieler Don Bradman[11] als ein Beispiel für einen Sportler, der einen „guten Gebrauch" seiner selbst sogar im turbulenten Sportgeschehen aufwies.

Fotos lassen erkennen, dass er beim Schlagen lang und weit blieb, ohne sich zusammenzuziehen oder sich zu verkrümmen. Doch diese Bewegungsmuster, die auch ein kleines Kind aufweist, waren nur das äußerlich sichtbare Ergebnis seiner Art zu reagieren, die von Innehalten geprägt war. Tatsächlich war er in der Lage, sich erst im allerletzten Moment für die Richtung, in die er den Ball schlagen wollte, zu entscheiden, und konnte so seine Reaktion bis zum Aufschlagen des Balls vor ihm auf dem Boden offenhalten.

Etwas mehr Zeit für ihre Reaktionen und Entscheidungen bleibt den Fußballern. Bisweilen fallen dem Betrachter Spieler auf, die mehr Zeit zu haben scheinen als andere. Sie finden so die Gelegenheit, sich einen Überblick über das gesamte Spielgeschehen zu verschaffen, um dann im richtigen Moment einen entscheidenden, das Spiel öffnenden Pass zu spielen. Eine solche Spielweise sieht man beispielsweise auf alten Filmaufnahmen mit Franz Beckenbauer. Eine natürliche Anlage zum Innehalten scheint derartigen Ausnahmespielern zu effektiveren Bewegungen zu verhelfen. Dadurch wird ihnen die Zeit geschenkt, die Umgebung und den Spielverlauf in einem umfassenderen Sinne wahrzunehmen, als das einem Spieler möglich ist, der nur auf den Ball und den unmittelbaren Gegenspieler fixiert ist.

Timothy Gallwey gibt in seinem bekannten Buch „The Inner Game of Tennis" eine Anleitung dafür, wie es gelingen kann, sich beim Tennisspielen nicht selbst durch ungünstiges Bemühen im Wege zu stehen. Ziel ist es dabei, von einer verbissenen Anstrengung zu einem harmonischen Fluss in den eigenen Bewegungen zu gelangen, die im Einklang mit dem Ball und dem Schläger geschehen.[12] Seine langjährige Erfahrung als Spieler und Trainer lassen ihm zwei Dinge besonders wichtig erscheinen: „Detachment"[13] (Nichtanhaftung) und wache, offene Sinneswahrnehmung.

„Detachment" lässt sich nur schwer übersetzen. In dem von Gallwey gebrauchten Sinn bedeutet es, nicht am Resultat des Spiels zu haften, sich zu lösen vom ergebnisorientierten Denken, ganz und gar im Moment zu *spielen* und damit frei zu sein von Versagensängsten und damit verbundenen Verkrampfungen. Dieses „Detachment" beim Tennis erinnert an das

Loslassen vom Zielstreben in unserem Beispiel „der Weg zum Bahnhof". Es ist eine Facette des Innehaltens und zeigt erneut, dass gerade körperliche Höchstleistungen durch Innehalten befördert werden können.

Auch die intensive Aufmerksamkeit, zu der Gallwey rät, führt zu einem Innehalten: Dem Spieler, der seine Schläge zu verbessern sucht, empfiehlt er, die Spinbewegung des Balls durch Beobachten seiner Nähte wahrzunehmen. Denn in dem Maße wie der Verstand mit der Drehbewegung beschäftigt sei, lasse seine Tendenz nach, die natürliche Bewegung des Körpers zu stören.[14] Außerdem lehrt er seine Schüler, sich beim Schlag nicht auf die Bewegung zu konzentrieren, sondern den Klang des Balles auf den Saiten des Schlägers zu hören.[15] Durch die Wahrnehmung der feinen Unterschiede dieses Klangs entdeckt der Schüler eine bestimmte Qualität im Kontakt mit dem Ball und richtet seine Bewegung unbewusst daran aus.

Innehalten erweist sich somit als wichtiger Bestandteil einer sportlichen Höchstleistung. Es fördert die natürliche Koordination, indem es den Sportler vor ungestümem und ineffektivem Agieren bewahrt, und es hilft ihm, durch die offenere Wahrnehmung die Übersicht im Spielgeschehen zu behalten. Dadurch kann sich Harmonie in den inneren Bewegungsabläufen und in den äußeren Aktionen des Sportlers entfalten.

4.5 Innehalten und Flow

„Flow" bezeichnet einen Zustand, in dem der Handelnde den Eindruck gewinnt, alles geschehe von alleine – es „fließt" wie von selbst. Paradoxerweise mischt sich darin oft ein Gefühl von außerordentlicher Kontrolle, die es ihm erlaubt, alle Absichten mühelos in der Aktivität umzusetzen. Höchste Passivität scheint sich in ungewöhnlicher, geheimnisvoller Weise mit höchster Aktivität zu verbinden. Dies führt zu Höchstleistungen aber auch zu einer besonders lebendigen Wahrnehmung des augenblicklichen Geschehens. Bekannt ist dieses Phänomen besonders bei Sportlern und Musikern. Es bedeutet, in vollkommener Harmonie mit der Aktivität zu sein. Der Flow-Zustand stellt sich meist überraschend ein. Er lässt sich nicht auf direktem Wege durch ein bestimmtes Tun erreichen, doch gewisse Bedingungen, die Sportler oder Musiker herstellen können, fördern sein Auftreten. Der amerikanische Psychologe Mihály Csíkszentmihályi hat als erster Flow-Zustände untersucht und drei Bedingungen als notwendige Voraussetzungen für das Eintreten in diesen Zustand erkannt:[16]

- Es gibt klare Ziele, verbunden mit einer unmittelbaren Rückmeldung: Der Akteur merkt während der Aktivität direkt, ob seine Handlung so wie gewünscht verläuft. So hört der Musiker beispielsweise sofort das Ergebnis seines Spiels.
- Die Aufmerksamkeit richtet sich auf ein begrenztes Feld: Ohne abschweifende Gedanken widmet sich der Akteur allein seiner Handlung.
- Anforderung und Fähigkeiten stehen in einem angemessenen Verhältnis zueinander: Es darf weder eine Unterforderung noch eine Überforderung geben.

Ein solcher Rahmen erlaubt es, tief in die Aktivität einzutauchen. Sind die drei Bedingungen erfüllt, so kann sich der Handelnde vollkommen mit ihr verbinden – mit der Aktivität und damit auch mit dem gegenwärtigen Moment. Oft kommt es zu einer Verschmelzung mit dem Augenblick, die das Zeitgefühl beeinflusst, sodass der Handelnde das Gefühl haben kann, die Zeit laufe schneller ab oder, im Gegenteil, verlangsame sich.

Die drei oben genannten Bedingungen lassen sich als natürliche Wege zum Innehalten verstehen, denn sie befördern dieses in dreifacher Hinsicht:

- als ein Innehalten weg vom *Zielstreben:*
Irrtümlicherweise können die in der ersten Bedingung für das Eintreten des Flow-Zustands genannten klaren Ziele als eine Aufforderung zum Zielstreben aufgefasst werden. Tatsächlich jedoch erzeugen sie

eine entgegengesetzte Wirkung. Da sie nicht in der Ferne liegen, sondern Orientierungspunkte für eine sofortige Rückmeldung sind, bringen sie uns ins Hier und Jetzt. Solche Ziele sind beispielsweise die gewünschte Qualität eines Tons, der gerade erzeugt wird, oder die Flugbahn eines Balles, der gerade gespielt wird. Ferne Ziele hingegen, wie ein ersehnter Erfolg oder ein erhoffter Sieg, lenken uns vom eigentlichen Geschehen ab und wirken blockierend.

- als ein Innehalten weg vom *Zerstreut-Sein:*
Indem sich der Handelnde allein seiner Aktivität zuwendet, treten zerstreuende und abschweifende Gedanken in den Hintergrund. Wie in der Meditation erhält er einen Fokus, der diffuse Denkprozesse verhindert und ihn in die Präsenz führt. Da die Aufgabe keine Unterforderung darstellt, bleibt sie interessant und zieht dadurch die Aufmerksamkeit auf sich.

- als ein Innehalten weg vom *Bemühen:*
Da die Aktivität nicht als Überforderung wahrgenommen wird, ist es dem Handelnden leichter möglich, übertriebene und unnötige Anstrengung zu vermeiden. Er kann sich so mit der Aufgabe verbinden, statt zu versuchen, sie wie einen Gegner zu bezwingen.

Die beschriebene Verwandtschaft von „Flow" und Innehalten legt die Vermutung nahe, dass sowohl das Trainieren *des* Innehaltens als auch das Trainieren einer Aktivität *mit* Innehalten dazu verhilft, „Flow"-ähnliche Ergebnisse zu erzeugen. Ersterem widmet sich das Kapitel 6, als ein Beispiel für Letzteres mag der folgende Abschnitt dienen.

4.6 Beispiel Klavierspielen

Am eindrücklichsten zeigt sich die Bedeutung des Innehaltens während einer Aktivität beim Spielen eines Musikinstruments. Hier laufen schnellste Bewegungen der Arme bis in die Finger hinein ab und werden begleitet von einem ruhigen, gesammelten, die Architektur des gespielten Werkes verfolgenden Lauschen. Der Musiker ist beides: Akteur und Zuhörer. Dominiert der Akteur, so wird sein Spiel zur oberflächlich virtuosen Show. Je wacher hingegen der Zuhörer in ihm ist, desto ergreifender und inniger wird sein Spiel.

Ein hohes Maß an Innehalten wird damit zur Voraussetzung eines außergewöhnlichen und tiefen Spiels. Am deutlichsten lässt sich dies bei dem legendären Pianisten Arthur Rubinstein beobachten. Filmaufnahmen zeigen ihn als hellwach lauschenden Zuhörer des eigenen Spiels. Die scheinbar unbewegte Haltung verleiht seinem Spiel eine besondere Intensität. Technische Schwierigkeiten und muskuläre Überanstrengungen scheinen solche besonderen Talente, die durch keine ungünstigen Einflüsse in ihrer Entwicklung gestört wurden[17], nicht zu kennen. Sie scheinen von Natur aus innezuhalten und dadurch mit einer natürlichen Bewegungskoordination auf dem Instrument beschenkt zu sein. So berichtet der große chilenische Pianist Claudio Arrau, schon als Kind stets locker gespielt zu haben und Ermüdung der Hände nicht zu kennen.[18]

Die Hauptschwierigkeit beim Klavierspielen sieht Claudio Arrau darin, bei höchster emotionaler Anspannung entspannt zu bleiben[19] – was nichts anderes als eine Art Innehalten ist. Artur Schnabel, ein bedeutender Pianist der ersten Hälfte des 20. Jahrhunderts, bekennt, dass Geheimnis eines erfolgreichen Spiels liege in der absoluten Konzentration auf eine absolute Entspannung.[20] Wem nicht ein hohes Maß an natürlichem Innehalten als Geschenk mit auf den Weg gegeben wurde, der kann – wie das folgende Beispiel zeigt – sein Spiel grundlegend verbessern, indem er das Innehalten trainiert.

An anderer Stelle habe ich ausführlich meine Erfahrungen mit dem Klavierspielen beschrieben.[21] Hier seien nur die für unser Thema wesentlichen

Punkte genannt: Nach jahrelangen erfolglosen Bemühungen, die mehr einem Kampf mit den Tasten als einem Klavier*spielen* glichen, kam mir der Zufall zu Hilfe. Durch äußere Umstände veranlasst, begann ich langsam und leise zu üben. Dabei machte ich eine überraschende Entdeckung. Hatte ich ein Stück eine Zeit lang in dieser Weise geübt, so konnte ich es in einer vorher nicht gekannten Gelassenheit und Leichtigkeit auch im schnellen Tempo kraftvoll und ermüdungsfrei spielen. Technische Probleme lösten sich dabei auf, ich hatte das Gefühl, alles geschehe wie von selbst, doch genau in der von mir gewünschten Weise – ein „Flow"- ähnliches Erlebnis.

Die geschilderte Erfahrung wirft folgende Frage auf: Warum kann langsames und leises Üben dazu führen, dass man schneller und kräftiger spielen kann? Was zunächst widersprüchlich erscheint, lässt sich durch genaueres Hinschauen leicht erklären: Übt man in einer angemessenen Weise langsam und leise, so sind es neben den Tönen, dem verlangsamten Bewegungsablauf und dem intensiveren Tastenkontakt vor allen Dingen Innehalten und Nicht-Tun, die dabei trainiert werden. Nicht-Tun meint eine „Flow"-ähnliche Qualität in der Handlung, die sich auch als ein müheloses Geschehenlassen beschreiben lässt.[22]

Die Kraft eines Muskels hängt von dem Zustand ab, in dem er sich befindet. Ein angespannter Muskel ist zur weiteren Arbeit nicht bereit und behindert außerdem seinen Gegenspieler. Leistungsbereit hingegen ist ein Muskel dann, wenn er seine optimale Arbeitslänge besitzt, d.h. weder angestrengt noch verkürzt ist. Die Steuerung der Muskeln erfolgt durch das Nervensystem, in dem anregende und hemmende Impulse ein lebendiges Wechselspiel erzeugen, welches das Verkürzen und Loslassen der Muskeln bewirkt. Ein virtuoses Instrumentalspiel braucht schon aus diesem Grund sehr viel Innehalten, denn ein Überbetonen der aktiven muskelverkürzenden Impulse führt zu Verspannungen.

Benötigen freie, blitzschnelle Bewegungsfolgen auf einer Tastatur ein Höchstmaß an effizienter, ungebremster Muskelaktivität, die aus dem Innehalten entsteht, so erfordert auch das Lauschen des eigenen Spiels ein

Zurückstehen – ein Innehalten. Dieses verhindert eine ungebremste Begeisterung für die Bewegung der Finger und die Konzentration auf sie, aber auch ein rauschhaftes Abdriften in das musikalisch emotionale Geschehen. Wir können hier wieder das Bild vom Fels in der Brandung bemühen. Wie dieser, steht eine hellwache Aufmerksamkeit unverrückt über dem – oder auch im – Geschehen und hat das Ganze im Auge, ohne sich im Detail zu verlieren. Ein weiteres Bild, das die beschriebene Qualität des Lauschens und ein besonderes „Offensein" fördert, ist die Vorstellung, man dirigiere sein eigenes Klavierspiel. Denn da der Dirigent die Töne nicht selber aktiv erzeugt, sondern eher als Vermittler und Koordinator anzusehen ist, sind das offene Lauschen und eine generelle Offenheit, die man als „Kanal-Sein" bezeichnen könnte, bei ihm besonders wichtig.

Seit nunmehr 20 Jahren übe ich in der oben beschriebenen Weise und habe dadurch eine viel größere Leichtigkeit, Mühelosigkeit und Dynamik – sowohl des Tempos als auch der Lautstärke – gewonnen. All dies sind die Früchte eines Innehaltens, das mir im Laufe der Jahre immer vertrauter und selbstverständlicher geworden ist und mir eine grundlegend veränderte Einstellung beim Spielen geschenkt hat: Das überaktive, verspannte Agieren ist dem intensiven Lauschen gewichen. Es ergibt sich dabei ein Zustand, in dem man sowohl der Musik als auch den Tasten folgt. Das bedeutet, einem sich entfaltenden musikalischen Geschehen zu lauschen und durch einen langen Tastenkontakt den Tasten quasi zu folgen, statt ihnen den eigenen Willen aufzuzwingen. Es ist dabei fast so, als verzögerte man etwas den Anschlag, während man bereits im Kontakt mit der Taste ist – ein Innehalten, das nur scheinbar zur Verzögerung führt, tatsächlich aber dem musikalischen Fluss folgt.

Ein außergewöhnliches Beispiel für dieses Innehalten im musikalischen Entstehungsprozess scheint der Dirigent Wilhelm Furtwängler gewesen zu sein. Sieht man einmal von persönlichen Vorlieben – vom Geschmack – ab, so gilt er doch vielen als der vielleicht größte Dirigent aller Zeiten. Interessanterweise sah Furtwängler sich selbst eher als Komponisten, was ihn vor manchem Übereifer beim Dirigieren bewahrt haben mag. Der „Kritikerpapst" Joachim Kaiser wurde einmal gefragt, ob Furtwängler zu Recht als größter Dirigent gelte. Kaiser verwies in seiner ausführlichen Antwort auf Herbert von Karajan, der in einem persönlichen Gespräch geäußert habe, Furtwänglers Zögern sei so wichtig und so toll gewesen.[23] Kaiser, der Furtwängler noch selber erlebt hat, beschrieb daraufhin, wie der Dirigent auf ihn wie ein Medium gewirkt habe. Er habe sich in einer Weise, die man schwer schildern könne, mit dem Gesetz des Werdens in der Musik verbündet.[24] Es scheint, dass er durch sein Warten und seine Schlagtechnik eine Offenheit – eine Ungewissheit –, aber auch eine Spannung erzeugte, die das Orchester in besonderer Weise in einen musikalischen Schaffensprozess führte. Wie stark dieses Zögern und die von ihm bewusst herbeigeführte Ungewissheit in seinen Einsätzen waren, zeigt die scherzhafte Antwort eines Philharmonikers auf die Frage, woher das Orchester denn wisse, wann es einsetzen müsse. Er sagte, sie fingen an, wenn sie es nicht mehr aushalten könnten.[25]

4.7 Innehalten und die Qualität der Wahrnehmung

Wie wir im Kapitel 2.5 gesehen haben, sind Wahrnehmung und Innehalten eng verknüpft: Erst das Innehalten ermöglicht ein offenes und damit echtes Wahrnehmen, so wie ein wirkliches Wahrnehmen uns innehalten lässt. Hingegen gebraucht der in seinem Tun geschäftige Mensch seine Sinne nur in einer sehr eingeschränkten Weise. Im Folgenden betrachten wir an zwei Beispielen das Wahrnehmen etwas genauer. Es erscheint dabei selbst als eine Art Aktivität, deren Qualität vom Maß des beteiligten Innehaltens abhängt.

Neben dem Zielstreben und dem geschäftigen Tun, das in allen Dingen nur die praktische Seite sieht, überdecken das Denken, Benennen und Urteilen unsere Wahrnehmung. Das reine Wahrnehmen gleicht einem Staunen, das uns die Sprache verschlägt. Jeder Vergleich, jeder Kommentar wirft einen Schatten auf dieses Ereignis und nimmt ihm seine Wirkung. Stellen wir uns beispielsweise vor, wir sind auf einer Wanderung. Wir folgen einem Weg, der uns durch einen Wald auf einen Berg führt. Plötzlich bietet sich uns ein weiter Ausblick über die vor uns liegenden Berge und Täler. Es ist, als würde ein Vorhang zur Seite gezogen. Die Weite und Tiefe, das Spiel von Licht und Schatten, der Himmel mit seinen vorüberziehenden Wolken lassen uns staunen. Waren wir zuvor in Gedanken versunken, so sind wir jetzt reine Aufmerksamkeit. Wir schauen, ohne zu denken, wir hören das Rauschen der Bäume und spüren den Windzug auf unserer Haut.

Das Beispiel beschreibt eine Situation, die fast jeder so oder ähnlich schon erlebt hat. Wir können es sogar metaphorisch betrachten: Aus dem dunklen Wald der umherschweifenden Gedanken treten wir plötzlich in das helle Licht des Bewusst-Seins. Denn es passt zu der kleinen Geschichte, sich vorzustellen, dass wir auf dem langen monoton ansteigenden Waldweg in Gedanken versunken waren und dabei nur wenig von unserer Umgebung wahrgenommen haben. Der plötzliche Ausblick lässt uns innehalten – in der Bewegung, vor allem aber im Denken. Der gegenwärtige Augenblick, den wir vorher nur als Mittel zum Zweck angesehen haben – nämlich als einen notwendigen Übergang auf dem Weg zum Ziel –, steht plötzlich im Vordergrund und mit ihm die Wahrnehmung der Szenerie.

Wie könnte die Geschichte sich fortsetzen? Wahrscheinlich werden wir nach einer Zeit des Staunens die Namen der vor uns liegenden Berge suchen – in unserem Gedächtnis oder auf einer Wanderkarte. Vielleicht werden Erinnerungen wach an frühere Wanderungen in derselben Gegend oder einer Gegend mit ähnlichen Bergen oder vergleichbarer Vegetation. In jedem Fall haben wir dabei den Moment des Innehaltens verlassen. Unsere Wahrnehmung dient dann nur noch unserem vergleichenden und nach Namen suchenden Verstand. Das Fenster des offenen Wahrnehmens hat sich geschlossen.[26]

Dass Innehalten nicht nur dem Genuss dient, sondern auch die Wahrnehmung in messbarer Weise beeinflusst, zeigen die Untersuchungen von Heinrich Jacoby. Als Privatgelehrter und Pädagoge hat er sich intensiv dem Thema „Begabung" gewidmet. Einer seiner Schwerpunkte war die Arbeit mit sogenannten „unmusikalischen" Menschen, denen er fast immer zu einem Zugang zum Hören verhelfen konnte[27], wodurch sie dann als „musikalisch" erschienen. Dies führte ihn dazu, die herkömmliche Vorstellung von Begabung grundlegend infrage zu stellen.

Jacoby fand heraus, dass die anfängliche Unfähigkeit, musikalische Zusammenhänge wahrzunehmen – z.B. Tonhöhen zu erkennen –, mit der Neigung zu tun hat, sofort ein Urteil zu fällen, anstatt die Klänge zunächst einmal auf sich wirken zu lassen.[28] Dabei entsteht aus Unsicherheit oder Angst heraus der Drang, durch den Verstand die gestellte Aufgabe, ohne innezuhalten, zu lösen. Das verhindert die Wahrnehmung der Töne und ihrer Beziehung zueinander. Jacobys große Erfolge rühren daher, dass es ihm gelang, die Teilnehmer seiner Kurse auf solche ungünstigen Verhaltensweisen – er nannte sie „unzweckmäßige Reaktionen" – aufmerksam zu machen. Außerdem brachte er die Teilnehmer durch „zweckmäßige Aufgabenstellungen" dazu, sich in geeigneter Weise mit der Aufgabe zu verbinden. Innezuhalten – offen und unvoreingenommen wahrzunehmen, anstatt unmittelbar in alten Mustern zu reagieren – bildete die Basis seiner Kurse.

Ausblick 4
Handeln im Jetzt – erleuchtetes Handeln

Der *Ausblick* über das Sein könnte den Eindruck erwecken, das Sein stehe stets im Gegensatz zum Handeln. Dem ist nicht so. Denn es gibt ein Handeln, das vom Sein durchdrungen ist. Man könnte es erleuchtetes Handeln oder Handeln im Jetzt nennen. Darin sind Tun und Sein in Balance.

In unserem Alltag sind wir oft mit einer Fülle von Dingen konfrontiert, die erledigt sein wollen. Bisweilen setzen wir uns auch selber Ziele, die wir in einer bestimmten Zeit erreichen wollen. In beiden Fällen geraten wir fast zwangsläufig in einen Zustand, in dem es uns vor allem darum geht, ein Ergebnis zu erzielen. Vielleicht schauen wir auf das Ende des Tages oder der Woche und sind von der Hoffnung getrieben, dieses und jenes bis zu einem bestimmten Zeitpunkt erreicht oder erledigt zu haben. In dieser Weise wird das Zielstreben zu unserer Grundverfassung und prägt unser Handeln. Ein solches Handeln steht im Gegensatz zum Sein.

In den *Ausblicken* 1 und 3 haben wir uns die Auswirkungen einer zielorientierten Grundstimmung auf unser Leben bewusst gemacht. Hier soll es um die Handlungen an sich gehen, die entstehen, wenn wir auf den gegenwärtigen Augenblick und nicht auf ein Ziel hin ausgerichtet sind. Ähnlich unserem Leben lassen auch unsere Handlungen die Dimension der Tiefe vermissen, wenn wir uns nur auf der Oberfläche der Formen bewegen. Handlungen, denen wir uns im Zustand des wachen Bewusstseins widmen, lassen die Tiefe des Seins durchschimmern. Wenn wir offen sind für den gegenwärtigen Moment, fließt diese Tiefe des Augenblicks in unser Handeln. Eine solche Verbindung von Handeln und Sein kann grundsätzlich auf zwei Arten geschehen. Ein Mensch kann so sehr durchdrungen sein von dem sehnsüchtigen Wunsch nach einer Aktivität, dass sich im Moment der Aktivität ein Gefühl des Angekommenseins und der tiefen Zufriedenheit mit dem gegenwärtigen Moment einstellt. Diese Verbindung mit dem gegenwärtigen Moment schafft eine innige Verbindung mit der Aktivität, sei es Laufen, Tennisspielen, Rezitieren, Schreiben, das handwerkliche Arbeiten mit Holz, Malen, Singen oder das Spielen eines Musikinstruments.

Auf der anderen Seite kann eine Aktivität bewusst als Mittel für einen Übungsweg eingesetzt werden, der zum Sein und zur Ausrichtung auf den gegenwärtigen Augenblick führt. Beispiele dafür sind die Zen-Künste wie Bogenschießen, Blumenstecken oder die Teezeremonie. Auch die Arbeitszeiten in Meditationszentren oder in manchen Klöstern gehören dazu. Die durch Meditation erzeugte Achtsamkeit, die uns mit dem Sein verbindet, wird hier in der Aktivität bewahrt. Selbst einfache Hausarbeit kann so zu einer Handlung werden, die von einer achtsamen Hingabe geprägt ist.

Obwohl solche Übungswege oft lang und beschwerlich sind, fühlen sich die meisten Menschen reich beschenkt, wenn sie die kostbare Achtsamkeit als Ernte ihrer Mühen empfangen. Das gilt für einen langen Übungsweg, wie ihn Eugen Herrigel[1] beschreibt, genauso wie für einzelne Etappen, etwa einem 5-tägigen Zen-Sesshin. Welchen Weg wir auch gehen, ob wir einem formalen Übungsweg wie dem des Zen folgen oder unser Leben aus eigener Kraft am gegenwärtigen Moment ausrichten: Das Innehalten ist das wichtigste Werkzeug, um Tun und Sein in unserem täglichen Leben zu verbinden. Denn es leitet uns von fernen Zielen immer wieder zum gegenwärtigen Augenblick und vom möglichen Ergebnis einer Aktivität zur Präsenz und zur tiefen Verbindung mit einer Handlung. Ganz gleich, ob wir eine Handlung als Achtsamkeitsübung betrachten oder uns die Freude an der Handlung in die Achtsamkeit führt, wir erfahren im Handeln unsere Verbindung mit dem Sein. Der Gegensatz zwischen Tun und Sein ist aufgehoben. Die schöpferische Kraft des Formlosen hält Einzug in unsere Beschäftigung mit der Form. Wir sind in der tiefsten nur möglichen Weise in Balance.

*Im Innehalten
Gott lass walten.*

Überblick 4

Die Balance zwischen aktiv und passiv ist wesentlich für unser Leben im Allgemeinen, aber auch für die Koordination anspruchsvoller Tätigkeiten. Innehalten ist ein Prozess im Nervensystem und geschieht daher blitzschnell. Haben wir es gelernt, so braucht es keine Extrazeit. Es kann uns Kraft und Dynamik aus ungeahnten Quellen schenken.

Übungen zur Vertiefung 4

1) Experimentieren Sie beim Gehen mit den zwei Arten von Innehalten, die im Kapitel 4.1 beschrieben sind:

a) Gehen Sie zunächst und bleiben Sie dann stehen. Nutzen Sie den Moment der Ruhe zur offenen Wahrnehmung. Schauen und lauschen Sie, ohne starr zu sein, bewegen Sie die Augen, um Ihre Umgebung wahrzunehmen. Gehen Sie weiter und halten Sie immer wieder an.

b) Verbinden Sie die offene Wahrnehmung und die Ruhe des Innehaltens aus (a) mit dem langsamen Gehen: Während der Bewegung des Gehens ruhen Sie in jedem Moment, ohne anzuhalten, und nehmen Ihre Umgebung wahr. Sie können sich dabei sogar des hinter Ihnen liegenden Raumes bewusst werden, den Sie gerade durchschritten haben.

c) Übertragen Sie die Erfahrung aus (b) auf ein schnelleres Gehen. Bewahren Sie sich dabei die offene Wahrnehmung und erleben Sie auch das schnelle Gehen als einen gegenwärtigen Zustand und nicht als einen Weg zum Ziel.

2) Experimentieren Sie zum Thema „Innehalten und Wahlfreiheit" aus Kapitel 4.3:

a) Setzen Sie sich mit einem Blatt Papier und einem Stift an Ihren Schreibtisch und stellen Sie ein Glas Wasser neben sich. Nehmen Sie sich vor, etwas zu zeichnen. Doch bevor Sie sich bewegen, halten Sie inne. Stellen Sie sich vor die Wahl, etwas zu schreiben oder stattdessen etwas zu trinken oder weiterhin gar nichts zu tun. Während Sie in der offenen

Wahrnehmung sind, bleiben Sie in Ruhe. Sie halten die Situation in der Schwebe und reagieren nicht. Falls Sie sich für das Zeichnen entscheiden, beginnen Sie damit, jedoch ohne darin zu versinken; bleiben Sie in der offenen Wahrnehmung und behalten Sie die Möglichkeit in Ihrem Bewusstsein, jederzeit aufzuhören und den Stift zur Seite zu legen.

b) Erfinden Sie selber ähnliche Experimente.

3) Wählen Sie eine Ihnen vertraute Sportart oder ein Hobby, um mit dem Innehalten zu experimentieren.

4) Experimentieren Sie mit dem Innehalten, wenn Sie das nächste Mal fasten. Nach der anfänglichen Unruhe der ersten Tage, in denen sich der Körper auf die neue Situation einstellt und uns Hungergefühle plagen können, wächst eine natürliche Neigung zum Innehalten. Beobachten Sie beim Experimentieren, wie sich die offene Wahrnehmung und das Innehalten in diesem Zustand verändern.

5) Experimentieren Sie mit dem Fangen eines Balls: Hierzu brauchen Sie einen Partner, der Ihnen einen Ball zuwirft (am besten einen kleinen Jonglierball).

a) Stehen Sie gelassen und in wacher Aufmerksamkeit, ohne die Arme festzuhalten. Lassen Sie sich den Ball so zuwerfen, dass er nahe an Ihren Händen vorbeifliegt und reagieren Sie nicht.

b) Jetzt haben Sie die Wahl, den Ball zu fangen oder wie in (a) nicht zu reagieren. Entscheiden Sie – möglichst während der Ball bereits in der Luft ist –, ob Sie ihn fangen wollen oder nicht. Wenn Sie den Ball fangen, tun Sie es mit möglichst geringem Aufwand. Benutzen Sie dazu hauptsächlich Hände und Arme und lassen Sie insbesondere die Schultern in Ruhe.

6) Setzen Sie die Wahrnehmungsexperimente aus dem Abschnitt „Übungen zur Vertiefung 2" fort.

7) Beobachten Sie Innehalten oder einen Mangel davon bei sich oder anderen, ohne es zu beurteilen.

Abschnitt 5
Stufen – der Blick in die Tiefe

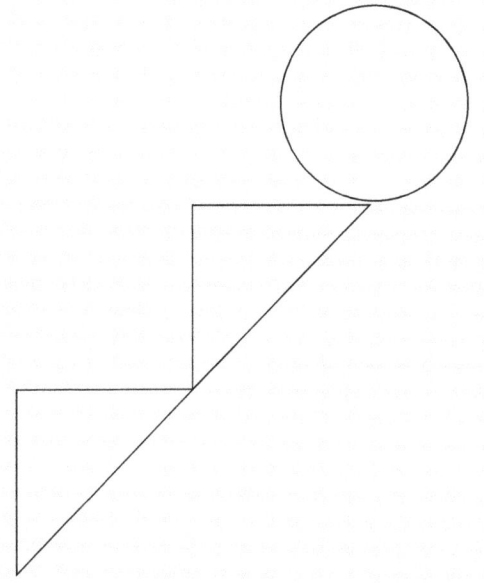

Einblick 5
Innehalten im Spiegel der Evolution

Inhibition ist eine Grundfunktion des Nervensystems.[1] Um ein einfaches Bild vom Geschehen in diesem unendlichen verzweigten Netzwerk von Nervenzellen – den Neuronen – und ihren Verbindungen zueinander zu bekommen, betrachten wir ein einzelnes Neuron. Es besitzt zahlreiche

Eingänge, über die es Signale von anderen Nervenzellen empfängt, aber nur einen Ausgang, über den es Signale zu anderen Zellen sendet.[2] Die Signale der Eingänge summieren sich und führen nur dann zu einer Erregung mit Weiterleitung eines entsprechenden Signals, wenn ein bestimmter Schwellenwert überschritten ist. Nur dann „feuert" die Zelle über ihren Ausgang.[3] In diesem Netzwerk werden nun zum einen Signale, die zur Erregung einer Zelle beitragen, versandt und zum anderen Signale mit umgekehrtem Vorzeichen, die der Erregung einer Zelle entgegenwirken. Letzteres nennt man Inhibition oder Hemmung. Dabei ist für unser Thema interessant, dass die Inhibition ein ähnlich aktiver Prozess im Nervensystem ist, wie die Sendung von exzitatorischen Signalen, die die Erregung fördern. In beiden Fällen werden elektrische Ladungen auf eine Nervenzelle übertragen. Dies geschieht in beiden Fällen durch Ausschüttung von Botenstoffen (Transmittern).

Insbesondere bei der Bewegungskontrolle spielt die Inhibition eine wichtige Rolle. So werden bereits in einfachen Reflexbögen, die nur bis zum Rückenmark reichen und nicht über das Gehirn laufen, inhibitorische Signale ausgesandt.[4] Außerdem sendet das Kleinhirn, das für die Feinabstimmung von Bewegungen sorgt und ständig die aktuelle Bewegung mit den erlernten Programmen vergleicht, vorwiegend inhibitorische Signale an die übrigen Gehirnteile.[5] Auch von den Basalganglien, die mit der Bewegungskontrolle zu tun haben, gehen besonders viele inhibitorische Signale aus.[6]

Vielleicht ist es hilfreich, ein vereinfachtes dreistufiges Modell des Innehaltens zu entwerfen, das die Entwicklung dieser Fähigkeit im Laufe einer langen Evolution zeigt. Wie oben beschrieben wurde, kann Inhibition als eine Grundfunktion des Nervensystems gelten und ist bereits in einfachsten Reflexen zu finden. Daher können wir davon ausgehen, dass bereits die frühe Entwicklung des Nervensystems in einfachsten Lebensformen diese Fähigkeit hervorbrachte. Das wäre eine Art einfache elementare Inhibition. Im letzten Absatz haben wir bereits eine komplexere Wirkung von Inhibition kennengelernt: Die Arbeitsweisen von Kleinhirn und Basalganglien sind zwei Beispiele für den Ablauf eines komplexen inhibitorischen Geschehens in einem Gehirn, wie es auch viele Tiere besitzen. Dabei übernehmen offensichtlich ganze Teile des Gehirns die Aufgabe, vor allem hemmend auf die Steuerung z.B. von Bewegungen einzuwirken.

Als dritte Stufe könnten wir uns nun das bewusste Innehalten des Menschen vorstellen. Dies geschieht anscheinend vor allem über die präfrontale Rinde. Bevor wir uns einige Beispiele dazu anschauen, hier noch einmal die drei Stufen im Überblick:

1. Stufe einfache Lebensformen: Inhibition einzelner Neuronen als Grundfunktion des Nervensystems (inhibitorisches Neuron)

2. Stufe höher entwickelte Tiere besitzen zusätzlich: unbewusste komplexe Inhibition, z.B. zur Bewegungssteuerung (z.B. Kleinhirn, Basalganglien)

3. Stufe Menschen besitzen zusätzlich: bewusstes Innehalten, bewusste Verhaltens- und Bewegungssteuerung (präfrontale Rinde)

Dabei können wir uns vorstellen, dass ausgeprägte Beziehungen zwischen den drei Stufen bestehen. Die erste Stufe ist die Grundlage für die zweite, und wahrscheinlich sind beide die Grundlage für die dritte. Außerdem kann man annehmen, dass ein bewusstes Innehalten des Menschen eine verstärkte Inhibition auf den ersten beiden Stufen mit sich bringt.

Betrachten wir abschließend noch drei Beispiele für das bewusste Innehalten der dritten Stufe:

a) Medizinische Tests haben gezeigt, dass Ungewissheit und Unkontrollierbarkeit sowohl beim Menschen als auch bei Tieren Stress verstärkend wirken. Wenn das Individuum im Ungewissen über die Gefährlichkeit einer Situation ist und das Gefühl hat, die Situation nicht kontrollieren zu können, ist die Stressreaktion besonders stark.[7] Forschungen belegen, dass Strategien zur Stressbewältigung erfolgreich sind, wenn sie Vorhersagbarkeit, Verständnis der Zusammenhänge, Wissen und das Gefühl der Kontrolle beinhalten.[8] Danach müssten das Innehalten und das bewusste Wahrnehmen der Reize, die den Stress auslösen sowie die Möglichkeit, die Aufmerksamkeit bewusst zu steuern (z.B. den eigenen Körper und die Umgebung wahrzunehmen), allein schon Stress reduzierend wirken – ganz abgesehen von der Möglichkeit, die Einstellung zu einer Situation bewusst zu ändern.

b) Bewusstes Innehalten ist für das Umlernen elementar. Selbst wenn eine feste Gewohnheit über Jahre hinweg das Nervensystem geprägt hat, so kann das Innehalten einen Raum zwischen dem Wunsch, etwas zu tun (dem Stimulus) und der Reaktion erzeugen. Das ist die Voraussetzung dafür, bei der geplanten Ausführung der Handlung nicht mit dem alten abgespeicherten Gewohnheitsmuster in Konflikt zu kommen. Solche Konflikte zeigen sich meist in zu starker Anstrengung und einer zu hohen Muskelspannung.[9]

c) Bewusstes Innehalten ist die Voraussetzung für ein Verhalten, das uns als Menschen auszeichnet.[10] Es gibt uns die Möglichkeit, langfristige Ziele zu verfolgen, anstatt jedem Verlangen, das nach sofortiger Erfüllung drängt, nachzugehen. So können wir Eigeninteressen zurückstellen und sozial handeln, kurz gesagt: Bewusstes Innehalten kann uns von kurzsichtigen, zwanghaften Verhaltensweisen befreien. Das geschieht durch eine Aktivität im präfrontalen Kortex (besonders auf der rechten Seite). Diese Beobachtung wurde bei Patienten mit Verletzungen in dem Bereich gemacht[11] und in Experimenten bestätigt, bei denen die Funktionsfähigkeit in diesem Bereich kurzzeitig durch den gezielten Einsatz von Magnetfeldern gestört wurde[12] („virtual lesion"). Natürlich bedarf es eines weisen Einsatzes dieser menschlichen Fähigkeit, um aus dem Innehalten nicht einen ungesunden Verdrängungsprozess zu machen.[13]

Kapitel 5
Stufen des Innehaltens

Aller Anfang ist schwer!
Das mag in einem gewissen Sinne wahr sein;
allgemeiner aber kann man sagen:
aller Anfang ist leicht, und die letzten Stufen
werden am schwersten und seltensten erstiegen.

Goethe, *Wilhelm Meisters Wanderjahre I,4*

5.1 Ein Blick in die Tiefe

Im Zentrum unserer Darstellung angekommen, halten wir inne. Bevor wir uns wieder Heinrich Jacoby und dann F.M. Alexander zuwenden, betrachten wir den bisher zurückgelegten Weg und öffnen den Blick für die ganze Tiefe des Phänomens. Die folgende Darstellung der Stufen des Innehaltens wird uns ermöglichen, die Vielschichtigkeit und das wahre Potenzial des Innehaltens zu ermessen. In den ersten drei Kapiteln ist uns das Innehalten vor allem als ein Mittel erschienen, um das Leben zu entschleunigen, zu sich zu kommen und tiefer im Kontakt mit dem gegenwärtigen Moment zu sein. Es begegnete uns dabei in folgenden Formen:

- Pausieren und zur Ruhe kommen
- Wahrnehmen und die Innen- und die Außenwelt bewusst erleben
- Wandern und sich mit der Natur verbinden
- Meditieren und die Stille erleben

Das Kapitel 4 hat einen neuen Aspekt unseres Themas gezeigt, in dem es Beispiele für das Innehalten vor und während einer Aktivität untersucht hat. Dabei zeigte sich, wie sehr sich die Qualität einer Handlung ändert, wenn sie vom Innehalten durchdrungen ist. Merkmale solcher Handlungen sind:

- mit der Aufgabe und dem Moment ganz verbunden zu sein
- nicht in die Enge und die Anstrengung des Zielstrebens zu fallen
- Achtsamkeit in der Ausführung und Ergebnisse einer besonderen Qualität
- innere Ruhe und Stille sowie offene Wahrnehmung selbst in einem sehr schnell ablaufenden Geschehen

Im Folgenden werden wir verschiedene Stufen des Innehaltens betrachten, um eine Ahnung von den Möglichkeiten zu bekommen, die es für uns bereithält. Die Stufen entsprechen dabei den unterschiedlichen Formen, die das Innehalten annehmen kann. Das ermöglicht uns eine bessere Einordnung der bisherigen Ergebnisse und weist uns den Weg, wie sich das Innehalten in einem umfassenden Sinne begreifen und erlernen lässt.

Die folgenden sechs Stufen lassen sich zu drei Paaren zusammenfassen. Diese drei Hauptstufen bauen aufeinander auf. Es bestehen *so* enge Beziehungen zwischen den einzelnen Stufen, dass die Einteilung etwas künstlich erscheinen mag, doch wird sie uns helfen, die letzten Stufen besser zu verstehen:

1. Zu sich und in den gegenwärtigen Moment kommen –
Ruhe und Stille erleben.
  1.1 Innehalten als Warten, Pausieren und Ausruhen
  1.2 Innehalten als Wahrnehmen: ganz wach und aufmerksam sein, bewusst sein, selbst eine vertraute Umgebung frisch und neu erleben

2. Denken und Handeln aus dem Innehalten heraus –
   in Kontakt mit der Kreativität kommen.

   2.1 Innehalten als Raum für neue Sichtweisen, Eingebungen und Ideen

   2.2 Innehalten vor dem Handeln

3. Vom Innehalten geformtes Handeln –
   eine kreative Kraft kann durch uns wirken.

   3.1 Handeln im Innehalten

   3.2 Handeln mit bewusster Ausrichtung

Die sechs Stufen lassen sich als Holons im Sinne Ken Wilbers verstehen.[1] Jede Stufe baut auf der nächsten auf und umfasst sie gleichzeitig. Am einfachsten lässt sich dieses Prinzip anhand des folgenden Beispiels verstehen: Ein Atom ist Teil eines Moleküls, dieses ist Teil einer Zelle, diese ist Teil eines Organs, dieses ist Teil eines Menschen. Wer beispielsweise das Innehalten auf der Stufe 3.1 erlernen möchte, tut gut daran, sich in den Stufen 1.1 bis 2.2 zu üben. Denn ein unruhig Getriebener wird sich mit der dritten Hauptstufe viel schwerer tun, als ein in sich ruhender und präsenter Mensch. Insgesamt lässt sich Folgendes erkennen: Eine gewisse Vertrautheit mit der ersten Stufe hilft dem Üben auf der zweiten, welches wiederum das Üben auf der dritten unterstützt. Wer andererseits mit allen Stufen vertraut ist, wird die Ruhe und das offene Wahrnehmen der Stufe 1.2 selbst im schnell ablaufenden Geschehen einer Aktivität wie dem Spielen eines Musikinstruments erleben.[2]

Die folgenden Abschnitte widmen sich je einer der drei Hauptstufen. Dabei blicken wir noch einmal kurz zurück in die früheren Kapitel, um einige der dort beleuchteten Beispiele in die Stufenfolge einzuordnen, und bereiten so den Weg für das Verständnis des Folgenden, das einen praktischen Übungsweg für die Stufen 3.1 und 3.2 beschreibt.

5.2 Ein Fundament aus Ruhe und Stille

Ruhe und Stille zu erleben ist nicht nur ein notwendiger Ausgleich zur emsigen Geschäftigkeit und Hektik, die unser modernes Leben oft prägen. Vielmehr ist es die Grundlage für ein Leben in offener Wahrnehmung und in Verbindung mit unserem Wesenskern. Wie das Kapitel 2 gezeigt hat, hängen offene Wahrnehmung und Innehalten so eng zusammen, dass man die beiden Begriffe auf der Stufe 1.2 fast als gleichbedeutend ansehen kann. Betrachten wir die ersten beiden Stufen noch einmal im Detail:

1. Zu sich und in den gegenwärtigen Moment kommen –
Ruhe und Stille erleben.
1.1 Innehalten als Warten, Pausieren und Ausruhen
1.2 Innehalten als Wahrnehmen: ganz wach und aufmerksam sein, bewusst sein, selbst eine vertraute Umgebung frisch und neu erleben

Kurze Momente des Innehaltens können dazu beitragen, dass wir unseren geschäftigen Alltag entspannter erleben. Dazu gehört es beispielsweise, etwas Raum zu schaffen, nachdem wir eine Tätigkeit abgeschlossen haben und bevor wir mit einer neuen beginnen. Das wäre die Stufe 1.1. Auch Urlaub und Wandern gehören in diese Kategorie, denn oftmals reichen kurze Pausen nicht aus, um wirkliche Ruhe zu finden. So kann es notwendig sein, unsere Alltagsumgebung zu verlassen – im wörtlichen Sinne: den Alltag hinter uns lassen –, um zur Ruhe zu kommen, wenn wir zu sehr auf Tun und Erledigungen eingestellt sind.

Experiment: Suchen Sie einen Ort auf, wo Sie üblicherweise sehr geschäftig sind: den Schreibtisch, die Küche oder ein unaufgeräumtes Zimmer:

(a) Nehmen Sie wahr, wie viel Arbeit dort auf Sie zu warten scheint. Halten sie inne und sagen Sie 'Nein' dazu, etwas zu tun. Setzen sie sich stattdessen für ein paar Minuten hin und tun Sie nichts.

(b) Nehmen Sie die Ruhe und Stille wahr, die auftauchen können, wenn das Verlangen, sich zu bewegen und etwas zu erledigen, nachlässt und in den Hintergrund tritt.

(c) Betrachten Sie Ihre vertraute Umgebung so, als hätten Sie sie noch nie gesehen: mit einem frischen Blick, der alles als besonders und einzigartig erkennt, fast so, als kämen Sie von einem anderen Planeten und alles wäre fremd und eigenartig für Sie.

Auswertung: Das Experiment zeigt drei wichtige Aspekte des Innehaltens: Haben Sie bei Teil (a) ihre Umgebung als Reiz wahrgenommen, der Sie zur Geschäftigkeit treibt? Wirkliche Ruhe, selbst in kurzen Pausen, können wir finden, wenn es uns gelingt, innerlich 'Nein' zu sagen und ganz bei uns zu bleiben.

Ist es Ihnen gelungen, die Stille wahrzunehmen? Der Teil (b) weist bereits in Richtung Meditation. Die Stille ist eigentlich immer da. Sie bildet den kaum wahrnehmbaren Hintergrund unseres Lebens. Sie umgibt Worte, Töne und Geräusche geradeso wie der umhüllende Raum die in ihm liegenden Gegenstände.

Hat die Stille die Wahrnehmung Ihrer Umgebung verändert, noch bevor Sie zu Teil (c) gekommen sind? Falls es Ihnen gelungen ist, wirklich zur Ruhe zu kommen, ist das sehr wahrscheinlich. Denn die Stille ist einer Leinwand im Kino vergleichbar. So wie das Licht eines Kinofilms erst auf einer Leinwand zu erkennbaren Bildern wird, nehmen wir unser Leben und unsere Umgebung erst wahr, wenn es einen stillen Beobachter – ein Gewahrsein – in uns gibt. Dies ermöglicht eine offene Wahrnehmung und verhilft uns selbst im turbulenten Alltag zu innerer Ruhe.[3] Offene Wahrnehmung ist oft mit einer Art Staunen verbunden, daher kann die Übung (c) die offene Wahrnehmung anregen.

Wie das Experiment zeigt, kann die erste Stufe 1.1 bereits zur offenen Wahrnehmung und damit zur Stufe 1.2 führen. In jedem Fall macht ein

Innehalten im Sinne von 1.1 eine offene Wahrnehmung leichter. Andererseits enthält ein Innehalten auf der Stufe 1.2 bereits ein gewisses Maß an innerer Ruhe und Stille. Wir könnten also auch hier das Prinzip des Holons erkennen, 1.2 baut auf 1.1 auf und enthält diese Stufe in gewisser Weise bereits. Mit den ersten beiden Stufen des Innehaltens verhält es sich also tatsächlich wie mit einer Treppe. Wenn wir auf der zweiten Stufe sind, haben wir entweder die erste Stufe zuvor betreten, oder wir haben sie mit einem großen Schritt übersprungen, in jedem Fall haben wir ein Niveau erreicht, das die ersten beiden Stufen einschließt. Wie wir sehen werden, gilt dies für die weiteren Stufen ebenso.

5.3 Offen werden für neue Wege

Wenn wir in emsiger Geschäftigkeit tätig sind und eine Handlung sogleich der nächsten folgt, reagieren wir unmittelbar auf Reize. Solche Reize[4] können unterschiedlichster Natur sein: Ein klingelndes Telefon, eine Aufgabe, die auf uns „wartet", ein anderer Mensch, der unsere „Knöpfe drückt"[5], oder der Wunsch, etwas besonders gut zu machen. Je unmittelbarer wir auf solche Reize reagieren, desto wahrscheinlicher verläuft unsere Reaktion nach einem eingeübten automatisierten Muster.

Natürlich können Abwarten und Zaudern selbst ein gewohnheitsmäßiges Verhalten sein. Im Gegensatz dazu soll es hier um die bewusste Entscheidung gehen, Raum für Kreativität und Neues zu schaffen. Bringen die beiden ersten Stufen (1.1 und 1.2) bereits mehr Ruhe und Stille in unser Leben, so wirken sich die nächsten Stufen (2.1 und 2.2) unmittelbar auf die nachfolgenden Handlungen und unseren Zugang zur Kreativität aus:

2. Denken und Handeln aus dem Innehalten heraus –
   in Kontakt mit der Kreativität kommen.
   2.1 Innehalten als Raum für neue Sichtweisen, Eingebungen und Ideen
   2.2 Innehalten vor dem Handeln

Das bewusste Zurücktreten ermöglicht uns eine andere Perspektive. In vergleichbarer Weise tritt ein Maler einen Schritt von dem entstehenden Bild zurück, um sich von dem Detail, an dem er gerade arbeitet, zu lösen und einen Gesamteindruck zu bekommen. Zum einen schauen wir dabei bewusst anders auf eine Situation oder ein Problem. Zum anderen entsteht Raum für Einfälle, wenn wir das geschäftige Tun für einen Moment aufgeben und uns vom angestrengten Nachdenken lösen. In dieser Weise lässt sich das Innehalten auf der Stufe 2.1 mit einem schöpferischen Prozess vergleichen.

Das Innehalten vor dem Handeln (Stufe 2.2) baut wiederum auf der vorherigen Stufe auf, denn nur wenn das Innehalten mehr als ein reines Abwarten ist, verändert es die nachfolgende Handlung grundlegend. Wenn wir uns dabei innerlich frei machen können vom Ergebnis – dem Ausgang – der geplanten Handlung, können wir sie mit weniger Enge und Anstrengung ausführen. Welchen großen Unterschied eine veränderte Einstellung macht, hat das Beispiel „der Weg zum Bahnhof" gezeigt.[6]

Experiment: Legen Sie Papier und Stift vor sich auf den Tisch.

(a) Als Vorübung soll es nur darum gehen, geschwungene Linien aufs Blatt zu malen. Doch bevor Sie den Stift in die Hand nehmen, sagen Sie Nein dazu, etwas zu tun. Nehmen Sie wahr, wie der Stift und das Blatt Sie anziehen. Sitzen Sie einfach so am Tisch, als hätten Sie gar nicht vor, etwas zu schreiben oder zu malen. Sitzen Sie aufrecht, ohne sich dem Blatt zuzuneigen. Wiederholen Sie dieses Neinsagen einige Male. Wenn Sie danach zum Stift greifen, achten Sie darauf, dass Sie den Stift mit nur so viel Druck wie nötig zwischen den Fingern halten und die Schultern nicht angespannt und eng dabei werden. Fahren Sie jetzt mit schwingenden Bewegungen über das Blatt und malen Sie kreisende Linien.

(b) Wählen Sie ein Thema, das Sie gerade beschäftigt, und schreiben Sie darüber oder schreiben Sie ein paar Sätze, in denen Sie sich klarmachen, was Innehalten für Sie bedeutet. Bevor Sie beginnen, halten Sie inne, wie in (a) beschrieben. Seien Sie offen und entspannt, bis Ideen Gestalt annehmen.

(c) Wenn Sie ins Stocken geraten oder keine verwertbaren Ideen auftauchen, stehen Sie auf und gehen Sie spazieren. Wenn wir eine gewisse Zeit über ein Thema nachgedacht haben und von der Konzentration des Nachdenkens loslassen, geschehen Einfälle oft von allein, d.h. Ideen und Gedanken zu dem Thema tauchen in unserem Bewusstsein auf.

Auswertung: Schreiben ist eine über viele Jahre eingeübte Tätigkeit. Es sind sehr tief sitzende Gewohnheiten damit verbunden. Hat Ihnen Teil (a) ermöglicht, zunächst einmal einen mehr spielerischen Umgang mit Stift und Papier zu erreichen? Haben Sie bemerkt, wie Stift und Papier Sie in ein bestimmtes Spannungsmuster ziehen „wollten", das sowohl Ihr Sitzen als auch Hand und Schulter umfasst? Inwieweit hat das vorbereitende Innehalten Ihnen geholfen, nicht in das vertraute Muster zu rutschen, sondern einen unvertrauten, offeneren Umgang mit dem Stift zu erleben?

Das Experiment zeigt, wie eng das Denken und die körperliche Reaktion verknüpft sind. Das Neinsagen ist eine gedankliche Ausrichtung, die eine freiere körperliche Reaktion ermöglicht, welche wiederum ein freieres Denken beim Schreiben möglich macht. Haben Sie bei Teil (b) erlebt, dass Gedanken aus der Stille des Innehaltens auftauchen? Ist es Ihnen gelungen, in eine unangestrengte Offenheit zu kommen?

Haben Sie in Teil (c) bemerkt, dass eine gelöste Bewegung wie das Gehen auch unsere Gedanken in Bewegung bringen kann? Das Innehalten geschieht hier durch einen räumlichen Abstand zu der bearbeiteten Aufgabe und ein Verlassen der Schreibposition.

Die Stufe 2.2 enthält in gewisser Weise die drei vorherigen. Durch das Innehalten vor einer Handlung kommen wir in Kontakt mit Ruhe und Stille (Stufe 1.1). Wir nehmen die Situation als Reiz wahr, der uns in ein einengendes Muster zieht (Stufe 1.2), und nehmen wahr, wie unser Körper im Neinsagen offen und unverspannt da sein kann (Stufe 1.2). Wenn die erste automatische Reaktion gestoppt ist und das Innehalten Raum für

Ideen (Stufe 2.1) und bewusste Wahrnehmung bietet, werden neue bewusstere Reaktionen möglich – es entsteht Wahlfreiheit.[7]

Wieder zeigt sich, wie hilfreich jede einzelne Stufe für den gesamten Lernprozess ist. Wer Phasen der Stille und Ruhe in seinem Leben hat (1.1), dem fällt es leichter, vor dem Handeln innezuhalten (2.2). Wer seine Wahrnehmung (1.2) trainiert hat, der bemerkt eher die Reize des Alltags, die ihn in gewohnte Muster der Geschäftigkeit ziehen, und wird sich öfter ans Innehalten vor dem Handeln (2.2) erinnern. Wer schließlich gelernt hat, immer wieder innezuhalten, um einen gewissen Abstand zu gewinnen (2.1) – so wie der Maler vor seinem Bild –, der kennt das Potenzial, das im Innhalten liegt, und der wird gerne seine Geschäftigkeit immer wieder unterbrechen, weil er aus Erfahrung weiß, dass er damit mehr gewinnt, als er aufgibt.

5.4 Innehalten als Kunst

Wenn es uns gelingt, nicht nur vor einer Aktivität, sondern auch in ihrem Verlauf innezuhalten – ohne äußeres Stoppen und Unterbrechen –, dann wird das Innehalten zu einer Kunst. Die Aktivität selbst bekommt eine besondere Qualität. Man findet sie im Flow des Sportlers[8] und in einem gelungenen musikalischen Geschehen, das mühelos von allein abzulaufen scheint[9] und bei dem sich eine hohe Intensität der dahinströmenden Musik mit einem offenen Lauschen des Musikers verbindet. In diesem Zusammenhang wird oft von einer eigenartigen Mischung aus Aktivität und Passivität gesprochen.[10]

Der scheinbare Widerspruch, ein hochgestecktes Ziel zu verfolgen und gleichzeitig nicht dem Zielstreben zu verfallen, ist das eigentliche Thema in der Zen-Kunst des Bogenschießens.[11] Dieser scheinbare Widerspruch zeigt sich gerade auch in der Musik besonders deutlich. Es scheint unmöglich, einen vorgegebenen Notentext genau umzusetzen und sich gleichzeitig vom Wollen und Bemühen fast vollständig zu lösen. Und doch ist genau das der Weg zu einer lebendigen Musik, die im Gegensatz zu einem computergesteuerten Abspielen des Notentextes steht.

Am einfachsten lässt sich vielleicht beim Laufen die Bedeutung des Innehaltens während der Aktivität verstehen.[12] Jeder kann den Unterschied erfahren zwischen einem zielstrebigen Laufen, bei dem der Läufer vor allem an die noch vor ihm liegende Strecke denkt und ständig das Ziel vor Augen hat, und einem Laufen, bei dem sich der Läufer wohlfühlt, die Bewegungen genießt und sich die Freiheit gibt, in jedem Moment aufzuhören oder noch eine zusätzliche Runde zu laufen.

Das Beispiel der Musik macht deutlich, dass es auf der dritten Hauptstufe vor allem um etwas geht, das nur schwer messbar, aber dennoch deutlich spürbar ist und sich den Kategorien von richtig und falsch entzieht. Wer möchte schließlich einem Konzert beiwohnen, in dem die Musik vor allem richtig gespielt wird, sich das Musizieren auf eine exakte, präzise Ausführung reduziert und die Musiker mit hochroten Köpfen angestrengt ihrer Tätigkeit nachgehen. Präzision und eine genaue Umsetzung des Notentextes sind die natürliche Grundlage der Musik. Das Innehalten der dritten Stufe ermöglicht es, ohne die äußere Form zu vergessen, sich darüber hinaus dem Inhalt der Musik zuzuwenden:

3. Vom Innehalten geformtes Handeln –
eine kreative Kraft kann durch uns wirken.
3.1 Handeln im Innehalten
3.2 Handeln mit bewusster Ausrichtung

Am Beispiel des Laufens lässt sich auch der Unterschied zwischen diesen beiden Stufen verstehen: Die oben beschriebene Freiheit im Laufen, die mit Genuss und Wohlfühlen verbunden ist, entspricht dem Innehalten auf der Stufe 3.1. Zusätzlich lässt sich das Laufen durch eine bewusste Ausrichtung erleichtern, auch „Running tall" genannt. Es bedeutet: sich nach oben ausrichten, ohne sich nach oben zu drücken.[13] Das entspricht der Stufe 3.2.

Experiment: Es soll im Folgenden um eine sehr einfache Bewegung gehen: das Öffnen einer Tür. Da wir einer solchen Tätigkeit normalerweise wenig Beachtung schenken, lässt sich bei diesem Experiment viel über Aufmerksamkeit lernen.

(a) Gehen Sie zu einer Tür. Nehmen Sie den Reiz, den der Türgriff darstellt, wahr. Wenn Sie sich der Tür mit dem Vorsatz nähern, sie zu öffnen, wirkt der Türgriff „anziehend". Es entsteht eine Neigung, sich im Oberkörper etwas zusammenzuziehen, um den Türgriff zu fassen (Stufe 1.2 und 2.1).

(b) Reagieren Sie nicht auf den Türgriff, sondern bleiben Sie nahe genug vor ihm stehen, um allein durch eine Bewegung des Unterarms aus dem Ellenbogen heraus den Türgriff mit der Hand erreichen zu können (Stufe 2.2).

(c) Legen Sie jetzt die Hand auf den Türgriff und öffnen Sie die Tür. Nehmen Sie dabei wahr, welche Bewegung die Türklinke erlaubt: Es ist nur eine Rotationsbewegung möglich. Das Gleiche gilt für die gesamte Tür: Sie kann sich nur in den Angeln bewegen. Da es also eine vorgegebene Bewegung gibt, stellen Sie sich vor, dieser nur zu folgen – sowohl beim Drehen der Türklinke als auch beim Aufschwenken der Tür (Stufe 3.1). Ihre Hand umschließt dabei sanft den Türgriff. Handgelenk, Ellenbogengelenk und Schulter sind frei und durchlässig (Stufe 3.2).

(d) Wiederholen Sie das Ganze und achten Sie zusätzlich darauf, dass Sie während der Bewegung lang und weit im Oberkörper bleiben, das heißt, sich nicht verkürzen und von der Türklinke anziehen lassen (Stufe 3.2).

Auswertung: Haben Sie völlig neue Sinneseindrücke durch das „Erforschen" der Tür erlebt? Haben Sie sich während des Experimentes starr oder fest gefühlt? Das wäre ein Zeichen dafür, dass Sie die bewusste Ausrichtung der Stufe 3.2 als ein direktes Tun und Festhalten missverstanden haben. So etwas geschieht zu Beginn sehr oft, da unsere Neigung zum Tun so groß ist. Aus diesem Grund wird die Alexander-Technik vor allem im Einzelunterricht vermittelt.

Falls Sie ein solches Vorgehen für übertrieben halten, bedenken Sie bitte das Folgende: Erste Übungen in Achtsamkeit sind wie das Bewegungslernen des Babys oder wie die ersten Lernschritte auf einem Musikinstrument. Es gibt bei jedem einzelnen Schritt so viele neue Eindrücke, dass das langsame Vorgehen zu einer besonders reichen Erfahrung führt. Je vertrauter uns das Innehalten und die eigene Ausrichtung werden, desto einfacher wird solch ein bewusstes Handeln und desto weniger ist im Detail zu bedenken.

Die Ausführlichkeit in der Beschreibung des Experiments dient auch dazu, die Unterschiede der verschiedenen Stufen zu verdeutlichen. Tatsächlich hängen die verschiedenen Stufen eng zusammen und wirken als ein Gesamtgeschehen. Die interessanten Fragen, die sich dabei stellen, sind: Auf wie vielen Stufen hat das Innehalten stattgefunden? War es nur ein anfängliches Abwarten? Hat sich unsere Wahrnehmung dabei geöffnet? Hat das Innehalten die nachfolgende Handlung beeinflusst und hat diese die ganze Tiefe der sechs Stufen besessen? In dieser Weise nähern wir uns einer immer umfassenderen Erfahrung.

5.5 Stille und Kreativität

Die genannten Stufen werden im Falle des spirituellen Suchers und des künstlerisch tätigen Menschen besonders deutlich. Die Tiefe zeigt sich in der Spiritualität vor allem als die Verbindung mit einer lebendigen Stille, die den Hintergrund des Lebens bildet, und im künstlerisch tätigen Menschen besonders als ein offenes Tor zur wahren Kreativität. Die drei Hauptstufen nehmen dabei besonders ausgeprägte Formen an:

	Spiritueller Sucher	Künstlerisch Schaffender
Stufe 1	Meditation	Den Kontakt mit der Stille pflegen, Förderung der kreativen Kraft durch offene Wahrnehmung eines Kunstwerks und der Natur.
Stufe 2	Achtsamkeit, Weisheit: Der Weise lässt sich nicht hinreißen, er wartet, bevor er reagiert.	Vor dem Schaffensprozess gilt es, in Kontakt mit der Kreativität zu kommen.
Stufe 3	Der Marktplatz als Letztes der zehn Ochsenbilder[14] im Zen, Zen-Kunst des Bogenschießens[15], Meister Eckhart: *...aber Ruhe zu haben in einem mühevollen Leben, das ist das Allerbeste.*[16]	Gestalten im Kontakt mit der Inspiration, kein abschweifendes Denken, intensiv der Musik lauschen, die Hand führen lassen.

Auch hier gibt es zahlreiche Berührungspunkte und Gemeinsamkeiten. Künstler finden oft durch Meditation und spirituelle Sichtweisen einen anderen Zugang zur Kreativität. Ebenso erleben spirituelle Sucher den Kontakt mit der Stille in der Ausübung einer künstlerischen Tätigkeit. In der Zen-Tradition hat sich diese Verwandtschaft schon vor langer Zeit in der Kunst der Tuschmalerei und des Blumensteckens zu einem eigenen Übungs-Weg entwickelt.

All dies zeigt, wie eng Stille und Kreativität zusammenhängen. Sie sind die Grundpfeiler der Entfaltung des Menschen und geben dem Leben Tiefe. So können Elemente aus spirituellen und künstlerischen Wegen einem Menschen zu wichtigen Hilfen dafür werden, sein Menschsein und sein inneres Wesen zu erleben.

Ausblick 5
Innehalten – die Tiefe im Sein

Wenn wir uns durch die Stille mit dem Formlosen verbinden, leben und schaffen wir aus diesem heraus. Im Kontakt mit dem Sein zu leben ist das Ziel der spirituellen Suche. Schaffen aus dem Sein ist das Ziel einer wahren Kreativität, die die Enge der bestehenden Formen verlässt, um Neues und zugleich zeitlos Schönes in die Welt zu bringen.

Der Weise und der spirituelle Lehrer erkennen das Formlose in der Form und bringen damit das Formlose in die Welt. Der Künstler arbeitet in vergleichbarer Weise, wenn das Formlose durch ihn wirkt, während er die Form erschafft. Er wird dann zum Instrument. Das schöpferische Sein führt ihn und leitet sein Schaffen.

Das Sein, das Formlose, enthält alle Möglichkeiten. Es ist der Urgrund, aus dem alle Form entspringt. Die Form ist eine Art Ausprägung des Formlosen, es ist eben eine Form, die das Formlose gerade annimmt. Insofern entspringt sie dem Formlosen, ist jedoch gleichzeitig auch eine Einschränkung, denn es ist nur eine Realisation der unendlichen Möglichkeiten, die im Formlosen enthalten sind.

Je mehr wir in der Form verhaftet sind, desto weiter entfernt leben wir von der Quelle, dem Formlosen. Im Menschen hat dies Verhaftetsein in der Form viele Ausprägungen: starre Gewohnheiten oder ein dominantes Ego sowie die Identifikation mit materiellen Dingen, mit Besitz, mit Fähigkeiten oder mit etwas Erreichtem. Diese enge Bindung an die Form hält uns in der horizontalen Ebene fest und verhindert so, dass wir die vertikale Dimension der Tiefe erleben.[1]

Es geht jedoch nicht darum, sich von der Form abzuwenden, denn dies kann dazu führen, dass wir dem Leben den Rücken kehren. Askese und Kasteiung wurden traditionell als Wege zu Gott angesehen. Doch gerade strenge Regeln können sich leicht in eine starre Form verwandeln und das Erleben des Formlosen behindern. Wenn wir hingegen lernen, das Formlose in der Form zu erkennen, können wir die Tiefe der vertikalen Dimension auch in der Form erleben. Besonders leicht geschieht das im Kontakt mit der Natur. Daher sind Wanderungen ein so wichtiges Mittel zum Erleben dieser Tiefe.

Betrachten wir unser Leben als eine Form, die das Formlose für eine gewisse Zeit durch uns annimmt, so lassen sich zwei gegensätzliche Wege vorstellen, die unsere Entwicklung nehmen kann. Sie kann im Laufe der Zeit immer starrere Gewohnheiten ausbilden, wobei sich die Form, als die wir existieren, immer weiter verfestigt. Im Gegensatz dazu kann eine Entwicklung, die durch Innehalten und Wahrnehmen bestimmt ist, uns offener und freier von starren Mustern werden lassen.[2] Dann ist das Formlose gegenwärtiger in unserem Leben.

Dem spirituellen Sucher und dem künstlerisch Schaffenden stellen sich die Fragen nach starren Mustern, Form und Formlosigkeit besonders nachdrücklich. Es gibt zahllose Geschichten, besonders im Zen, in denen ein spiritueller Sucher sich durch starre Muster und ein festes Gebäude aus Vorschriften und Gedanken zu einer unbeweglichen Form verhärtet. Ganze religiöse Institutionen sind oft von einer solchen Entwicklung geprägt, verbunden mit einer starken Abwehrhaltung gegenüber einem freien, nicht erstarrten Leben und Denken. In dem Moment, wo wir in Mustern erstarren, verlieren wir uns in der Form und verlieren den Kontakt zum Formlosen.

Zeigt sich dem spirituellen Sucher die Verbindung mit dem Formlosen in einem freudigen Sein, so zeigt sie sich dem künstlerisch Schaffenden vor allem in seiner Kreativität. Ist ein Schaffender mit seinen starren Gewohnheiten der Form verhaftet, so kann er nur mithilfe seines Verstandes, auf der horizontalen Ebene der Formen, aus bekannten Formen neue erzeugen. Doch diesen fehlt die Tiefe der vertikalen Dimension. Wahre Kreativität hingegen entspringt dem Formlosen. Ist der Schaffende mit dem Sein verbunden, so fließt die schöpferische Kraft des Formlosen durch ihn hindurch. Aus dem Formlosen entsteht dann etwas zeitlos Frisches, dem man seine Herkunft aus der kraftvollen Präsenz anmerkt. Es erinnert uns an die Tiefe des Daseins und kann den Betrachter oder Hörer mit dem Formlosen in Kontakt bringen.

Der spirituelle Sucher und der künstlerisch Schaffende sind Archetypen, die auch in unserem Leben gegenwärtig sein können.[3] Sie stehen für die Suche nach dem Sinn des Lebens, unsere Verbindung mit dem Urgrund und für das schöpferische Gestalten aus diesem Urgrund heraus. Wenn es uns gelingt, beiden Archetypen Raum in unserem Leben zu geben, sind wir in zweifacher Weise mit dem Sein und dem Formlosen verbunden. Die horizontale Ebene der Form und die vertikale Dimension des formlosen Seins begegnen sich in uns.

Sich der Tiefe im Leben ergeben.

Überblick 5

Innehalten ist ein Prozess ungeahnter Tiefe. Dabei kann Ruhe zu tiefer Stille, Freiraum zu wahrer Kreativität und kurzes Pausieren zu bewusster Ausrichtung werden. Je weiter wir gehen, desto geheimnisvoller und erfüllender wird ein Geschehen, das auf dem Innehalten aufbaut. Wir öffnen eine Tür zu ungeahnten Möglichkeiten.

Übungen zur Vertiefung 5

1) Experimentieren Sie mit dem Zeichnen. Sie können Bleistifte oder Ölkreide verwenden. Am besten eignen sich allerdings wohl Pinsel und schwarze Farbe, denn hier ist oft ein einziger Strich schon ausdrucksvoll. Lassen Sie sich durch die einfachen, aus einer einzigen Bewegung entstehenden Bilder des Zen (die bekannten Kreise) inspirieren.[1] Versuchen Sie nichts Besonderes zu erreichen, denn es geht nicht um das Ergebnis (das fertige Bild), sondern um das Innehalten, also um den Prozess der Entstehung. Üben Sie dabei die sechs Stufen. Sie nehmen hier etwa folgende Form an:

1.1 Stille erleben

1.2 die Leere auf dem weißen Blatt wahrnehmen

2.1 den Stift oder den Pinsel fassen und in sich hineinhorchen

2.2 noch nicht handeln, sondern weiter im Kontakt mit der Stille sein (dies ist kein einfaches Abwarten, denn Sie halten sich die Möglichkeit offen, gar nicht zu zeichnen)[2]

3.1 den Stift oder die Feder führen, ohne etwas erreichen zu wollen

3.2 dabei unangestrengt aufrecht sein, ohne den Atem anzuhalten

2) Finden Sie selber Beispiele für die sechs Stufen – vielleicht sogar aus Ihrem Alltag (Beruf, Haushalt, Hobby, Sport, Musik usw.)

3) Welche Stufen sind Ihnen bereits vertraut und welche noch fremd?

4) Welche Stufen beobachten Sie bei Kindern unterschiedlichen Alters?

5) Welche Stufen können den Umgang besonders mit den eigenen Kindern bereichern und sich förderlich auf ihre Entwicklung auswirken?

Teil III
Innehalten lernen und vertiefen

Teil 3 | Innehalten lernen und vertiefen

Abschnitt 6
Achtsamkeit, Balance und Aufrichtung

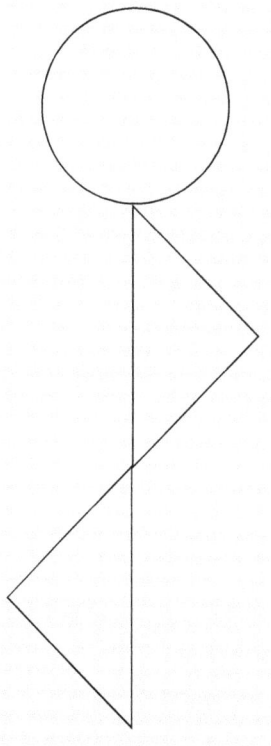

Einblick 6
Feste Reaktions-, Denk- und Handlungsmuster

Gerald Hüther zeichnet in seinen Vorträgen ein eindrucksvolles Bild des Potenzials, das im Gehirn angelegt ist, und der im Vergleich dazu bescheidenen Verwirklichung dieser Möglichkeiten. Seine Darstellung lässt er bisweilen in der Zuspitzung münden, dass wir alle nur eine Kümmerversion dessen sind, was aus uns hätte werden können.[1] Er hat dabei das immense Überangebot an Verschaltungen im Auge, das unser Gehirn in den ersten Lebensjahren bereitstellt und von dem im Laufe der Jahre mehr und mehr wieder verschwindet, denn, so betont er immer wieder, das Gehirn entwickelt sich so, wie es gebraucht wird.

Die Hirnforschung ist heute der Ansicht, dass selbst so grundlegende Muster wie das Atemmuster gelernt werden, und zwar größtenteils schon vor der Geburt. Indem der Embryo im Mutterleib das Fruchtwasser, das sich in seinen Lungen sammelt, immer wieder aus seinem Körper presst, entstehen im Gehirn nach und nach die Verknüpfungen für das Atmen.[2] Auch die Areale für die Bewegung der Arme und Beine bilden sich durch vorgeburtliche Bewegungen aus. Der Körper und die Körpererfahrung prägen also das Gehirn. Diese Prägung hat in den alten Teilen – besonders im Stammhirn – ein Leben lang Bestand. Im entwicklungsgeschichtlich neuen Gehirn – besonders in der präfrontalen Rinde – sind Veränderungen und damit Lernprozesse ein Leben lang möglich.

Betrachten wir die entstehenden Muster etwas genauer. Die Nervenzellen im Gehirn bilden ein unüberschaubares Netzwerk von Verbindungen. Eine Aktivität im Gehirn besteht aus einem Erregungsmuster in diesem Netzwerk. Wird eine Nervenzelle angeregt, so gibt sie diese Erregung an andere Zellen weiter. Einzelne Zellen oder Netzwerke von Zellen, die häufig zusammen „feuern", bauen ihre Verknüpfungen aus.[3] So entstehen aus einfachen Verbindungen immer breiter ausgebaute Nachrichtenbahnen. Bildlich gesprochen werden aus Feldwegen mit der Zeit Autobahnen.[4] Obwohl solche erlernten Muster notwendig sind und viele Vorteile bieten, schränken sie uns doch auch ein. Ein Mensch verliert dadurch seine Flexibilität und Offenheit, er wird zum „Gewohnheitstier".

Breit ausgebaute Signalbahnen entsprechen fest eingeprägten Mustern. Die entsprechenden Reaktionen bekommen etwas Zwangsläufiges. Wird ein gewisses Anfangsmuster angeregt, liefern die breit ausgebauten Signalbahnen eine automatische Reaktion. Eine bestimmte Wahrnehmung oder ein bestimmter Gedanke führen dann stets zu der gleichen Reaktion. Wir werden dabei zu Sklaven der Muster, die wir uns im Laufe der Jahre eingeprägt haben.[5] Ein besonders eindringliches Beispiel dafür liefert F.M. Alexander, der die nach ihm benannte Alexander-Technik entwickelte, nachdem er als Rezitator Probleme mit seiner Stimme bekommen hatte. Sein Wunsch zu rezitieren wirkte als Reiz, der ein umfangreiches Spannungsmuster in ihm auslöste. Da dieses Muster einen festen Bestandteil seiner Reaktion bildete, bemerkte er es erst, als er sich mithilfe mehrerer Spiegel beim Sprechen genau beobachtete.[6] Auch wir sind uns meist nicht bewusst, wie sehr wir in festen Mustern reagieren. Eine bestimmte Situation, unsere gewohnte Umgebung oder der Kontakt zu einem anderen Menschen wirken dabei als Reiz und lösen zwangsläufige Reaktionen aus. Nur gelegentlich, bei besonders starken Reaktionen, werden uns diese Zusammenhänge deutlich. Der Ausdruck „Jemand hat meine Knöpfe gedrückt" beschreibt zutreffend einen Vorgang, bei dem ein kleiner Auslöser eine heftige Reaktion hervorruft. Wir funktionieren in einem solchen Geschehen wie Automaten, bei denen durch Knopfdruck ein bestimmtes Programm gestartet wird. Natürlich hat das Lernen in Form abgespeicherter Muster seinen Sinn und spielt bei komplexen Tätigkeiten eine wichtige Rolle. Es ermöglicht uns beispielsweise, sicher und entspannt Auto zu fahren. Auch beim Spielen eines Musikinstruments können sich musikalische Gestaltung und offenes Lauschen nur auf der Basis eingeübter und automatisierter Bewegungsabläufe einstellen. Erst wenn geeignete Muster, Achtsamkeit und Spontanität zusammenkommen, entfaltet der Mensch sein Potenzial und werden ungewöhnliche Leistungen möglich. Ein besonders schönes Beispiel dafür liefert uns Eugen Herrigels Bericht über seinen Unterricht im Bogenschießen.[7]

Doch wenden wir uns noch einmal den Nachteilen routinemäßigen Handelns zu. Die oben genannten Beispiele für automatische Reaktionen stellen nur die Spitze eines Eisbergs dar. Tatsächlich ist unser Leben so weitgehend von automatisierten Handlungen und gewohnten Denkmustern bestimmt, dass wir die meiste Zeit mehr einem Automaten als einem bewussten Wesen gleichen. Wenn wir beispielsweise Auto fahren, so sind fast alle damit verbundenen Handlungen derart automatisiert, dass wir kaum bewusstes Handeln dafür benötigen.[8] Das unbewusste Dahinfahren scheint oft sogar begleitet zu sein von ebenso fest eingeprägten Mustern des Vor-sich-hin-Denkens. Dabei verbindet sich die alte Neigung des Gehirns zur Musterbildung, die die früheren Stufen der Evolution einzig und allein geprägt hat, mit der Möglichkeit des Menschen, zu planen und zu reflektieren, in unvorteilhafter Weise. Denn in einem Leben, das sich fast ausschließlich in automatischen Mustern abspielt, kann sich die Fähigkeit des Menschen, sich zu fokussieren und achtsam zu sein, nicht entfalten.

Es bedarf offenbar einer Intention – einer Aktivität in der präfrontalen Rinde –, um ein Leben in Achtsamkeit – ebenfalls eine Aktivität der präfrontalen Rinde – zu führen.[9] Auch dies lässt sich trainieren.[10] Häufig wiederholte Achtsamkeitsübungen werden mit der Zeit immer müheloser und führen zu einem ständig erhöhten Grad von Achtsamkeit. Auch beim Auflösen alter Muster brauchen wir häufige Wiederholungen des Neuen, um neue Wege und Verbindungen im Gehirn entstehen zu lassen. Die bisherigen Kapitel haben bereits zahlreiche Übungsmöglichkeiten und Anhaltspunkte für einen solchen Entwicklungsprozess geliefert. Da, wie oben beschrieben, unser Gehirn vom gesamten Körper geprägt wird, sind Methoden wie die Alexander-Technik, die eine bewusste Steuerung des Körpers lehren und neue Körpererfahrungen vermitteln, dabei besonders effizient.[11]

Kapitel 6
Alexander-Technik: Innehalten als Übungsweg

Man geht nie weiter, als wenn man nicht mehr weiß, wohin man geht.
Goethe, Maximen und Reflexionen

Die größten Schwierigkeiten liegen da, wo wir sie nicht suchen.
Goethe, Wilhelm Meisters Wanderjahre, Aus Makariens Archiv

Das Was bedenke, mehr bedenke Wie.
Goethe, Faust II, 2. Akt, Laboratorium

6.1 Die Arbeit mit Denk- und Handlungsmustern

Zu dem Lernprozess in Heinrich Jacobys[1] Kursen gehörte es, die eigene „unzweckmäßige Reaktionsweise"[2] sowie die damit verbundenen Denk- und Handlungsmuster wahrzunehmen. Er lehrte die Kursteilnehmer nicht so sehr, wie sie etwas anders *machen* sollten, sondern vielmehr, wie sie das Störende in ihren Verhaltensweisen auflösen konnten, indem sie durch „Aufgeschlossenheit" und „Gehorsam" der Aufgabe gegenüber[3] offen für eine angemessene Reaktionsweise wurden. Es handelt sich dabei um eine Qualität im Handeln, die sich als „Nicht-Tun" beschreiben lässt.[4] Ein solches Vorgehen setzt eine erhöhte Wahrnehmung unserer Innenwelt voraus. Es setzt voraus, dass wir unsere Denk- und Verhaltensmuster nicht nur kennen, sondern auch in *dem* Moment bemerken, wo sie unsere Reaktionsmöglichkeiten einschränken. Wir werden in den folgenden Abschnitten mit der Alexander-Technik eine Methode kennenlernen, die genau diesen Ansatz verfolgt und das Innehalten erlebbar macht. Innehalten wird hier zum eigentlichen Lerninhalt.

Die Arbeit mit Handlungsmustern stellt den Menschen als denkendes, fühlendes und bewusst handelndes Wesen ins Zentrum der Aufmerksamkeit. Haben wir bisher vor allem die Wahrnehmung unserer Innen- und Außenwelt betrachtet, so führt uns die Arbeit von F.M. Alexander zu dem Verbindungsglied beider Welten. Unsere Aufmerksamkeit kann sich dabei ein neues Feld erschließen: unseren Körper und seine natürliche Koordination. Da unsere Koordination auch Einfluss auf unsere Wahrnehmung hat, kann diese sich in mehrfacher Weise vertiefen:

- als sinnliche Wahrnehmung der Außenwelt,
- als kinästhetische Wahrnehmung des Körpers und Achtsamkeit in Bewegungen und
- als Wahrnehmung unserer Innenwelt, die durch Planen, Wollen und Wünschen unser Handeln bestimmt.

Unser Körper verbindet uns mit der Welt. Als Akteur ist er Teil der Außenwelt und als Quelle unserer sinnlichen Wahrnehmung und unseres Fühlens gleichzeitig auch Teil unserer Innenwelt. Wir leben und erfahren unser Leben durch unseren Körper. Unser Gehirn wird in seiner Entwicklung wesentlich durch unseren Körper geprägt.[5] Gerald Hüther betont in seinen Vorträgen immer wieder, wie wichtig es ist, Menschen, die in ungünstigen Verhaltensmustern feststecken, neue Erfahrungen zu vermitteln, um Entwicklungsmöglichkeiten zu schaffen. Solche Erfahrungen müssen den Körper mit einbeziehen – mehr noch, sie lassen sich am besten über den Körper vermitteln.[6] Tatsächlich ist die Verbindung von Körper, Erleben, Empfinden, Gehirn und Denken derart eng, dass eine angemessene Beschreibung der Zusammenhänge und Entsprechungen nahezu unmöglich erscheint. F.M. Alexander hat schon vor über 100 Jahren erkannt, dass Körper, Geist, Fühlen und Denken eine untrennbare Einheit bilden. Er nannte sie „psychophysisch"[7], um anzudeuten, dass es irreführend ist, sich körperliche und geistige Aktivitäten getrennt vorzustellen, denn tatsächlich gibt es nur Aktivitäten, die beides umfassen. Die Schwierigkeit, diesen Sachverhalt sprachlich auszudrücken, zeigt, wie sehr wir auch durch unsere Sprache daran gewöhnt sind, Körperliches und Geistiges als getrennt zu betrachten.

Nahezu alle praktischen Übungswege, wie Mystik und Zen, die sich den uralten Menschheitsfragen zuwenden und die uns zur lebendigen Wahrnehmung des Hier und Jetzt leiten, führen über die Körperwahrnehmung in die Präsenz. Daher ist die genannte mittlere Ebene der Wahrnehmung – des Körpers und der Bewegung – von entscheidender Bedeutung für unser persönliches Wachstum, für unsere „Entfaltung", wie Jacoby es nannte.

6.2 F.M. Alexander und seine Experimente

Der Begründer der Alexander-Technik scheint bis zu seinen einschneidenden Entdeckungen vor allem ein unermüdlicher Arbeiter gewesen zu sein. Er hat die Forschungen, die zu diesen Entdeckungen führten, nicht freiwillig unternommen. Frederick Matthias Alexander (1869–1955) wuchs auf in einem Land der Pioniere – Tasmanien, südöstlich von Australien –, zu einer Zeit des Aufbruchs und der beschleunigten industriellen Entwicklung. In Michael Blochs Biografie begegnen wir einem Mann, der neben einer erfolgreichen Tätigkeit als Buchhalter und einigen Nebenbeschäftigungen seiner Leidenschaft als Schauspieler und Rezitator nachging.[8] Diese Leidenschaft entwickelte er zu einer professionellen Tätigkeit. Doch am Ziel seiner Wünsche angekommen, am Beginn einer vielversprechenden Bühnenkarriere, litt er zunehmend unter Heiserkeit.

Als seine Stimmprobleme allen Träumen ein Ende zu bereiten schienen, sah er sich gezwungen, neue Wege zu beschreiten. Was tut ein Mann, der im zielstrebigen Agieren verhaftet ist, wenn eine unsichtbare Barriere ihn am Fortkommen hindert? Er resigniert oder beginnt wieder von vorne, um das unbekannte Hindernis zu erforschen. Alexander wählte die zweite Möglichkeit und experimentierte: Mithilfe mehrerer Spiegel beobachtete er seine Bewegungen beim Sprechen und Rezitieren genau. Als er entdeckte, dass er besonders beim ausdrucksvollen Sprechen – dem Rezitieren – den Hals anspannte, den Kopf nach hinten und unten zog und sich im Rücken verkürzte, vermutete er in dieser unbewussten Reaktion die Ursache seiner Heiserkeit.

Nachdem Alexander vergeblich versucht hatte, seine Haltung beim Sprechen direkt zu verändern, ging er dazu über, die ihm sinnvoll erscheinenden Korrekturen nur zu denken, statt sie tatsächlich vorzunehmen. Er hatte erkannt, dass es anscheinend nicht darum ging, etwas zusätzlich zu tun oder anders zu machen, sondern darum, etwas Störendes nicht zu tun. Die *Anweisungen* oder *Direktiven,* die er sich gab, sollten die für sein Sprechen schädliche Reaktion verhindern.[9] Daher dachte er:

- *Hals frei,* um der Anspannung im Hals vorzubeugen,
- *Kopf nach vorne und oben,* um nicht unbewusst den Kopf nach hinten und unten zu ziehen,
- *Rücken lang und weit,* um den Rücken nicht zu verkürzen.

Damit hatte er zielstrebiges Tun durch Achtsamkeit für das Geschehen im Körper ersetzt. Doch das allein schien nicht auszureichen. Obwohl seine Stimme zwischenzeitlich Fortschritte erkennen ließ, gab es doch immer wieder Rückschritte, die ihn veranlassten, sich wieder genauer im Spiegel zu beobachten. Überrascht musste er feststellen, dass die anfangs entdeckten Muster immer noch da waren. Jetzt erst sah er die ganze Macht seiner Gewohnheiten und ging ihren Ursachen auf den Grund.

Er erkannte, dass der Mensch trotz seiner geistigen Fähigkeiten nicht in der Lage ist, eine ihm vertraute Handlung in einer neuen, ungewohnten Weise auszuführen. Den Grund dafür sah er in automatisierten Reaktionen – er sprach von instinktiver Steuerung –, welche die Oberhand gewannen, sobald er vom Wunsch zu sprechen geleitet war. Da sich diese eingeschliffenen Muster zudem noch richtig anfühlten – denn die gewohnte Art zu rezitieren war mit einem vertrauten Körpergefühl verbunden – schienen erneut unüberwindliche Hindernisse ihm den Weg zu versperren. Doch anstatt weiterhin zu versuchen, sein Sprechen mit den bisherigen Mitteln zu verändern und damit ohnmächtig gegen die Hindernisse anzurennen, entdeckte er nach und nach den Wert des Innehaltens für sein Vorhaben.

Er analysierte die Situation und erkannte, dass er im entscheidenden Moment, in dem er sprechen wollte, meist immer noch der Macht der Gewohnheit – d.h. der instinktiven Steuerung – folgte, die offenbar stärker war als seine neue, bewusste Ausrichtung mithilfe der Direktiven (siehe oben).[10] Das Rezitieren wurde dabei zu einem Ziel, das seine Reaktion bestimmte und alle Vorbereitungen für eine neue Ausrichtung zunichtemachte. Er nannte ein solches Vorgehen „Zielstreben" (endgaining) und erkannte, wie sehr es uns in gewohnten Reaktionsmustern gefangen hält.

Alexander, ein Mensch, dessen Leben bisher anscheinend eher von rastlosem Tun geprägt war und der zu Ungeduld und Temperamentsausbrüchen neigte, hält also inne, um die Situation mit Abstand zu betrachten. Er erkennt die Nutzlosigkeit weiterer Sprechversuche und macht nun das Innehalten zum eigentlichen Gegenstand seiner Übungen. Er experimentiert monatelang damit, sich nur die Direktiven – die Anweisungen für Hals, Kopf und Rücken – zu geben, ohne etwas zu tun.[11]

Natürlich konnte das nicht die endgültige Lösung sein. Irgendwann musste der bewussten Neuausrichtung das Sprechen folgen. Doch genau hier hatte es stets ein Bruch in seinem Vorgehen gegeben, weil er sich in diesem Moment vom Wunsch zu sprechen hatte leiten lassen. Dieser Wunsch jedoch ließ ihn in sein altes Muster abgleiten. Um diesen Bruch zu kitten, erweiterte er sein Innehalten: Zu dem Innehalten vor dem Sprechen kam jetzt ein Innehalten im Moment des Sprechens. Bevor wir uns diesem zuwenden, fassen wir Alexanders Vorgehen kurz zusammen. Es lassen sich drei Stufen des Innehaltens erkennen – die letzte ist die erwähnte Erweiterung:[12]

- Wie beschrieben, hält er während seines Experimentierens immer wieder inne, um die Situation zu analysieren.[13]
- Er kommt dabei an einen Punkt, an dem er jedes Tun aufgibt, um allein das Geben der Anweisungen zu trainieren.[14]
- Schließlich verbindet er das Innehalten mit dem Tun: Indem er sich immer wieder neu entscheidet, ob er die geplante Handlung ausführen

will, und dabei innerlich mit den Anweisungen in Kontakt bleibt, entsteht Wahlfreiheit, die ihn vom Zielstreben befreit.[15]

Alexanders eigener Bericht über diesen Lernprozess zeigt, wie das Innehalten für ihn zunehmend an Bedeutung gewann, bis er es in seiner ganzen Tiefe begreifen konnte. Obwohl die zweite Stufe ihn mehr und mehr mit dem Geben der Anweisungen vertraut machte, hatte er beobachtet, dass im entscheidenden Moment, wenn er mit dem Sprechen beginnen wollte, die alten Muster oftmals doch wieder aktiv wurden. Erst als er das Innehalten als Wahlfreiheit[16] praktizierte und den Kontakt zu den Anweisungen nicht verlor, konnte er Kontrolle über seine Reaktionsweise erlangen und war in der Lage, sein Sprechen von allen störenden Einflüssen zu befreien.

Wahlfreiheit bedeutet in diesem Fall: Nachdem Alexander sich eine Weile die vorbereitenden Anweisungen für Hals, Kopf und Rücken gegeben hatte, stellte er sich vor die Wahl *zu sprechen, etwas anderes zu tun oder sich weiterhin nur die Anweisungen zu geben.*[17] Und erst als er das Gefühl hatte, mit den Anweisungen für Hals, Kopf und Rücken hinreichend gut in Kontakt zu sein, erlaubte er sich zu sprechen und blieb während des Sprechens weiter im Kontakt mit den Anweisungen.

6.3 Zielstreben und Gewohnheiten

Innezuhalten und wahrzunehmen, wann wir ins Zielstreben verfallen, bildet die Grundlage der Alexander-Technik. Dabei werden Innehalten und Zielstreben in einem umfassenderen Sinne verstanden als sonst üblich. Wie Alexanders Experimente zeigen, hält uns das direkte Ansteuern eines Ziels in gewohnten Mustern gefangen. Das Innehalten hingegen öffnet ein Fenster für eine Neuausrichtung mithilfe der Direktiven. Man wird allerdings erst dann innehalten und sich neu ausrichten, wenn man das eigene Zielstreben bemerkt und es als ungünstiges Verhalten erkennt.[18]

Bei vielen Menschen weckt der Begriff Zielstreben zu Recht positive Assoziationen: Ist jemand zielstrebig, so hat er ein Ziel klar vor Augen und lässt sich nicht davon abbringen. Dies scheint die Voraussetzung für Erfolg zu sein. Auch Alexander besaß offenbar eine solche Zielstrebigkeit. Über Jahre verfolgte er das Ziel, Rezitator zu werden. Selbst als seine Stimmprobleme ihn veranlassten, die Art und Weise, wie er seine Stimme gebrauchte, zu untersuchen und damit zu experimentieren, verfolgte er trotz zahlreicher Rückschläge beharrlich sein Ziel, wieder ungestört von Heiserkeit rezitieren zu können. Genau dabei entdeckte er jedoch die Schattenseite des Zielstrebens. Denn die scheinbar übermächtige Neigung, beim Handeln direkt das gewünschte Ziel anzusteuern, erwies sich als Haupthindernis bei seinem Lernprozess.

Das langfristige und konsequente Verfolgen von Zielen scheint nützlich und vielfach vorteilhaft zu sein. Nur sind damit oftmals ungünstige Verhaltensweisen verbunden, die uns hindern, das angestrebte Ziel zu erreichen. In diesem Sinne wird „Zielstreben" in der Alexander-Technik gebraucht. Um diese ungünstigen Verhaltensweisen bei uns selbst besser zu erkennen, können wir drei verschiedene Arten unterscheiden, in denen das Zielstreben immer subtilere Formen annimmt:

- Das Verfolgen eines Ziels bringt uns in Zeitdruck, wir hetzen uns und sind gestresst. Zwei Beispiele dafür haben wir im Kapitel 4.3 kennengelernt: das Eilen zum Bahnhof und das Erreichen eines Busses im Getümmel einer hektischen Großstadt.
- Wir haben ein Ziel vor Augen und verfolgen es in verbissener Weise. Wir leiden zwar nicht unter Zeitdruck, doch der Drang zum Ziel lässt uns nicht nach rechts und links schauen: Ein Beispiel dafür haben wir in Kapitel 2.2 kennengelernt und gesehen, wie ein solches Verhalten unsere Hirnaktivität einschränkt: das Experiment der Neurologen, bei dem das Gehirn eines Mannes beobachtet wird, der im Rahmen einer Computersimulation ein Auto über eine Rennstrecke steuert.
- Wir bemühen uns in einer Aktivität um ein gutes Resultat, vielleicht sogar ohne äußeren Druck, und merken nicht einmal, wie sehr unser

Wollen und Bemühen uns behindert. Ein Erfahrungsbericht dazu ist in Kapitel 4.6 zu finden: Mein Klavierspielen war früher von ehrgeizigen Projekten und von zu viel Anstrengung geprägt. Erst das langsame und leise Üben und die Alexander-Technik halfen mir, übermäßige Muskelspannungen zu lösen und freier zu spielen. Ein anderes Beispiel liefert Alexanders Experimentieren: Sein Rezitieren war geprägt von einer Fokussierung auf das Ergebnis. Erst das Innehalten ermöglichte ihm, sich mit Hilfe der Anweisungen neu auszurichten.

Während die ersten beiden Formen uns leicht auffallen können, ist die letzte oft nur schwer zu entdecken. Unser Bemühen und unsere Ausrichtung auf ein Ergebnis sind derart normal, dass sie weder von uns, noch von einem ungeschulten Beobachter bemerkt werden. Wir werden von frühester Kindheit an zu dieser Art von Zielstreben angeleitet. Bereits wenn ein Kind malen oder schreiben lernt, wird seine Leistung nach dem Resultat – der Zeichnung, der Schrift oder der Rechtschreibung – beurteilt und nicht nach der Art und Weise, wie sie zustande gekommen ist. Diese Ergebnisorientierung macht uns alle mehr oder weniger zu „Zielstrebern", die sich angestrengt um gute Ergebnisse bemühen.

Ein jahrelanges Bemühen – ein angestrengtes Zielstreben –, das in einigen Aktivitäten stärker ausgeprägt sein mag als in anderen, führt mit der Zeit zu ungünstigen Gewohnheiten. Diese behindern uns und schränken unsere Leistungsfähigkeit ein. Gewohnheiten sind Verhaltensmuster, die bei dem Gedanken an eine Handlung etwa so ausgelöst werden, wie man ein Computerprogramm durch einen Mausklick startet.[19] Das letzte Kapitel hat gezeigt, wie hartnäckig – im wahrsten Sinne des Wortes – solche Gewohnheiten sind. Für Alexander fühlte sich seine gewohnte Weise zu sprechen derart vertraut und richtig an, dass ihn sein Wunsch zu rezitieren lange Zeit unweigerlich in das alte Muster zurückfallen ließ. Erst als er erkannte, wie fest seine gewohnheitsmäßige Reaktion an seinen Wunsch zu rezitieren gekoppelt war, konnte er das Innehalten als Weg zur Lösung seiner Stimmprobleme begreifen.

Auch Heinrich Jacoby arbeitete in seinen Kursen mit den Gewohnheiten und Verhaltensmustern seiner Teilnehmer. Diese Muster betrafen das musikalische Hören, das Musizieren, das Zeichnen, das Unterrichten und ganz allgemein den Kontakt mit anderen Menschen. Protokolle seiner Kurse[20] zeigen, wie er durch Gespräche und Vorträge in den Teilnehmern ein Verständnis für ihre Denk- und Handlungsmuster wachsen ließ und wie er sie vom direkten Tun und Erreichen-Wollen nach und nach befreien konnte. Viele dieser Texte zeigen eine große Nähe zur Alexander-Technik, auch wenn Heinrich Jacoby im Gegensatz zu F.M. Alexander kein explizites Verfahren zum Innehalten und zur Neuausrichtung lehrte. Jacoby veränderte die Situation, indem er den Reiz änderte, der zu einem gewohnheitsmäßigen Verhaltensmuster führte. Dies geschah dadurch, dass er die Sicht der Teilnehmer auf eine Situation oder Aufgabenstellung veränderte, aber auch dadurch, dass er den Teilnehmern andere, nämlich „zweckmäßige" Aufgabenstellungen[21] gab. Insgesamt lehrte Jacoby seine Teilnehmer, mit einer Aufgabe „in Kontakt zu kommen" und sich von ihr gleichsam leiten zu lassen – d.h. sich von der Aufgabe das angemessene Verhalten „mitteilen" und sich dabei „verwandeln" zu lassen.[22] Dies ist ein Weg, der vom zielstrebigen Tun zum Wahrnehmen und sich verbindenden, offenen Da-Sein führt.

6.4 Innehalten und Direktiven

Alexanders Erfahrungen beim Experimentieren mit seiner Stimme sind deswegen besonders wertvoll, weil sie ein nahezu universelles Muster ans Licht bringen. Denn fast alle Menschen zeigen bei den unterschiedlichsten Aktivitäten des täglichen Lebens mehr oder weniger deutlich ausgeprägt ein solches Spannungsmuster. Daher können die von Alexander verwendeten Direktiven jedem Menschen helfen, sich von ungünstigen Reaktionsmustern zu befreien.

Am deutlichsten ziehen wir beim sogenannten Schreckmuster, unserer körperlichen Reaktion auf einen Schrecken, unseren Kopf nach hinten und verkürzen unseren Rücken. Die Anspannung beginnt im Hals und breitet sich im ganzen Körper aus. Dabei halten wir die Luft an und ziehen die Schultern nach oben. Erleben wir Stress und sind unter Zeitdruck, so zeigt sich dieses Muster in milderer Form. Aber auch beim Essen, Sprechen, Aufstehen und Hinsetzen oder beim Gehen neigen die meisten Menschen dazu, den Hals zu verkürzen und den Kopf nach hinten zu ziehen.[23]

Je intensiver und je länger wir bestimmten Aktivitäten nachgehen, umso deutlicher nehmen wir die Folgen unserer Muster als dauerhafte Verspannungen wahr. Sitzen wir am Computer, so werden wir durch starkes Fokussieren auf Bildschirm und Tastatur nach vorne und unten gezogen. Ähnlich wie beim Schreckmuster verkürzt sich dabei der Hals, besonders im Nacken, in einer Weise, dass der Kopf nach vorne geschoben und der hintere Teil des Kopfes nach hinten und unten gezogen wird. Auch beim Spielen eines Musikinstrumentes führen technische Schwierigkeiten oder ein intensiver musikalischer Ausdruck zu einem vergleichbaren Muster, das obendrein noch durch Verspannungen in den Schultern verstärkt wird.

All diese Beispiele zeigen, wie normal es für uns heutige Menschen geworden ist, den Hals zu verkürzen und den Kopf nach hinten zu ziehen. Es ist derart zur Normalität geworden, dass wir es weder bei uns noch bei anderen Menschen bemerken. Geschieht es über Jahre hindurch, so verkürzen sich die entsprechenden Muskeln mehr und mehr, die Krümmung der Halswirbelsäule nimmt immer weiter zu und die Spannungen werden chronisch, sodass im Alter der Hals zwischen dem Kopf und den dauerhaft angespannten Schultern zu verschwinden scheint.

Die beschriebene Entwicklung ist jedoch weder zwangsläufig noch natürlich. Bei einem Ausstieg aus alten Bewegungs- und Haltungsmustern lässt sie sich sogar umkehren.[24] Denn sie ist genauso wenig naturgegeben wie unsere Rastlosigkeit, unser Stress und unsere Neigung, beständig den Kopf in den Nacken zu ziehen. Vielmehr sind all diese Erscheinungen charakteristisch für eine Lebensweise, durch die wir immer weiter den Kontakt zu unserem Ursprung – der Quelle tiefer Lebendigkeit – verlieren.

Einige der früheren Kapitel[25] haben uns bereits den Weg zu einer stärkeren Verbundenheit mit unserem *Sein* gewiesen: Er führt über das Innehalten und die Achtsamkeit des wachen Beobachters, der nicht urteilt, sondern nur wahrnimmt, und der den gegenwärtigen Moment als tiefe Lebendigkeit erlebt, zu wachsender Präsenz. Das Innehalten, wie wir es in den Kapiteln 2 bis 4 kennengelernt haben, bekommt durch die Direktiven der Alexander-Technik eine noch konkretere und umfassendere Bedeutung. In Verbindung mit den Direktiven wird es zu einem anschaulichen und klaren Übungsweg und wird dadurch leichter praktizierbar und erlebbar. Denn die Anweisungen für Hals, Kopf und Rücken ergänzen die Wahrnehmung unserer inneren und äußeren Welt und bilden einen klaren Rahmen für das Üben.

Halten wir inne und geben uns die Direktiven, so lenken wir unsere Aufmerksamkeit vom Ziel weg auf den gegenwärtigen Augenblick. Beim Gehen mag das Ziel ein Berg, der Bahnhof oder auch nur die andere Straßenseite sein, beim Klavierspielen mag es der besondere Ausdruck, das fehlerfreie Spiel oder das Überwinden einer technischen Schwierigkeit sein. Was es auch sei, stets führen uns das Innehalten und die Aufmerksamkeit für Hals, Kopf und Rücken weg vom Vorwärtsstreben oder Bemühen hin zu uns selbst und zu den Mitteln, durch die allein wir das gewünschte Ziel ohne ungünstige und störende Reaktionsmuster erreichen können.

Je häufiger wir innehalten, um uns Direktiven zu geben, desto leichter gelingt es uns, auch in schwierigen Situationen bei uns zu bleiben. Je öfter wir die Direktiven anwenden, desto selbstverständlicher werden sie für uns. Das Geben der Anweisungen macht das Innehalten zu einem kraftvollen, sehr konkreten Werkzeug, das mit der Zeit immer leichter handhabbar wird. Der wache Beobachter – die Achtsamkeit in uns – kann wachsen und sich entwickeln.

6.5 Natürliche Koordination und Primärkontrolle

Halten wir inne und geben uns die Direktiven, so erhöht sich die Qualität unseres Lebens, denn wir sind tiefer und tiefer mit dem lebendigen Augenblick und damit mit dem Geheimnis des Lebens verbunden. Doch kann es einige Zeit dauern, bis wir diesen Zusammenhang erleben. Wenn wir Unterricht in Alexander-Technik nehmen, werden wir zunächst vor allen Dingen bemerken, wie sich die Qualität unserer Handlungen verbessert und wir aufgerichteter durchs Leben gehen. Denn das Ziel des Unterrichts ist neben einer bewussten Steuerung vor allen Dingen eine natürliche Koordination.

Was es bedeutet, in natürlicher Weise aufgerichtet zu sein und sich ungestört zu bewegen, können wir bei kleinen Kindern im Alter von zwei bis drei Jahren beobachten. Sie zeigen eine Mühelosigkeit, Leichtigkeit und Effektivität in ihren Bewegungen und in ihrer Aufrichtung, die uns staunen lassen. Wie sehr uns Erwachsenen diese Leichtigkeit oftmals fehlt, bemerken wir erst, wenn wir wieder etwas davon zurückgewinnen und dem natürlichen Balancezustand des Körpers wieder näher kommen.

Die natürliche Balance unseres Körpers zeigt sich vor allen Dingen in einem frei auf dem Hals balancierenden Kopf. Diese freie Balance des Kopfes ist die Voraussetzung für unsere natürliche Aufrichtung und beeinflusst das reibungslose Funktionieren unseres Körpers in vielfältiger Weise. Alexander hatte bei seinen Experimenten die Erfahrung gemacht, dass seine Stimmprobleme verschwanden, wenn es ihm gelang, den Kopf nicht nach hinten zu ziehen. Er bezeichnete die Balance des Kopfes auf der Wirbelsäule daher als Primärkontrolle.

Betrachten wir die Lage des Kopfes etwas genauer: Das Kopfgelenk, durch das der Kopf mit der Wirbelsäule verbunden ist, befindet sich etwa in der Mitte zwischen den Ohrläppchen. Es liegt damit auf der Höhe der Nasenspitze. Von diesem Gelenk aus betrachtet, hat der Kopf ein Übergewicht nach vorne, d.h. der vordere Teil des Kopfes besitzt eine größere Masse als der hintere. Das Übergewicht wird idealerweise durch die tiefe Nackenmuskulatur ausgeglichen. Dies ist die natürliche, freie Balance des Kopfes auf der Wirbelsäule.[26]

Wenn wir erkennen, wie wichtig die ungestörte Balance des Kopfes auf der Wirbelsäule ist, sind wir in einer ähnlichen Lage wie ein Kellner, der ein Tablett mit Getränken durch ein überfülltes Lokal trägt. Obwohl er auf keinen Fall etwas verschütten möchte, hilft es ihm wenig, sich „festzumachen" und ängstlich zu verspannen, vielmehr muss er durchlässig und umsichtig sein Ziel ansteuern, ohne das Balancieren dabei zu vergessen. Doch anders als das aktive Balancieren des Kellners, gleicht die Balance unseres Kopfes einem ungestörten Geschehenlassen. Alles andere erzeugt Unruhe und wäre nicht natürlich. Statt zu versuchen, unseren Kopf aktiv zu balancieren, geht es darum, durch Innehalten und Geben der Anweisungen die freie Balance des Kopfes auf der Wirbelsäule – ein reflexartiges Geschehen – nicht zu stören.

Unser hektisches Treiben, ständiger Zeitdruck, unser Zielstreben und ein ängstliches, oft sorgenvolles Denken unterscheidet unser Leben von dem der Tiere. Sie lassen uns erkennen, was Leichtigkeit und Balance in Haltung und Bewegung bedeuten. Frei von grübelnden Gedanken leben sie im Einklang mit dem gegenwärtigen Moment. Besonders Katzen zeigen uns in ihrer Grazie die besondere Bedeutung der Kopfbalance bei der Bewegung. Der Kopf geht der Bewegung stets voran und leitet dabei Bewegungsänderungen ein. Ein Pferd wird daher vom Reiter unter anderem über die Zügel durch Einwirkung auf die Kopfbalance gesteuert. Dabei wird der erfahrene Reiter, die für das Pferd unnatürliche Situation des Reitens, durch Unterstützung der natürlichen reflexartigen Vorgänge im Hals- und Kopfbereich auszugleichen suchen.

Die freie ungestörte Balance des Kopfes auf der Wirbelsäule ist auch für den Menschen ein zutiefst natürlicher Zustand, den wir jedoch keinesfalls mehr wie im Tierreich als selbstverständlich voraussetzen können. Zahllose Funktionen unseres Körpers werden automatisch – reflexartig – gesteuert. Sie bilden die Grundlage unseres Lebens und unserer Koordination. Diese Mechanismen haben sich im Laufe einer langen Evolution entwickelt und finden sich daher auch bei vielen Tieren.[27] Eine ungestörte Primärkontrolle – die Balance des Kopfes auf der Wirbelsäule – ist die Voraussetzung für das reibungslose Funktionieren dieser Mechanismen.

Der Begriff „Primärkontrolle" bezieht sich in erster Linie auf einen bestimmten Zustand der Halsmuskulatur und nicht so sehr auf die Position des Kopfes. Innehalten bedeutet, aus dem Weg zu treten, um die Mechanismen der Kopfbalance und unsere natürliche Aufrichtung ungestört arbeiten zu lassen. Sie sind unser Erbe der Evolution[28] und ein Schatz, der uns das Leben sehr erleichtern kann. Die Kunst, im Einklang mit unserer Natur zu leben, besteht darin, sich dieses kostbare Erbe von den Reizen einer geschäftigen Umwelt nicht nehmen zu lassen.

6.6 Unterricht

Erlernen kann man die Alexander-Technik am besten im Einzelunterricht. Dies ist die angemessene Form, die Alexander selbst entwickelt hat, denn das Lernen erfolgt vor allem durch Erfahrungen, die der Lehrer durch seine Hände vermittelt. Dadurch werden das Innehalten und die Direktiven zu erlebbaren Prozessen, die mehr und mehr Bedeutung bekommen, und zu Werkzeugen, die der Schüler – wir sprechen in der Alexander-Technik von Lehrer und Schüler – mit der Zeit immer selbständiger anwenden kann.

Im Unterricht wird mit einfachen Bewegungen wie Aufstehen, Hinsetzen, Gehen, aber auch mit Sitzen, Stehen und Liegen experimentiert. Man schafft also eine Art Laborsituation, in der einfache Alltagssituationen in exemplarischer Weise genutzt werden, um dem Schüler eine neue Art von natürlicher Koordination und damit verbunden eine bewusste Steuerung zu vermitteln.

Die natürliche Koordination zeichnet sich dadurch aus, dass wir in allen Situationen den Körper lang und weit sein lassen, uns also nicht zusammenziehen. Der Schüler lernt im Alexander-Unterricht, wie sich die Aktivitäten des Alltags ohne störenden zusätzlichen Muskelaufwand ausführen lassen – ohne den Hals anzuspannen, den Kopf in den Nacken zu ziehen und den Rücken zu verkürzen. Positiv ausgedrückt bedeutet das, in allen Aktivitäten den Hals frei sein zu lassen, damit der Kopf eine Richtung nach vorne und oben haben und der Rücken lang und weit sein kann – wobei der Kopf ungestört auf der langen Wirbelsäule balanciert. Außerdem lernt der Alexander-Schüler, vor und während den Bewegungen, den Knien eine Richtung nach vorne und voneinander weg zu geben, damit die Hüftgelenke zum Freisein eingeladen werden. Auch die Schultern bekommen besondere Aufmerksamkeit. Indem er sie „weit denkt" und nach außen zeigen lässt, lernt der Alexander-Schüler, sie nicht festzuhalten oder nach oben zu ziehen. Als Ergebnis erhält man freiere Gelenke und einen Oberkörper, der von der Wirbelsäule und der tief liegenden Muskulatur getragen wird. Die äußeren Muskelschichten, die zur Bewegungsmuskulatur gehören, können loslassen, da sie von der Aufgabe, uns aufrecht zu halten, entbunden werden. Daraus resultiert eine tiefere, freiere Atmung.

Experiment: Pressen Sie ihre Oberarme seitlich an die Rippen und beobachten Sie ihre Atmung. Lassen Sie diese Spannung los und stellen Sie sich vor, wie ihre Arme – wie bei einer Marionette – durch Fäden ein klein wenig zur Seite, weg von ihrem Körper, gezogen werden. Wie verändert sich Ihre Atmung? Wahrscheinlich haben Sie bemerkt, wie flach und beschwerlich das Atmen durch das Anpressen der Arme wird. Konnten Sie befreiter als sonst atmen, als Sie sich die Marionettenfäden vorstellten?

Mit dem Experiment haben wir eine erhöhte Muskelspannung am Brustkorb simuliert. Wenn wir ständig in einem angespannten Zustand sind, nehmen wir weder die Verspannung noch die eingeschränkte Atmung wahr. Wir können allerdings eine größere Freiheit und Leichtigkeit erleben, wenn sich lang anhaltenden Verspannungen lösen. Ein ähnliches Phänomen kennen viele vom Wandern mit einem Rucksack. Wenn wir einige Zeit lang unterwegs gewesen sind, spüren wir vielleicht noch die Riemen des Rucksacks auf unseren Schultern, doch sein Gewicht spüren wir nicht. Wie viel Last wir tatsächlich getragen haben, bemerken wir erst in dem Moment, in dem wir den Rucksack absetzen und plötzlich ein Gefühl großer Leichtigkeit verspüren.

Indem der Lehrer die Bewegungen des Schülers führt, wird das Innehalten zu einem konkreten, anschaulichen Geschehen. Der Schüler gibt dabei die Initiative für die Bewegung ab – er hält inne und steht vom Wollen zurück – und übernimmt dafür mehr Verantwortung für seine bewusste Ausrichtung mithilfe der Direktiven. In dieser Weise erlebt der Schüler das Innehalten, und er lernt, die Direktiven anzuwenden. Was als Konzept interessant erscheinen mag, gewinnt im Unterricht anhand des häufigen Erlebens eine klare Bedeutung und wird damit zu praktischer Erfahrung.

6.7 Beispiele für spezifische Anwendungen

Die folgenden Beispiele stehen stellvertretend für alle möglichen Alltagssituationen, aber auch für besondere im Berufsleben oder in der Freizeit intensiv ausgeübte Aktivitäten. Die Alexander-Technik kann jede scheinbar unbedeutende Handlung des Alltags zu einem interessanten Experiment und zu einer Achtsamkeitsübung machen.[29] Sie kann aber auch dabei helfen, besondere Aufgaben, die in unserem Leben eine wichtige Rolle spielen, koordinierter und damit erfolgreicher und körperschonender anzugehen. An anderer Stelle habe ich Aktivitäten wie Klavierspielen[30], Gehen, Laufen, Sitzen und Meditieren[31] eingehender untersucht und dargestellt, wie sich ihre Qualität durch die Alexander-Technik grundlegend verändern lässt. Hier folgen drei weitere Beispiele dafür, wie wir uns bewusst neu ausrichten können.

Schwimmen

Der Schwimm- und Alexander-Lehrer Steven Shaw hat eine Methode entwickelt, die er in dem Buch „The Art of Swimming" und in einem Film beschreibt. Am deutlichsten unterscheidet sich sein Unterricht im Brustschwimmen von den herkömmlichen Herangehensweisen.[32] Die meisten Menschen halten beim Brustschwimmen den Kopf über Wasser, indem sie ihn sehr stark nach hinten ziehen und dabei den hinteren Bereich des Halses zwischen Hinterkopf und Halswirbelsäule zusammenpressen. Andere schwimmen in sportlicher Weise, tauchen nach jedem Schwimmzug mit dem Kopf zu einer kurzen Gleitphase ins Wasser und ziehen dann zum Luftholen den Kopf kurz und kräftig in eben beschriebener Weise nach hinten.

Wenn wir erkannt haben, wie wichtig die Primärkontrolle für unsere Koordination ist, werden wir nach einer Möglichkeit suchen, die Halsmuskulatur beim Schwimmen weniger anzuspannen und den Kopf nicht so stark nach hinten zu ziehen. Darauf hat Steven Shaw seine Unterrichtsmethode ausgerichtet. Sein Film zeigt, wie er seinen Schülern zu Beginn eine lange Gleitphase lehrt, bei der sie ausgestreckt auf dem Wasser liegen – mit den Händen über dem Kopf und den Blick auf den Grund des Schwimmbeckens gerichtet. Mit seinen Händen gibt er ihnen im Nacken-Kopf-Bereich einen Impuls, der die Idee vermittelt, dass der Kopf die Bewegung anführt.

Verstehen wir das Brustschwimmen als eine lange Gleitphase, die durch Schwung gebende Schwimmzüge unterbrochen wird, bei denen der Kopf leicht aus dem Wasser gehoben wird, so bekommt es einen meditativen Charakter: Wir lassen uns von der Auftriebskraft des Wassers tragen, „denken" uns durch Geben der Anweisungen lang und weit und machen ab und zu Schwimmzüge, um voranzukommen und zu atmen. Dies kann ohne gewaltsames Zurückziehen des Kopfes geschehen. Denn wenn wir bereits unter Wasser ausatmen, brauchen wir den Kopf zusammen mit den Schultern durch den Schwimmzug nur ein wenig aus dem Wasser zu heben, um ohne Hast die Luft einströmen zu lassen.

Schwimmen ist auch deshalb eine so wichtige und lehrreiche Erfahrung, weil hier unsere Bewegungsrichtung mit der Richtung unserer Wirbelsäule übereinstimmt. „Der Kopf führt und der Köper folgt" ist ein Leitspruch der Alexander-Technik. Er gilt für fast alle Bewegungen, ist aber beim Krabbeln auf allen vieren und beim Schwimmen besonders eindrücklich zu erleben, da der Kopf in der Bewegungsrichtung vorangeht. Dabei stimmt die Richtung „oben" – aus der Anweisung „Kopf nach vorne und oben" – mit der Bewegungsrichtung überein. In der beschriebenen Weise wird das Schwimmen tatsächlich zu einer urgesunden Aktivität, bei der wir keine Verspannungen aufbauen. Wir können das Element Wasser bewusst erleben, indem wir uns von ihm tragen lassen, schwerelos dahingleiten und spüren, wie das Wasser an unserem Körper entlangströmt.

Arbeiten am Computer

Die meisten Menschen kennen das Sitzen nur in zwei Formen: sie sitzen zusammengesackt, oder sie richten sich auf, indem sie sich vom Becken aus nach oben drücken und sich so mühsam aufgerichtet halten. Mithilfe der Alexander-Technik können wir lernen, in natürlicher Weise aufgerichtet zu sitzen: auf den Sitzhöckern ruhend, von innen heraus durch die tief liegende Muskulatur und die Wirbelsäule getragen. Die Sitzhöcker können wir auf einem ungepolsterten Stuhl spüren, wenn wir einen Zustand zwischen dem Zusammensacken und dem forcierten Nach-Oben-Drücken wählen. Das in dieser Weise ruhende Becken und der auf der Wirbelsäule balancierende Kopf ermöglichen die Entfaltung einer inneren Dynamik im Rücken, den wir als von innen gestützt und getragen erleben können.

Haben wir das natürliche Aufrecht-Sein im Sitzen gelernt, so können wir uns beobachten und beginnen, uns bewusst auszurichten. Im Alltag sind wir allerdings in den meisten Situationen im Sitzen unbewusst nach vorne und unten orientiert. Egal ob wir am Esstisch, am Klavier, lesend am Schreibtisch oder an einem Computer sitzen, stets sind wir vom Essen, der Tastatur, dem Buch oder dem Bildschirm angezogen. Dies gilt es wahrzunehmen und sich – durch die Direktiven – neu auszurichten.

Besonders beim Arbeiten mit einem Computer verlieren wir uns nur allzu leicht in der Welt unserer Gedanken und Vorstellungen – und in der virtuellen Welt des Computers. Wir sind dabei nicht mehr im Kontakt mit uns selbst und mit unserem Körper. Indem wir uns ganz auf das Geschehen auf dem Bildschirm konzentrieren, verlässt die wache, natürliche Lebendigkeit, die aus bewusstem Dasein und Handlungsbereitschaft entsteht, unseren Körper. Als Folge davon erschlaffen viele unserer Muskeln, während andere sich durch zu starke Konzentration und Starren auf den Bildschirm verspannen.

Eine bewusste Ausrichtung vor dem Computer kann uns helfen, bei uns und damit im Ganzen lebendiger zu bleiben. Doch geht es auch darum, ein Erstarren in der Arbeitssituation zu vermeiden. Dazu ist es hilfreich, unsere Position bewusst zu ändern: Aufrecht balancierendes Sitzen kann mit aufgerichtetem Anlehnen und kurzen Rundgängen im Zimmer abwechseln. Wer die Möglichkeit zu solch kleinen Rundgängen hat, wird erfahren, wie belebend, lösend, aber auch produktiv sie sein können. Setzen wir uns in Bewegung, so löst sich oft auch unser erstarrtes Denken und die Gedanken beginnen wieder freier zu fließen.[33]

Die beschriebenen Maßnahmen sind Formen des Innehaltens. Sie sind geeignet, eine festgefahrene, überfokussierte Betriebsamkeit aufzulösen. Auch das offene Schauen – wie in Abschnitt 2.4 beschrieben – hilft, dem Starren auf den Bildschirm und der zu starken Konzentration vorzubeugen. Statt unbewusst zum Opfer der Computerarbeit zu werden, können wir sie in der beschriebenen Weise als ein Experimentierfeld erleben. Ein Computer stellt einen starken Reiz dar, sich darin zu verlieren und zu überfokussieren. Wenn wir dies erkennen, wächst unsere Wachsamkeit. Wir können so die Situation vor einem Computer als Herausforderung begreifen, auch unter erschwerten Bedingungen das Innehalten nicht zu vergessen.

Spielen eines Musikinstruments

Beim Musizieren ist das Innehalten von besonderer Bedeutung. Es gilt, hochkomplexe Bewegungsabläufe häufig mit äußerster Schnelligkeit ablaufen zu lassen. Eine etwas zu große oder unnötige Bewegung und ein bisschen zu viel Aufwand können die geforderte Ausführung einer Passage unmöglich machen. Aber auch dem musikalischen Ausdruck kommt das Innehalten zugute. Ein wunderbares Beispiel dafür ist der Pianist Arthur Rubinstein.[34] Filmaufnahmen im Internet oder auf DVD zeigen eine Art innige Intensität, die aus einer tiefen Stille, einer scheinbaren Zurückhaltung und aus noblen, sparsamen Gesten entsteht. Es hat den Anschein, als hielte er beim Spielen beständig inne, um der Musik zu lauschen.

Teil 3 | Innehalten lernen und vertiefen

Indem die Alexander-Technik vor allen Dingen das Innhalten lehrt, hilft sie dem Musiker, die Balance zwischen Tun und Nicht-Tun zu finden. Studierende und Lernende neigen meist dazu, mit zu viel Aufwand und Anspannung zu spielen. Ihnen bietet das Innehalten große Entwicklungsmöglichkeiten. Erfahrene Meister besitzen entweder so wie Wunderkinder eine natürliche Anlage zum Innehalten oder sie haben es sich durch jahrelanges Training angeeignet. Innehalten bedeutet dabei die Fähigkeit, auch auf einen sehr großen Reiz in angemessener Weise, ohne unnötigen Aufwand, zu reagieren. Denn ein Musikstück zu spielen, mit all seinen technisch-manuellen Anforderungen und seiner musikalischen Intensität, stellt einen besonders großen Reiz dar. Dieser verführt uns dazu, in angestrengter Weise mit Schwierigkeiten zu kämpfen und krampfhaft etwas „auszudrücken", statt uns von der Musik leiten zu lassen.

Das Innehalten ist in der Alexander-Technik mit einer bewussten Ausrichtung verbunden. Sie ist beim Musizieren deshalb so wichtig, weil uns viele Instrumente eine starke unbewusste Ausrichtung nach vorne, manche auch nach vorne und unten, vermitteln, was durch jahrelanges Üben zu Haltungsschäden und Erkrankungen des Bewegungsapparates führt. Da der Körper beim Musizieren sehr aktiv ist, überwiegt im Vergleich zur Computerarbeit eine mehr angespannte und angestrengte Haltung. Die Schultern sind bei vielen Musikern durch die manuell-technischen Anforderungen, aber auch durch das Halten des Instruments verspannt. Bei Instrumenten wie dem Klavier richtet sich der Spieler durch Noten und Tastatur – wie beim Computer – unbewusst nach vorne und unten aus. Beim Spielen der meisten anderen Instrumente lässt sich eine starke unbewusste Orientierung nach vorne erkennen. Bei Blasinstrumenten entsteht sie durch die Neigung, mit dem Mund zum Mundstück zu gehen, bei Instrumenten wie dem Cello oder dem Kontrabass durch die Lage der Saiten.

Insgesamt hilft die Alexander-Technik dem Musiker dabei, während des Spielens lang und weit zu bleiben, sich nicht zusammenzuziehen und anzuspannen. Für eine solch natürliche, unverkrampfte Spielweise ist

Rubinstein mit seinen natürlichen, ungestörten Bewegungsabläufen ein gutes Beispiel. Wird die Alexander-Technik beim Instrumentalspiel angewendet, so können die Anweisungen für Hals, Kopf und Rücken ergänzt werden, durch die Anweisung „Schultern weg voneinander", „Ellbogen weg voneinander" – ohne die Ellbogen unnötig anzuheben –, „Ellbogen weg von den Daumen" und „Handgelenk frei". Insbesondere beim langsamen Üben der Stücke lässt sich das Geben der Anweisungen gut trainieren. Dadurch wird die bewusste Ausrichtung beim Spielen zunehmend selbstverständlich. Langsames Üben hilft außerdem, das Innehalten zur Grundeinstellung beim Musizieren werden zu lassen. Entwickeln wir in dieser Weise unsere Aufmerksamkeit und das Innehalten, so gewinnen wir mehr und mehr die Fähigkeit, der Musik zu lauschen, ihren natürlichen Fluss nicht zu stören und sie ungehindert geschehen zu lassen.

6.8 Alexander-Technik im Alltag – ein Übungsweg

Das westliche Denken, das so gerne teilt und einteilt, neigt dazu, auch das Leben in Gegensätzen zu sehen: Arbeit und Freizeit, Alltag und Urlaub, Meditationszeit und geschäftiges Leben, Zeit für stille Achtsamkeit und Zeit, in der Dinge erledigt werden müssen. Die Alexander-Technik eignet sich geradeso wie Zen dazu, den Alltag zum Übungsweg zu machen und so die genannten Gegensätze aufzuheben oder wenigstens zu mildern. Denn Achtsamkeit und innere Stille können alle Situationen unseres Lebens durchziehen und uns ganz wach und wahrhaft lebendig werden lassen. Dabei kann das Arbeiten mit den Anweisungen die einfachsten Tätigkeiten in interessante „Aktivitäten" verwandeln und das Präsent-Sein allem, was wir tun, einen neuen Sinn geben.

Spezifische Anwendungsgebiete für die Alexander-Technik mögen uns besonders am Herzen liegen. Manchmal sind es lieb gewordene Freizeitbeschäftigungen wie Tennis, Tanzen, Reiten, Golf oder das Spielen eines Musikinstruments, bei denen unsere Koordination eine wichtige Rolle spielt.

Manchmal prägen solche besonderen Aktivitäten unseren Beruf. Sie eignen sich hervorragend als Experimentierfeld, um körperliche Belastungen abzubauen, unser Leistungsvermögen zu steigern und uns selbst, unsere Reaktionsweisen sowie die Alexander-Technik immer tiefer zu verstehen. Dabei können in dem jeweiligen Feld wichtige Entwicklungsschritte eingeleitet und ein großes Potenzial freigelegt werden. Das eigentliche Feld der Alexander-Technik ist jedoch der Alltag.

Woran denken Sie bei „Alltag"? An „Routine", „immer das Gleiche", „Unlust" oder „lästige Pflichten"? „Alltag" scheint für die meisten Menschen einen negativen Beigeschmack zu haben. Doch diese Vorstellung ist nicht der tatsächliche Alltag, der sich Moment für Moment erleben lässt, sondern zunächst einmal nur unsere Interpretation davon. Statt „Alltag" mit „alle Tage sind gleich" zu assoziieren, könnten wir uns genauso gut vorstellen, dass in der Einfachheit des *All*tags alles Leben, alle Lebendigkeit bereits enthalten ist. Sogar das Universum – das All – findet sich im Alltag.

Im Zen ist die Aufwertung des Alltags zum *All*tag durchaus üblich. So verglich der Zenmeister Willigis Jäger am Ende eines Sesshins – einige Tage in Stille und Meditation – dieses gerne mit einem Trainingslager, das die Teilnehmer auf die kommenden Wettkämpfe – gemeint ist der Alltag – vorbereitet. Dabei wird der Alltag zum Übungsweg, der die Übung aus den Tagen der Stille fortsetzt. Es ändert sich auf einem solchen Weg nicht nur die Einstellung zum Alltag, sondern das Leben an sich, indem die eingeübte Achtsamkeit wie ein Licht des Bewusstseins die ansonsten trüben oder übervoll geschäftigen Tage erhellt und mit innerer Freude und Sinnhaftigkeit erfüllt.

Die zahlreichen Parallelen zwischen Zen und Alexander-Technik habe ich an anderer Stelle ausführlich dargestellt.[35] Hier möchte ich nur darauf hinweisen, dass auch die Alexander-Technik mit Achtsamkeit arbeitet und im Laufe der Zeit tief greifende Veränderungen im Menschen ermöglicht. Da sie keine besonderen Übungen lehrt, sondern vielmehr den grundsätzlichen „Gebrauch des Selbst"[36], eignet auch sie sich in besonderer Weise

Innehalten | Die Tiefe des Lebens entdecken

für einen Übungsweg, der den Alltag mit einbezieht und dadurch unser Leben verwandeln kann. Doch *wie* kann die Alexander-Technik so grundlegende Veränderungen in unser Leben bringen? Zum einen gelangen wir zu einer günstigeren, natürlichen Koordination all unserer Bewegungen und zu einer natürlichen Aufrichtung, zum anderen können wir durch das mit einer bewussten Ausrichtung verbundene Innehalten achtsamer durchs Leben gehen. Tatsächlich hängt beides zusammen. Unsere Aufmerksamkeit besonders für Hals, Kopf und Rücken, die durch häufiges Wiederholen der Direktiven zunimmt, verändert unsere Koordination, was wiederum zu einem neuen Körpergefühl führt, das unsere Achtsamkeit befördert.

Es eröffnet sich wie selbstverständlich ein Weg, der bereits in Kapitel 3.5 angedeutet wurde. Das Innehalten, verbunden mit dem Geben der Direktiven, macht den Alltag lebendig, indem es uns lebendig macht. Es harmonisiert unser Leben, indem es unsere Koordination harmonisiert. Einfache Alltagshandlungen werden interessant, da wir Interesse an einfachsten Bewegungen bekommen.

Wir können einfache Aktivitäten, die sonst unbewusst, d.h. gedankenverloren ablaufen, durch die Alexander-Technik zu Achtsamkeitsübungen machen. Das können das Gehen – selbst das Gehen unserer kleinen alltäglichen Wege in der Wohnung oder im Büro –, das Zähneputzen, das Abwaschen, einfach alle Aktivitäten des täglichen Lebens sein. Je einfacher und unbedeutender solche Aktivitäten erscheinen, desto leichter ist es, sie in Achtsamkeitsübungen zu verwandeln.

Es ist schwer zu beschreiben, wie tief die Auswirkungen der Alexander-Technik gehen können. Es erscheint so einfach: innehalten, Hals frei, Kopf nach vorne und oben, Rücken lang und weit – und doch ist dies eine besonders kraftvolle Form des Innehaltens, die uns mit dem Augenblick und damit mit dem Leben verbindet. Gerade durch seine Einfachheit ist das Vorgehen so wirkungsvoll, denn je einfacher und konkreter eine Achtsamkeitsübung ist, desto leichter ist es, sich daran zu erinnern und sie anzuwenden. Je häufiger dies geschieht, umso mehr erhellt das wachsende Bewusstsein unser Dasein.

Wird der Alltag in der beschriebenen Weise zum Übungsweg, so ist dies kein beschwerlicher Alltag, der mit einer Übung zusätzlich belastet wird. Im Gegenteil, getragen durch eine natürliche Aufrichtung und durchdrungen von der Lebendigkeit des Augenblicks, gewinnen wir Freiheit und Leichtigkeit. Anstatt in unseren Alltagsproblemen buchstäblich zu versinken, erfahren wir eine körperliche Aufrichtung – ein Getragensein von innen – und eine tiefere Verbindung mit der Quelle des Seins – dem gegenwärtigen Augenblick.

6.9 Mögliche Irrwege und Missverständnisse

Das Innehalten bekommt in der Alexander-Technik durch die mit ihr verbundenen Anweisungen eine Art klare Form.[37] Daraus erwachsen, wie wir gesehen haben, zahlreiche Vorteile. Darin liegt aber auch eine Gefahr, deren wir uns hier bewusst werden wollen, um ihr nicht zu erliegen. Denn das Innehalten kann irrwitzigerweise Züge des Zielstrebens annehmen, wenn das, worauf die Anweisungen hindeuten, für uns zu einem festen Ziel wird, das wir auf direktem Wege erreichen wollen. Betrachten wir diesen Umstand im Folgenden etwas näher und wenden wir uns dazu einer weiteren möglichen Verirrung zu.

Innehalten wird gelegentlich mit Unterdrücken verwechselt. Auch die Alexander-Technik kann in dieser Weise missverstanden werden. Denn es könnte der Eindruck entstehen, es ginge beim Innehalten darum, eine geplante Handlung und ein damit verbundenes Gefühl aufzuhalten, fast so, wie wenn man bei einem Schrecken plötzlich die Luft anhält und erstarrt. Das Unterdrücken ist ein Akt, der mit Anstrengung verbunden ist, so wie man Kraft braucht, um einen Ball unter Wasser zu drücken. Da das Unterdrückte sich immer wieder meldet und nach oben drängt, nimmt uns ein solches Unterdrücken Energie und lässt uns starr werden. Es ist schädlich und schränkt unsere Entwicklung ein.[38] Daher ist es wichtig zu erkennen, wann ein falsch verstandenes Innehalten zum Unterdrücken wird.

Innehalten kann – selbst beim Üben der Alexander-Technik – zum Unterdrücken und zur Anstrengung werden, wenn es nicht von offener Wahrnehmung und von Wahlfreiheit begleitet wird und wenn es feste Ansichten über Richtig und Falsch gibt. Solche Überzeugungen können Familienmustern entspringen, aber auch erworbenen Überzeugungen und Glaubenssätzen, selbst solchen, die der Besitzer für spirituell hält. In der Alexander-Technik kann die Idee einer richtigen Haltung zu einer fixen Idee werden. Einem „Innehalten", das ein festes Ergebnis vor Augen hat, fehlt Offenheit und die Freiheit, wirklich neue und ungewohnte Wege zu eröffnen. Tatsächlich nimmt es sogar Züge seines Gegenpols, des Zielstrebens, an.

Wahres Innehalten ist frei von „Du sollst" oder „Du musst", denn es führt uns heraus aus dem Zwang einengender Situationen und damit verbundener Reaktionsmuster. Indem es uns Wahrnehmung und Wahlfreiheit schenkt, ermöglicht es höhere Bewusstheit und bewusste Entscheidungen. Es ist wertfrei und dient nicht einer inneren Zensur. Es macht uns offen statt verschlossen.

Wahres Innehalten ist kein Unterdrücken. Denn es kann alles, was da ist, in das Licht des Bewusstseins stellen. Wird doch im Innehalten eine offene Wahrnehmung erst möglich. Innehalten bedeutet kein aktives Verändern, denn es lässt alles, was ist, einfach so sein. Gerade darin liegt jedoch die Kraft zur Veränderung, denn in dieser Haltung verschwinden das angestrengte Tun und die Enge des Zielstrebens.

Durch ein wirkliches Innehalten, das von den beschriebenen Verirrungen frei ist, werden die Anweisungen zu Einladungen, die das System aus Hals, Kopf und Rücken von störenden Spannungen befreien können. Dabei wird eine Offenheit in den Muskeln möglich, die dem Zielstreben fremd ist. Es scheint paradox: Wenn wir die Freiheit der Muskeln zu einem hohen Ziel machen, entfernen wir uns von ihr. Erst das Loslassen von der Ergebnisorientiertheit öffnet die Tür für Ergebnisse, die eine neue Qualität besitzen.

Wahres Innehalten unterscheidet sich vom Unterdrücken vor allem durch die Einstellung zum gegenwärtigen Moment. Während das Unterdrücken etwas, das gegenwärtig und damit Teil des Augenblicks ist, sozusagen wegdrücken möchte, führt das Innehalten ganz in den jetzigen Moment. Selbst Probleme und Sorgen, denen wir nachhängen, verlieren ihre Schwere und Last, wenn die Präsenz uns im Erleben des Augenblicks geborgen hält. In dieser Geborgenheit verlieren die Probleme und Sorgen ihre Dramatik. Sie werden zu lösbaren Aufgaben.

6.10 Innehalten und die Einheit des psycho-physischen Erlebens

Der eigentliche Grund, weshalb Innehalten und Unterdrücken in Verbindung gebracht oder gar verwechselt werden, liegt in Folgendem: Die physische Seite unseres Lebens ist stets mit der psychischen verknüpft – mehr als das, sie bilden eine Einheit. Alexander sah deshalb jede Aktivität eines Menschen als psycho-physische Aktivität. Wenn wir unsere Handlungsmuster verändern, beeinflussen wir also nicht nur die körperliche Ebene. Eine Handlung ist nicht einfach nur eine Bewegung unseres Körpers. Vielmehr ist jede Handlung von Gedanken, Emotionen und Absichten begleitet. Wir erleben jeden Moment als ein psycho-physisches Geschehen. Betrachten wir dazu ein Beispiel.

Experiment: Beobachten Sie, welche Gefühle in Ihnen auftauchen: Stellen Sie sich Ihren Schulweg vor und versuchen Sie folgende Situation noch einmal innerlich zu erleben: *Sie gehen. Sie sind auf dem Weg zur Schule.*

Auswertung: Was lösen diese wenigen Worte bei Ihnen aus? Was immer Ihre Assoziationen und Gefühle dabei sein mögen, wahrscheinlich sind sie durch das Wort „Schule" bestimmt und die Erfahrungen, die Sie in der Schule gemacht haben. Tatsächlich heißt es aber zu Beginn: „Sie gehen", und „Schule" als das Ziel des Weges steht erst am Ende des zweiten Satzes. Wenn „Schule" Ihre Vorstellung dominiert hat, so sind Sie in Ihrer Vorstellung offenbar nicht in erster Linie gegangen, sondern Sie sind in Gedanken vorausgeeilt und waren bereits in der Schule. Klar ist aber auch, dass das Gehen durch das Ziel „Schule" für Sie einen ganz bestimmten „Geschmack", eine gewisse Stimmung bekommen hat. Gerade bei einem starken Reizwort wie „Schule" ist es schwer vorstellbar, dass man auf dem Weg zur Schule einfach nur geht.

Das Gehen an sich erleben wir anscheinend selten. Vielleicht am ehesten auf einer stillen Wanderung, bei der wir innerlich zur Ruhe kommen, Zeit haben und, ohne ein bestimmtes Ziel zu verfolgen, einen Fuß vor den anderen setzen. Doch selbst dabei ist das Gehen begleitet von Gefühlen, einem seelischen Befinden, einer mehr oder weniger großen Präsenz, von Gedanken oder vielleicht auch einer gedankenfreien, offenen Leere. Gehen ist also in jedem Fall ein psycho-physisches Erleben.

Auswertung: Kommen wir noch einmal auf das Reizwort „Schule" zurück. Einige werden positive Assoziationen dabei haben, die meisten wohl eher negative. Klar ist aber, dass das Wort „Schule" als Reiz unterschiedliche Reaktionen hervorrufen kann. Einige werden an Freundschaften und lustige Gruppenerlebnisse denken. Die meisten aber wohl einen unausweichlichen Zwang damit verbinden. Stellen wir uns doch einmal vor, wir hätten in der Schule die Möglichkeit gehabt, Fächer und Lehrer in einem gewissen Rahmen frei zu wählen. Inwieweit verändert das unsere Vorstellung von Schule?

Entscheidungsfreiheit scheint ein wichtiger Bestandteil eines erfüllten Lebens zu sein. Eine Sache zu tun, für die wir uns entschieden haben, ist etwas völlig anderes, als dieselbe Sache unfreiwillig zu tun. Auch hier zeigt sich der Wert des Innehaltens. Wenn wir innehalten, um uns neu zu entscheiden, fällt es uns leichter „Ja" zu dem zu sagen, was ist. Ganz gleich, ob wir uns entscheiden, unsere äußeren Umstände zu verändern, oder ob wir uns für die Situation entscheiden, so wie sie ist, in jedem Fall kommen wir in Einklang mit dem gegenwärtigen Moment. Dadurch verändert sich unser Leben.

Ausblick 6

Innehalten und Ausrichtung – der Weg ins Sein

Im Folgenden möchte ich ein Diagramm entwerfen, auf das die Ausblicke 2, 3 und 5 bereits hingewiesen haben. In spirituellen Fragen ist ein solches Unternehmen durchaus fragwürdig, denn es schafft feste Vorstellungen, wo Offenheit gewünscht ist. Ich möchte das Risiko in Kauf nehmen, denn wir gewinnen dadurch Klarheit.

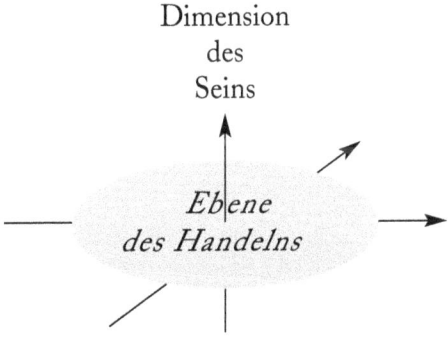

Das Diagramm zeigt einen dreidimensionalen Raum. Die „Ebene des Handelns" liegt senkrecht zur Blattebene und die „Dimension des Seins" steht senkrecht auf ihr. Ein Handeln ohne Achtsamkeit und Präsenz spielt sich ausschließlich in der „Ebene des Handelns" ab, ein reines Meditieren nur in der „Dimension des Seins". Welchen Platz haben Ausrichtung und Innehalten in diesem Bild?

Wir können drei sehr unterschiedliche Arten von Ausrichtung unterscheiden:

I eine *unbewusste Ausrichtung,* bei der wir uns beispielsweise von einem Computerbildschirm oder der Tastatur eines Instruments anziehen lassen

II eine *bewusste Ausrichtung ohne Innehalten,* die sich in einem „Du sollst" und „Du musst" zeigt und zu einem rastlosen Tun, zu einem Abarbeiten gestellter Aufgaben führt

III eine *bewusste Ausrichtung mit Innehalten,* die zur Präsenz und zum Sein führt

Eine *bewusste Ausrichtung mit Innehalten* tritt wiederum in recht unterschiedlichen Formen auf:

a als Wahrnehmung der Innen- und der Außenwelt, als Achtsamkeit für uns und unseren Körper z.B. durch die Anweisungen der Alexander-Technik, als Wahrnehmung der Lebendigkeit des Augenblicks, als Wahrnehmung der Stille, die in allem wohnt

b als Geschehenlassen: einem Handeln aus der Stille heraus

c als Intention, beispielsweise durch das Geben der Anweisungen in der Alexander-Technik

Dabei bauen die Punkte a bis c teilweise aufeinander auf: b und c enthalten bereits a.

Diese Unterteilung lässt sich wiederum mithilfe des nachfolgenden Diagramms veranschaulichen: Ein reines Ausruhen und Pausieren entspricht dem Ursprung des Koordinatensystems, in dem sich alle Achsen treffen. I und II liegen in der „Ebene des Handelns". In ihnen fehlt die Dimension des Seins. Bei III führt uns das Innehalten aus der „Ebene des Handelns" heraus: IIIa, die bewusste Ausrichtung ohne etwas zu tun, liegt auf der

Teil 3 | Innehalten lernen und vertiefen

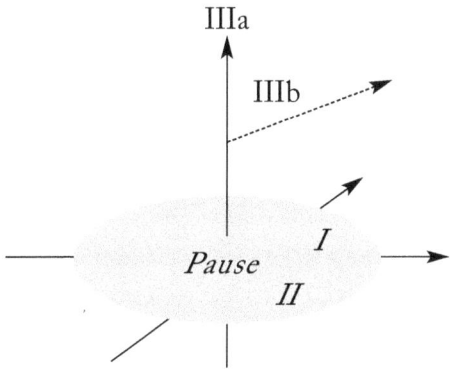

vertikalen „Achse des Seins". IIIb führt in den Raum zwischen der „Ebene des Handelns" und der „Achse des Seins" und verbindet damit Handeln und Sein. Der Raum des Handelns in Präsenz öffnet sich.

Pausieren allein führt noch nicht aus der Ebene des Handels heraus, es ist oft ein reines Abwarten. Erst eine bewusste Ausrichtung auf den Augenblick bringt uns in die Präsenz. Wer im Innehalten, also aus einer Präsenz heraus handelt, kann erleben, dass etwas wie von alleine geschieht. Das nennen wir Nicht-Tun oder Geschehenlassen.

Handeln und Sein sind also keine Gegensätze, denn das Handeln kann vom Sein durchdrungen werden. Die scheinbar polaren Zustände verschmelzen dabei durch unsere Präsenz zu einem neuen Zustand, der die Stille des Seins mit dem Wirken auf der Ebene der Formen verbindet. In ihrer reinen Form weisen Handeln und Sein jedoch in verschiedene Richtungen. Während das Handeln ohne Präsenz uns in die Welt der Formen führt, richtet uns das reine Sein auf die vertikale Achse des Formlosen aus. Ein Handeln, dem die vertikale Dimension des Seins fehlt, bewegt sich nur in der horizontalen Ebene der Formen. Ein Sein, das nicht zur Handlung wird, verbleibt im formlosen Sein.

Eine Ausrichtung, wie sie uns in den Anweisungen der Alexander-Technik begegnet, verbindet das Sein und Handeln wie ein vermittelndes Medium. Als Intention steht sie zwischen Sein und Handeln, denn sie besitzt die Stille des Seins und das Gerichtetsein des Handelns. Daher lässt sich der Punkt IIIc nicht so einfach in das Diagramm eintragen. Die Anweisungen der Alexander-Technik tauchen in der tabellarischen Übersicht zu Punkt III gleich zweimal auf. Betrachten wir als Beispiel die Anweisung „Hals frei": Sie beinhaltet eine Aufmerksamkeit für den Hals (das entspricht IIIa) und als zweites eine Intention (das entspricht IIIc).

Eine solche Ausrichtung ist kein Tun und Handeln, und doch wirkt sie auf eine Form ein, indem sie durch eine gewisse Orientierung eine Veränderung in dieser Form erzeugt. Eine solche Ausrichtung ist auch kein reines zeitloses Sein, denn sie hat eine Richtung, die in einen Prozess der Veränderung führt. Indem wir bei einer Ausrichtung „nur" denken, vermindert sich unser Drang zum angestrengten Tätigsein, und indem wir uns im Sein mithilfe der Anweisungen ausrichten, bleiben wir im Kontakt mit der Welt der Formen. Betrachten wir dazu ein Beispiel:

F.M. Alexander hatte erkannt, dass die freie Balance des Kopfes auf der Wirbelsäule von besonderer Bedeutung für eine natürliche, ungestörte Funktionsweise des gesamten Körpers ist. Die Lösung für sein Stimmproblem fand er, indem er beharrlich übte, innezuhalten und sich neu auszurichten. Damit hatte er das Innehalten, das ins Sein führt, durch die Anweisungen für Hals, Kopf und Rücken zu einer neuen Qualität in der Handlung werden lassen. Er machte dabei die Erfahrung, dass nur ein beständiges Innehalten und ein Nicht-Ausführen der Anweisungen eine neue Art zu Sprechen für ihn möglich machte. Die neue Form des Sprechens konnte also nur entstehen, wenn er frei von dem Bemühen blieb, etwas anders machen zu wollen.

Um die Gradwanderung zu verstehen, die sein Vorgehen bedeutet, betrachten wir wiederum das Diagramm. Wenn wir auf der horizontalen Ebene des Handelns bleiben, werden wir in einer solchen Situation versuchen, den Kopf in einer „richtigen" Position zu halten. Dabei nimmt die Anspannung in unserem Hals wahrscheinlich zu, in jedem Fall bleiben wir in den gewohnten Formen des Sprechens stecken. Wenn wir hingegen allein auf das Sein vertrauen – ohne eine körperliche Ausrichtung im Sinne der Alexander-Technik –, werden wir in einen gelösten Zustand aufsuchen. Dabei lassen wir uns vom Fühlen leiten. Meist fällt dabei der Kopf ein wenig nach hinten, weil sich das locker und entspannt anfühlt. Einer Handlung, die auf diesem Zustand aufbaut, fehlt es dann an der angemessenen Form, weil die Balance des Kopfes auf der Wirbelsäule gestört ist.

Eine Ausrichtung im Sinne der Alexander-Technik hilft uns, die Balance zwischen aktiv und passiv, Handeln und Sein sowie zwischen Form und Formlosem zu finden. Sie gibt, zusammen mit dem Innehalten, Handlungen eine neue Form und führt uns so aus den starren Formen fester Gewohnheitsmuster heraus. Sie weist uns den Weg vom Bekannten zum Unbekannten und dient als Kompass im unbekannten Land des Ungewohnten. Sie verbindet das Nicht-Tun und die Ruhe des Seins mit der Gerichtetheit des Handelns.

*Im Innehalten
frei vom Festhalten:
Im Ausrichten
sich Durchlichten.*

Überblick 6

Wenden wir das Innehalten auf elementare Prozesse wie Stehen, Gehen, Hinsetzen und Sitzen an, so verändert das sowohl unseren Körper als auch unsere Aufmerksamkeit und damit die Basis unseres Erlebens. Nichts ist uns so nah wie das körperlich-geistige Geschehen, das wir erleben. Nichts kann uns Freude und Leichtigkeit so tief greifend erfahren lassen wie das fein gestimmte Instrument unseres Körpers, durch das und in dem wir leben. Nichts ist so sehr geeignet, ein Netz des wachen Bewusstseins in unserem Alltag zu spannen, wie eine Aufmerksamkeit in diesem Feld.

Übungen zur Vertiefung 6

Suchen Sie sich einen angenehmen Platz auf einem Teppich oder einer Decke – keine Matratze, denn der Untergrund sollte eben sein und nicht nachgeben. Legen Sie sich mit angewinkelten Beinen auf den Boden. Die Füße stehen dabei auf dem Boden. Legen Sie sich einen kleinen, etwa 4-8 cm hohen Bücherstapel unter den Kopf. Die Bücher sollten so hoch sein, dass weder der Kopf nach hinten in den Nacken fällt noch das Kinn zu sehr nach vorne und unten gedrückt wird. Bitten Sie jemand anderen zu prüfen, ob die Höhe der Bücher so gewählt ist, dass der Kopf mit einer ganz leichten Dehnung im Nacken darauf ruhen kann.

a) Geben Sie sich innerlich die Anweisungen: „Der Hals ist frei, damit der Kopf nach vorne und oben gehen kann, damit der Rücken lang und weit sein kann", oder benutzen Sie die Kurzform: „Hals frei, Kopf nach vorne und oben, Rücken lang und weit."

„Oben" bedeutet die Richtung in Verlängerung der Wirbelsäule, „vorne" bedeutet im Liegen, nicht nach hinten auf die Bücher zu drücken, sondern den Kopf leicht darauf ruhen zu lassen. „Vorne und oben" bedeutet also im Liegen: den Kopf weg vom Steißbein zu denken, ohne dabei nach hinten auf die Bücher zu drücken. Liegen Sie etwa 15 Minuten und wiederholen Sie immer wieder die Anweisungen.

b) Betrachten sie das Skelett des Menschen in einem Anatomiebuch. Machen Sie sich klar, wie lang die Wirbelsäule tatsächlich ist (sie reicht bis zur Höhe der Nasenspitze), machen Sie sich die Lage der Gelenke bewusst (besonders: das Kopfgelenk zwischen Kopf und Wirbelsäule sowie das Hüftgelenk und das Schultergelenk). Versuchen Sie das Bild vom Skelett zu verinnerlichen, d.h., mit der Vorstellung Ihres eigenen Skeletts in Übereinstimmung zu bringen.

c) Legen Sie sich wieder auf die Bücher und stellen Sie sich die Lage der Gelenke, insbesondere aber Ihre Wirbelsäule in ihrer ganzen Länge vor. Wiederholen Sie zusätzlich immer wieder die Anweisungen aus (a). Liegen Sie wieder etwa 15 Minuten.

Dieses Liegen kann durch tägliche Wiederholung eine vielfältige Wirkung entfalten!

Abschnitt 7
Im Fluss des Lebens

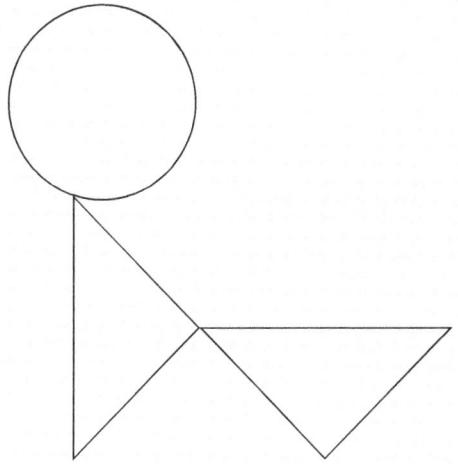

Einblick 7
Innehalten und bewusste Kontrolle

Hinweise auf die Bedeutung der präfrontalen Rinde liefern die Untersuchungen von Menschen mit Erkrankungen oder Verletzungen in dieser Region. So berichtet Jonathan Haidt von einem Menschen mit einem Tumor in diesem Bereich. Bereits einige Zeit bevor der Tumor entdeckt wurde, zeigte er auffällige Veränderung in seinem Verhalten.[1] Er war plötzlich einem krankhaften Sexualtrieb ausgeliefert, der ihm sogar eine Strafverfolgung einbrachte. Als der Tumor entfernt wurde, normalisierte sich sein Verhalten. Dieser Fall ist ein Hinweis auf die kontrollierende Funktion des Frontallappens, durch die unangebrachte Impulse aus anderen Gehirnteilen gehemmt werden können. Erst dadurch entsteht die Freiheit zu bewusstem Handeln.

Von einem interessanten Experiment berichtet Joe Dispenza.[2] Dabei wurde die Fähigkeit, Entscheidungen zu treffen, bei Menschen mit geschädigtem Frontallappen und einer Vergleichsgruppe von Menschen mit unverletztem Gehirn untersucht. Wenn für die Entscheidungsfindung keine Kriterien für Richtig und Falsch vorgegeben wurden, fiel es den Testpersonen mit geschädigtem Frontallappen sehr schwer, eine Entscheidung zu treffen. Wurden hingegen Auswahlkriterien mitgeliefert, so gab es zwischen den beiden Gruppen keine Unterschiede in der Entscheidungsfähigkeit. Dieses Experiment weist darauf hin, dass abwägendes Entscheiden in der präfrontalen Rinde stattfindet.

Es ist vor allem das Potenzial des Frontallappens, das uns zum Menschen macht. Hier entsteht unser Wollen, es bilden sich Absichten, hier geschieht Planung, Abwägung und Entscheidungsfindung, von hier wird die Achtsamkeit gesteuert, denn bei Fokussierung und Meditation ist der Frontallappen sehr aktiv. Von hier findet auch eine Impulskontrolle[3] statt: Der Frontallappen wirkt häufig kontrollierend auf die übrigen Gehirnteile. Insbesondere hemmt er im Zustand der Achtsamkeit die Aktivität der assoziativen Netzwerke und verhindert so ein Abdriften in Erinnerungen und Gedanken.[4] Doch beschränkt sich das Geschehen im Frontallappen keinesfalls auf nüchternes Denken und Abwägen, denn im Frontallappen hat sich die Emotionalität des Menschen stark weiterentwickelt.[5] Untersuchungen haben ergeben, dass Menschen mit geschädigtem Frontallappen einen Großteil ihres emotionalen Lebens verlieren. Obwohl ihr logisches Denken ungestört arbeitet, zeigen sie keine Reaktionen beim Betrachten anziehender oder abstoßender Bilder.[6] Vergleicht man bei verschiedenen Arten von

Lebewesen den Anteil, den der Frontallappen am Neokortex hat, so erkennt man seine besondere Bedeutung für den Menschen: Bei Katzen beträgt der Anteil des Frontallappens 3,5%, bei Hunden 7%, bei Schimpansen und kleinen Primaten 11–17%, während er beim Menschen 30–40% des Neokortex ausmacht.[7]

Betrachten wir noch einmal die vier Schichten des Gehirns und ihre Kontrollfunktionen, so ergibt sich folgendes Bild: Je weiter wir in den Schichten nach oben zu den neueren Teilen kommen, desto weniger direkte Verbindungen mit dem Körper gibt es, desto mehr übergeordnete Steuerungsfunktionen finden wir und desto formbarer wird das Gehirn. Je weiter wir in den Schichten hingegen nach unten gehen, desto unmittelbarer und schneller erfolgen die Steuerungsvorgänge.[8] Erinnern wir uns noch einmal an das Bild des Reiters auf dem Elefanten und stellen wir uns die Frage, wie sich der Elefant erfolgreich steuern lässt, so finden wir in der Arbeit von F.M. Alexander einen wichtigen Hinweis: Wenn wir den Elefanten als Verbündeten und als einen Teil von uns betrachten, haben wir die Möglichkeit, zu einem harmonischen Miteinander zu gelangen. Dabei nutzen wir das Potenzial des Elefanten, indem wir lernen, sein Wirken in so elementaren Funktionen wie der Atmung, der natürlichen Aufrichtung und der Bewegung nicht zu stören. Die „Zufriedenheit" und das „Wohlgefühl" des Elefanten, die daraus erwachsen, kommen sowohl dem Reiter als auch dem Miteinander von Reiter und Elefant zugute.

Etwas genauer ausgedrückt: Das Zusammenspiel von Geist, Gefühl und Körper ist so eng, dass sich Aktivitäten nicht sinnvoll als nur geistig oder nur körperlich vorstellen lassen. Dies hat Alexander bereits vor über 100 Jahren erkannt und daher stets von „psycho-physischer Aktivität" und von der „Einheit geistiger und körperlicher Vorgänge" gesprochen.[9] Zahllose wissenschaftliche Untersuchungen und Experimente zeigen, wie diese Einheit in vielfältigster Weise zutage tritt.[10] Daraus folgt: Wohlbefinden und wahre Entfaltung gibt es nur für den ganzen Menschen, der nicht versucht, sich auf eine seiner Ebenen zu reduzieren. Dafür bedarf es des

Zusammenspiels von Alt und Neu.[11] Die Alexander-Technik weist einen Weg zu einem solchen erfolgreichen Zusammenspiel, indem sie zeigt, wie man die alten reflexartigen Abläufe, die sich in Millionen von Jahren der Evolution bewährt haben, mithilfe unseres Bewusstseins ungestört arbeiten lassen kann.[12] Dabei lernt man, sein Bewusstsein nicht nur für abstrakte Denkaufgaben, sondern vor allem auch als Achtsamkeit für die eigene Koordination zu gebrauchen. Dieses Vorgehen scheint den Steuerungsaufgaben der präfrontalen Rinde in idealer Weise zu entsprechen, denn das Innehalten aktiviert sowohl ihre Achtsamkeits- als auch ihre Kontrollfunktion. Damit wird das Potenzial dieses neuen menschlichen Gehirns auf eine besondere Weise genutzt und so auch gefördert. Alexander sprach in diesem Zusammenhang von bewusster konstruktiver Kontrolle.

Kapitel 7
Innehalten als Tor zur Veränderung

Ja! Diesem Sinne bin ich ganz ergeben,
Das ist der Weisheit letzter Schluß:
Nur der verdient sich Freiheit wie das Leben,
Der täglich sie erobern muß!

Goethe, *Faust II, 5. Akt, Großer Vorhof des Palasts*

So gib mir auch die Zeiten wieder,
Da ich noch selbst im Werden war,
Da sich ein Quell gedrängter Lieder
Ununterbrochen neu gebar.

Goethe, *Faust I, Vorspiel auf dem Theater*

7.1 In Gewohnheiten erstarren

Die meisten Erwachsenen schauen etwas wehmütig auf ihre Kindheit zurück, eine Zeit, in der alles noch möglich schien, in der es täglich Neues zu erleben, zu lernen und zu bestaunen gab. Es gab noch keine Prägung durch Berufsleben und Schulzeit. Der Körper war noch nicht durch jahrelange Schreibtischarbeit in eine scheinbar feste Form gepresst. Man steckte noch nicht in Ansichten und Weltbildern fest wie in einem Korsett, das Bewegung und freie Atmung behindert. Ein Mensch, der durch Erfolg zu Ansehen und Wohlstand gelangt ist, mag zufrieden oder gar stolz sein. Das bewahrt ihn häufig jedoch nicht davor zu ahnen, welchen Preis er für seinen Erfolg gezahlt hat – besonders wenn er die Lebendigkeit der eigenen Kinder sieht. Die meisten Erwachsenen haben sich auf eine Rolle eingelassen und sitzen irgendwann in ihr fest. Ein „inneres Team"[1] von organisierenden und antreibenden Anteilen managt ihr Leben, das „innere Kind" sowie die spielerischen und narrenhaften Anteile fristen ein Schattendasein.

Der wehmütige Blick auf die eigene Kindheit verkennt, wie früh die Konditionierung im Leben des Menschen beginnt. Nicht nur jahrelanger Schul- und Berufsalltag formen ein das Innere und Äußere umfassendes Korsett. Eine machtvolle Prägung geschieht sehr früh im Leben durch die Eltern, denn unbewusst übernehmen die Kinder Bewegungs- und Haltungsmuster, Klang und Ausdrucksformen der Stimme sowie Grundüberzeugungen, Denkmuster und ein umfassendes Wertesystem. Der Heranwachsende sucht besonders in der Pubertät immer wieder die Distanz zu den Eltern und versucht eigene Wege zu finden, doch indem er Verhaltens- und Denkmuster seiner Eltern ablehnt, verdrängt er die entsprechenden Teile in sich. Diese Ausgrenzung ist keine Befreiung. Wer gegen seine Konditionierung ankämpft, ist dabei immer noch von ihr bestimmt; den Mustern, denen er entkommen möchte, ist er näher, als er glaubt.

Die Fesseln der Vergangenheit lassen sich nicht lösen, indem man gegen die Muster der Vergangenheit ankämpft, denn dadurch erhält man sie lebendig.[2] Es ist, als wollte man sich aus einem riesigen Spinnennetz befreien, und alle Bemühungen, sich zu lösen, verwickeln einen nur immer enger mit dem Netz. Denk-, Gefühls- und Verhaltensmuster lassen sich durch aktives Anders-Machen-Wollen genauso wenig verändern wie Bewegungs- und Haltungsmuster. Wer versucht, gerade zu sitzen, sein Hohlkreuz im Stehen wegzudrücken oder aufrechter zu gehen, gerät in größere Dysbalancen als zuvor, denn sein Bemühen, etwas anders zu machen, erhöht seine Verspannungen. In ähnlicher Weise erzeugt der Wille, anders zu denken oder zu fühlen, immer neue Schichten, die unseren Wesenskern verdecken, oder er führt zur Stärkung derjenigen Anteile in uns, gegen die wir anzukämpfen versuchen.

Das beschriebene Dilemma scheint ausweglos, denn was immer wir tun, führt uns in die falsche Richtung. Doch gibt es eine Lösung jenseits der unmittelbaren Reaktionen auf eine Situation und jenseits der möglichen Konditionierungen, die durch sie wachgerufen werden. Wenn wir in diesem Moment einen Freiraum schaffen, indem wir innehalten, wahrnehmen und uns bewusst neu ausrichten, ohne etwas anders machen zu wollen, dann verlassen wir die Ebene des Reagierens. Wir lösen uns aus unseren Verstrickungen in die alten Muster, indem wir einen Raum um die Situation schaffen, statt direkt auf sie zu reagieren.

7.2 Entscheidungsfreiheit gewinnen

Der angedeutete Lösungsweg scheint einfach zu sein – vielleicht sogar zu einfach, um all die zuvor beschriebenen Fesseln und Konditionierungen zu lösen. Im Folgenden werden wir den Prozess des Innehaltens etwas genauer betrachten, um seine besondere Wirksamkeit zu verstehen und um zu erkennen, welche Hindernisse dabei auftreten können und warum es uns häufig nicht gelingt innezuhalten.

In der Alexander-Technik hat sich ein einfaches Konzept zusammen mit einer Übungspraxis für das Innehalten entwickelt. Zunächst betrachten wir alles, was einen Menschen zu einer direkten Reaktion verführt, als Reiz. Ein solcher Reiz kann etwa das Klingeln eines Telefons, ein ankommender Bus, aber auch ein Stuhl – verbunden mit dem Gedanken sich hinzusetzen – sein oder der Wunsch, etwas zu sagen. Einige Reize kommen aus der Außenwelt, z.B. das klingelnde Telefon oder ein anderer Mensch, der meine „Knöpfe" drückt. Andere kommen zwar von außen, werden aber erst durch meine Absicht zu einem eigentlichen Reiz, z.B. ein Stuhl, auf den ich mich setzen möchte, oder die Tastatur eines Klaviers, das ich spielen möchte. Es ist aber auch denkbar, dass Reize allein in unserem Kopf entstehen, aus einer Erinnerung an ein Ereignis in der Vergangenheit oder durch die Vorstellung eines Geschehens in der Zukunft.

Alle Reize, welche Form sie auch haben mögen, sind geeignet, in uns eine automatische, gewohnheitsmäßige Reaktion zu erzeugen. Hier einige Reiz-Reaktions-Paare:

Ein Telefon klingelt.	Zum Telefon eilen, den Hörer zum Ohr führen, sich vom Telefon anziehen lassen und dabei den Kopf nach vorne schieben.
Ein Bus kommt.	Eilig loslaufen, um den Bus unbedingt zu erreichen, sich dabei zusammenziehen, besonders im Hals und im Rücken.
Ein Stuhl, auf den wir uns setzen möchten.	Der Oberkörper zieht sich zusammen, der Kopf wird nach hinten gezogen, der Atem auf dem Weg zum Sitzen angehalten.
Etwas sagen wollen.	Der Hals spannt sich an, der Kopf wird nach hinten gezogen, wir sind angespannt, denn es ist uns wichtig, gehört, verstanden und anerkannt zu werden.
Eine Erinnerung an ein unerfreuliches Ereignis taucht auf.	Ärger entsteht und Vorsätze, wie wir in einer vergleichbaren Situation das nächste Mal reagieren wollen, werden gefasst.

Um solche Reaktionen zu ändern, benötigen wir eine erhöhte Aufmerksamkeit. Denn nur wenn wir die kurze Zeitspanne zwischen dem Auftreten des Reizes und unserer Reaktion nicht verpassen, können wir wirklich innehalten. Das bedeutet, einfach nicht zu reagieren, sobald wir den Reiz wahrnehmen. In der Alexander-Technik werden beim Innehalten die Anweisungen „Hals frei, Kopf nach vorne und oben, Rücken lang und weit" verwendet, denn zumindest in den ersten vier Beispielen erzeugen die Reize einen angespannten Hals und einen nach hinten gezogenen Kopf. Selbst im letzten Beispiel ist eine solche körperliche Reaktion sehr wahrscheinlich, daher sind die Anweisungen auch bei rein mentalen und emotionalen Reizen hilfreich. Das häufige Geben der Anweisungen erhöht unsere Achtsamkeit, es führt uns in eine größere Präsenz.

Indem wir das Innehalten mit dem Geben der Anweisungen verbinden, wird das Innehalten zu einem konkreten Übungsweg, der sich jederzeit praktizieren lässt. Es wird erlebbar, klarer und leichter anwendbar. Durch die erhöhte Präsenz, die mit dem Körperbewusstsein verbunden ist, lösen wir uns von der Situation und nehmen die Rolle des Beobachters ein. Wenn wir das körperliche Grundmuster, das der gewohnheitsmäßigen Reaktion zugrunde liegt, mithilfe der Anweisungen ändern können – ohne etwas anders machen zu wollen –, haben wir die Konditionierung gelöst. Wir können dann die Beobachterrolle nutzen, um bewusst zu wählen. Da unsere Reaktionen stets als psycho-physische Gesamtpakete auftreten, macht eine Änderung des körperlichen Grundmusters eine vollständig andere Reaktion möglich. So stärkt das Innehalten, verbunden mit dem Geben der Anweisungen, unsere Wahlfreiheit.[3] Dieser scheinbar einfache Weg – „simple but not easy" – entfaltet seine Wirkung, weil er uns immer wieder in die Präsenz führt und damit den Beobachter – die Achtsamkeit – in uns wachruft.

7.3 Im Fluss des Lebens

Die beschriebene Wahlmöglichkeit sollte nicht als grenzenlose Macht des eigenen Ichs missverstanden werden. Wie Eugen Herrigels Bericht[4] über seinen Unterricht im Bogenschießen zeigt, geschieht die volle Entfaltung unserer Fähigkeiten erst in einem „ichlosen" Zustand. Es geht also nicht darum, einfach nur einer gerade dominierenden inneren Stimme zu folgen und willkürlich einen Weg einzuschlagen, den ein im Vordergrund stehender Anteil in uns vorschlägt. Vielmehr gilt es, einen Weg – jenseits der Willkür – ausfindig zu machen. Dies ist der Weg, den man als „Fluss des Lebens" bezeichnen könnte. Er ist leicht, mühelos und stimmig.

Auf unser gesamtes Dasein bezogen, sind wir im Fluss des Lebens, wenn wir unserer Bestimmung folgen, wenn wir tun können, was wir im tiefsten Inneren als sinnvoll erachten. Wir werden dann freudig und leicht unseren Aufgaben nachgehen – voller Lebensenergie, Dankbarkeit und in tiefer Zufriedenheit. In diesen Fluss gelangen wir, indem wir stimmige Entscheidungen in unserem Leben treffen, vor allem aber durch die Hinwendung zum gegenwärtigen Augenblick.

Auf einzelne Aktivitäten bezogen, kann dieses „Mitfließen" die unterschiedlichsten Formen annehmen:

- In der Musik ist es der musikalische Fluss, der sich wie von allein einstellt, wenn mögliche Störungen wie Muskelspannungen, Zuvielwollen oder starre Vorstellungen aufgelöst werden.
- Im Sport ist es der Flow mit seinen reibungslos und perfekt abgestimmten Bewegungsabläufen.
- In unserer inneren Welt ist es der Zustand einer angemessenen Resonanz mit unserer Umgebung, der uns ohne Angst oder Ablehnung in einen offenen, harmonischen Kontakt mit anderen Menschen bringt.

Um welche Aktivität es sich auch handeln mag, stets verbindet sich ein Mensch, der dem Fluss folgt, in harmonischer Weise mit seiner Aufgabe und seinen Mitmenschen. Dies geschieht nicht zuletzt durch seine wache Aufmerksamkeit und sein Aufgehen im gegenwärtigen Moment.

Je mehr wir erleben, dass wir in einem Zustand des harmonischen Mitfließens sein können, desto weniger werden wir zur Anstrengung und Anspannung neigen. Das Kämpfen gegen etwas oder das Ringen um etwas wird ersetzt durch das hellwache Wahrnehmen der Situation und eine entsprechende Ausrichtung. Die Widerstände, die wir früher im Außen vermutet haben, nehmen wir mehr und mehr als Hemmnisse wahr, die in uns liegen und die wir auflösen können.

Besonders deutlich wird das beschriebene Phänomen im Zusammenhang mit einem Musikinstrument. Betrachten wir ein Beispiel, das ich in dem Buch „Klavierspielen, Alexander-Technik und Zen" ausführlich dargestellt habe: Nicht das Klavier setzt uns durch seinen Tastenwiderstand Hindernisse in den Weg, sondern wir selbst sind es, die Widerstände erzeugen. Denn wir neigen dazu, das Instrument als ein Gegenüber zu sehen und die Widerstände in unserer Muskulatur nicht wahrzunehmen. Das führt dazu, dass wir gegen den vermuteten Widerstand der Tasten anarbeiten, anstatt ihn zu nutzen und mit ihm zu „spielen". Dadurch entstehen Spannungen in uns, die wir als Hindernisse erleben und gegen die wir dann ankämpfen. Es fehlt uns dann die enge Verbindung mit dem Instrument – das Erlebnis, eins mit dem Instrument und mit der Musik zu sein.

Ähnlich verhält es sich mit der sogenannten „Schwerkraft". Wir haben das Gefühl, dass wir durch sie nach unten gezogen werden und versuchen uns gegen sie aufzurichten. Tatsächlich wird aber durch die Schwerkraft eine natürliche, mühelose Aufrichtung erst möglich. Das Gravitationsfeld der Erde ist unsere natürliche Umgebung – geradeso wie das Wasser für den Fisch. Wir können in diesem Feld leben wie ein Fisch im Wasser. Wie wichtig das Schwerefeld ist, erleben die Astronauten in der Schwerelosigkeit des Weltalls. Dort sackt der Mensch zusammen, da seine natürliche Kopfbalance außer Kraft gesetzt wird. Doch erst eine ungestörte Kopfbalance ermöglicht dem Rücken, in koordinierter Weise zu arbeiten. Um auf natürliche Weise aufrecht durchs Leben zu gehen, gilt es daher, einen natürlichen Zustand der Balance in uns zu finden, anstatt gegen die Schwerkraft mühevoll anzuarbeiten.

Die genannten Beispiele zeigen, wie ein „Fluss" entstehen kann. Immer geht es darum, innezuhalten, um ungünstige Tendenzen in uns aufzulösen. Geschehen kann das durch offene Wahrnehmung und indem wir aufhören, mit unseren Aufgaben zu kämpfen, und stattdessen lernen, im Einklang mit den Gegebenheiten zu reagieren. Innehalten ist daher dem Stimmen eines Musikinstruments vergleichbar. Indem wir uns offen und frei ausrichten und präsent werden, stimmen wir uns auf die Aufgabe ein, die der gegenwärtige Moment mit sich bringt. Dadurch verbinden wir uns sowohl mit der Aufgabe als auch mit dem gegenwärtigen Moment. Wir können so „mitfließen" und uns von der Aufgabe und vom Moment führen lassen. Besonders die Anweisungen der Alexander-Technik für Hals, Kopf und Rücken erinnern an das Stimmen eines Musikinstruments. Ein solches Stimmen macht ein harmonisches Klingen der darauf folgenden Musik erst möglich.

Ein Mensch mit starren Gewohnheiten gleicht einem vereisten Fluss. In der Tiefe ist noch Leben und Bewegung, doch von außen sehen wir nur eine feste, erstarrte Eisschicht. Löst sich diese, so nehmen wir die Bewegung des Wassers wahr. Der Fluss verbindet sich wieder mit seiner Umgebung und wirkt auf sie. Seine Strömung formt das Ufer, Tiere finden Lebensraum und Nahrung, selbst Boote und Schiffe können von seiner Strömung getragen werden. Ein Fluss kommt von allein „in Fluss", wenn das Eis schmilzt. In ähnlicher Weise können der Mensch und das Leben „in Fluss kommen", wenn sich starre Muster lösen. Nichts ist natürlicher.

7.4 Eine neue Qualität im Denken und Handeln

Wie wir gesehen haben, führt Innehalten nicht in die Erstarrung, sondern im Gegenteil zum Auflösen erstarrter Reaktions- und Denkweisen. Es öffnet ein Tor zur Veränderung und Entwicklung des Menschen. Innehalten braucht nicht notwendigerweise Zeit, in jedem Fall aber offene Wahrnehmung und ein waches Bewusstsein.[5] Es verändert unser Handeln, indem wir weniger auf ein Ziel fixiert sind, und auch unser Denken kann sich ändern, indem wir mehr wahrnehmen, was in uns und um uns herum geschieht.

Wenn unser Leben vom Innehalten geprägt ist, spüren wir einen inneren Frieden, der alles Handeln durchdringt. Es geschieht aus der Ruhe heraus. Die Stille ist als Hintergrund gegenwärtig. Wir handeln in dem Bewusstsein, unsere Handlung jederzeit ruhen lassen zu können und ganz und gar ins

Innehalten überzugehen. Dies ist das Ergebnis der beschriebenen Wahlfreiheit. Unser Zustand unterscheidet sich dann grundsätzlich von dem eines Menschen, der im Zielstreben gefangen ist, der unbedingt etwas erledigen oder in jedem Fall erreichen möchte. Ein solcher Mensch treibt sich beständig von Ziel zu Ziel und gerät dabei außer sich.

So wie ein Mensch, der schnellen Schrittes vorwärtseilt, weder nach rechts noch nach links schaut, also in einem Zustand eingeschränkter Wahrnehmung ist, so verlieren wir, wenn wir im Zielstreben verhaftet sind, den Kontakt zu den Dingen, mit denen wir umgehen. Die Gegenstände unserer Umgebung werden dabei zu Hindernissen auf unserem Weg zum Ziel. Wir handeln dann nicht mehr im Einklang mit unserer Umgebung, sondern gegen sie. Das zeigt sich in einem zu hohen Kraftaufwand und einem zu festen Zufassen und Drücken:

- Ein Türgriff wird mit unnötiger Kraft gegriffen und nach unten gedrückt.
- Tasten an Kopiergeräten, Fernbedienungen, Telefonen und Computern werden mit viel zu viel Druck bedient.
- Das Lenkrad im Auto wird zu fest umklammert.
- Bestecke beim Essen, Küchenmesser bei der Zubereitung des Essens und Stifte beim Schreiben werden zu fest gehalten.
- Ein Musikinstrument wird mit zu viel Muskelspannung gespielt.

Mit solchen Verhaltensweisen erschaffen wir eine uns scheinbar feindliche, gegen uns gewandte Umgebung. Wir bemühen uns dabei unentwegt, die Hindernisse zu überwinden, die unsere Umwelt beständig vor uns aufzurichten scheint. Damit erleben wir die Dinge unserer Umgebung als Gegenüber, wir sind nicht mit ihnen verbunden.

Im Gegensatz zu dem beschriebenen zielstrebigen, unverbundenen und angestrengten Handeln zeigen musikalische Wunderkinder ein Verhalten, das sich durch Mühelosigkeit und Natürlichkeit auszeichnet. Viele berichten, dass sie sich so sehr mit ihrem Instrument verbunden fühlen, dass sie es als einen Teil von sich selbst wahrnehmen. Die Grenzen zwischen Subjekt und Objekt scheinen zu verschwimmen.[6] Wunderkinder sind damit herausragende Beispiele für eine Art und Weise, sich zu koordinieren, die sowohl mühelos und natürlich als auch besonders effizient ist und damit zu außergewöhnlichen Leistungen führen kann.

So wie das Innehalten und die offene Wahrnehmung uns mit dem gegenwärtigen Moment verbinden, so verbinden sie uns gleichzeitig auch mit den Gegenständen in unserer Umgebung. Dadurch wird ein achtsamer Umgang mit ihnen möglich. Wenn wir beispielsweise die Gabel in der Hand und den Druck wahrnehmen, den unsere Finger ausüben, so werden wir unnötige Muskelspannungen bemerken und loslassen. Das Gleiche gilt für die anderen oben genannten Beispiele. In einigen Fällen führt nur ein langer Übungsweg zur Auflösung der eingeschliffenen Muster. Das gilt insbesondere für den Umgang mit einem Musikinstrument, denn dabei handelt es sich um eine sehr komplexe Tätigkeit, die ohne eine gewisse Automatisierung nicht denkbar ist. Hier kann ein Umlernprozess erst nach und nach zu einer Umkonditionierung führen.[7]

Wenn das Innehalten unser Leben wie ein roter Faden durchzieht und wir unsere Umwelt nicht mehr als ein Gegenüber erleben, das uns am Erreichen unserer Ziele hindert, sind wir in einem doppelten Sinne mehr mit der Welt verbunden – mit einer Welt, die uns umgibt, und mit einer Schöpferkraft, die alles durchdringt. Zum einen verbinden wir uns in unseren Handlungen mit den Gegenständen unserer Umgebung, indem wir uns von ihnen belehren und in Achtsamkeit den Weg weisen lassen.[8] So hat ein Türgriff einen gewissen Widerstand und erlaubt nur gewisse Bewegungen; darauf können wir uns mit unserer Muskelaktivität einstellen. Zum anderen verbinden wir uns in einer sehr tiefen Weise mit der Schöpfung und werden zu einem Teil von ihr, indem wir uns durch die beschriebene Achtsamkeit mit dem gegenwärtigen Moment verbinden. Als Teil einer lebendigen Schöpfung, die ihre Form fortwährend verändert, bewegen wir uns wie in einem Fluss und sind, indem wir mit ihm fließen, Teil seiner Bewegung.

7.5 Entfaltung des Lebens

Das Leben auf der Erde hat sich in einer unüberschaubaren Vielfalt entwickelt. Angepasst an die jeweiligen Umweltbedingungen haben sich die unterschiedlichsten Arten herausgebildet. Der Mensch zeichnet sich dabei durch eine besondere Form von Bewusstsein aus. Diese befähigt ihn, seine Umgebung, aber auch sein eigenes Leben bewusst zu gestalten. Im Vergleich zu den Tieren wird er unfertiger und formbarer geboren. Sein Wachstums- und Entwicklungsprozess ist unvergleichlich viel länger und kann sich als innerer Prozess sein ganzes Leben lang fortsetzen, da er bis ins hohe Alter die Möglichkeit behält, zu lernen und sich bewusst neu auszurichten.[9]

Es scheint, als könnten wir Veränderung als ein wichtiges – vielleicht das wichtigste Merkmal – des Lebens ansehen. Sowohl das Leben auf der Erde als auch unser persönliches Leben verändert sich ständig und entwickelt sich unaufhörlich weiter. Anpassung an sich verändernde Bedingungen sowie die Entdeckung von Neuland sind die offensichtlichen Triebkräfte der Evolution, aber auch unseres eigenen Lebens.

Im Menschen hat die Evolution nun eine Richtung eingeschlagen, in der es vor allem um die Entwicklung des Bewusstseins geht. Wenn wir ein allumfassendes, universelles Bewusstsein als Urkraft der Evolution annehmen, so hat es den Anschein, als suche dieses allumfassende Bewusstsein sich in all der Formenvielfalt des Lebens selbst zu erleben.[10] Dabei scheint es im Menschen zusätzlich einem Bewusstsein seiner selbst entgegenzustreben, und zwar nicht nur als „Selbst"-Bewusstsein des Menschen, sondern vielmehr als einem umfassenden Wahrnehmen seiner eigenen Urnatur.

Wenn wir eine Urkraft voraussetzen, die sich in der Evolution zeigt, so erweist sich die Menschheitsentwicklung, aber auch die Entwicklung des einzelnen Menschen, als eine Entfaltung des Lebendigen im Menschen. Diese Entfaltung geschieht durch einen Veränderungs- und Wachstumsprozess, der mit der Entwicklung eines immer tieferen Bewusstseins – manche sprechen auch von „höherem" Bewusstsein – einhergeht. Das sich vertiefende Bewusstsein zeigt sich im Leben des einzelnen Menschen als die wachsende Fähigkeit, Entscheidungen außerhalb gewohnter Bahnen und eingefahrener Muster zu treffen und umzusetzen.

Vom Standpunkt der Evolution erscheint unser persönliches Leben als ein andauernder Veränderungsprozess, der von Bewusstsein durchdrungen ist und zu einem tiefen Bewusstwerden führen kann. Leben bedeutet Veränderung, genauso wie ein Mangel an Veränderung zu Erstarrung und Stillstand führt. Solche Veränderungen haben mit einer Suche nach Zerstreuung und Abwechslung rein gar nichts zu tun, denn diese dienen zwar dem begrenzten menschlichen Verstand zur Unterhaltung, führen aber nicht zu einem umfassenderen Bewusstsein. Tatsächlich können uns Zerstreuungen von Veränderungsprozessen abhalten, da sie uns ablenken und uns daran hindern, den gegenwärtigen Moment wahrzunehmen.

Betrachten wir noch einmal den Lern- und Veränderungsprozess des Menschen im Einzelnen. Am Anfang seines Lebens erscheint das Kleinkind wie ein unendliches Reservoir an Möglichkeiten. Wenig ist fertig ausgeprägt, vieles angelegt. Nach der Geburt setzt sich ein gewaltiger Lernprozess fort, der bereits im Mutterleib seinen Anfang nahm. Beginnend mit einfachsten Bewegungen, entdeckt das Kind die Steuerung seines Körpers und lernt im Laufe der ersten Jahre Krabbeln, Sitzen, Stehen und Laufen. Das allein ist schon eine ungeheure Aufgabe. Doch gleichzeitig lernt es, sich so zu verhalten, wie es gewünscht erscheint. Es bemerkt, welche seiner Verhaltensweisen angenehme und welche unangenehme Reaktionen seiner Umgebung hervorrufen. Außerdem erkundet es seine Umwelt. Es lernt die Bedeutung von Wörtern kennen und schließlich zu sprechen. All dies geschieht zunächst durch Ausprobieren, aber je besser das Kind in der Lage ist, seine Umgebung zu beobachten, vor allem durch Imitation.

Bei dem immensen Lernprogramm des Kindes erscheint die Imitation als die einzig mögliche Lernform dafür, sich die „Grundausstattung eines Menschen" in verhältnismäßig kurzer Zeit anzueignen. Wie sinnvoll ein solches Vorgehen ist, zeigt sich auch an folgender Überlegung: Da die Eltern des Kindes es geschafft haben zu überleben, müssen ihre Bewegungs- und Verhaltensmuster für die Bedingungen, in denen sie leben, zumindest ausreichend gewesen sein. So erscheint es durchaus sinnvoll, von den Eltern diese Muster zu erlernen. Imitation ist also zumindest in der Kleinkindzeit ein unverzichtbarer Teil unseres Lernens.

Ein weitgehend unbewusstes Lernen durch Imitation steht nun allerdings im Widerspruch zu der oben beschriebenen Entfaltung des Lebens in einem wachsenden Bewusstsein. Wenn das Lernen durch Imitation unser Leben auch nach der frühen Kindheit noch bestimmt, so entwickeln wir nicht das in uns angelegte Potenzial, sondern setzen Muster fort, die in unserer Umgebung besonders ausgebildet sind. Damit wird die Vielfalt des Lebendigen beschränkt. Zudem haben unsere Vorbilder sehr oft ungünstige Muster, die wir dann unbewusst übernehmen. Ein wachsendes Bewusstsein kann sich in dieser Weise nicht entwickeln, denn ein unbewusstes Lernen durch Imitation geht Hand in Hand mit einem unbewussten Reagieren in gewohnten Mustern. Durch starre Muster schließen wir uns aus einem Leben im Fluss der Veränderung aus.

Wie wir gesehen haben, ist Innehalten der Schlüssel zum Auflösen solcher Muster. Es ist damit ein Schlüssel zum Leben in dem hier beschriebenen tieferen Sinne. Es erlaubt uns, unsere individuellen Muster und rückständige Traditionen wahrzunehmen und uns bewusst für andere Wege zu entscheiden. Stehen diese Entscheidungen im Einklang mit dem Fluss des Lebens und führen sie zu stimmigem Verhalten, so werden wir Teil der Entwicklung eines tieferen Bewusstseins, das sich im Menschen entfalten will.

Ausblick 7

Leben heißt Entwicklung

Allem Anschein nach leben wir in dieser Form, um zu lernen und uns zu entwickeln. Sehr vieles spricht für diese Annahme: Da ist beispielsweise die Lehre von Karma und Wiedergeburt, die sich nicht nur im Hinduismus findet. Da sind die zahllosen Berichte von Menschen mit Nahtoderfahrungen, meist verbunden mit einer Lebensrückschau und mit dem Gefühl, seiner Aufgabe nicht ganz gerecht geworden zu sein.[1] Und da ist die Tatsache, dass jeder Einzelne, wenn er nach ein paar Jahrzehnten auf sein Leben zurückblickt, Themen und Fragestellungen erkennen kann, die sich wie ein roter Faden durch sein Leben ziehen.

Betrachten wir unser eigenes Leben, so scheint es, als würden wir durch bestimmte Konstellationen, Ereignisse und Begegnungen immer wieder mit gewissen Themen konfrontiert, sei es im Familienleben, im Beruf oder in der Partnerschaft. Je fester wir in unseren gewohnten Mustern stecken, desto schwerer ist es für uns, die Aufgaben, die sich uns stellen, zu lösen und daran zu wachsen. Denn Lernen heißt Entwicklung und Veränderung. Wer sich bequem in seinen Mustern eingerichtet hat und den Status quo durch starre Haltungen bewahren will, der geht oft durch schmerzhafte Erfahrungen.

Das Leben gleicht – genau wie unser Innenleben – einem Theaterstück. Gewisse Charaktere – innere Anteile – sehen sich darin gewissen Themen gegenübergestellt. Einige entwickeln sich und finden zu einer neuen Haltung, andere halten bis zum bitteren Ende an ihren Mustern und Überzeugungen fest. Wir fühlen mit den Figuren, erleben ihre Freude und ihr Leid, und gleichzeitig sind wir die Beobachter, die das jeweilige Thema erkennen und sehen, inwieweit die Charaktere daran wachsen, unverändert starr bleiben oder zerbrechen.

Der Beobachter in uns hat – wie der Zuschauer im Theater – den Überblick, er sieht das, was geschieht, mit einem gewissen Abstand, und nimmt Reiz und Reaktion, die ein Gewohnheitsmuster ausmachen, wahr. Er sieht die Anteile in uns – die Charaktere – in ihrer Begrenztheit und lebt in seiner Anteilnahme doch auch teilweise in ihnen. Indem wir als wache Beobachter – als Zuschauer im Theater – unsere Wahrnehmung öffnen, fließt das Leben – das Stück – durch uns hindurch.

Das Theater lebt durch den Zuschauer, geradeso wie unser Leben durch den wachen Beobachter in uns seine tiefere Lebendigkeit erhält. Im Bild des Theaters entspricht das Geschehen auf der Bühne den „Formen" – den Ereignissen, den Aufgaben und den Menschen –, die uns in unserem Leben begegnen, und der Zuschauer steht als Beobachter für die vertikale Dimension des formlosen Bewusstseins. In unserem eigenen Leben sind die horizontale Dimension der Form und die vertikale des formlosen Bewusstseins in uns vereint. Dadurch haben wir die Möglichkeit, nicht nur Muster wahrzunehmen wie ein Zuschauer, sondern auch auf das Geschehen in der Ebene der Formen Einfluss zu nehmen, also gleichsam das Theaterstück während der Aufführung umzuschreiben – als würde ein Schauspieler ein neues Stück erfinden.

Die Bühne des Lebens *ist* die Welt der Formen, der Beobachter die vertikale Dimension des Bewusstseins und des Seins. Unsere Lebensaufgabe wäre danach, uns von der vollkommenen Identifikation mit den Formen – den Charakteren auf der Bühne – zu lösen, um durch den wachen Beobachter eine Entwicklung des Stücks und der Charaktere zu ermöglichen und damit die Festigkeit der Formen aufzulösen. Bekanntlich ist es das weiche Wasser, das als beständig wiederkehrende Welle die Steine formt und mit der Zeit in feinen Sand verwandelt. Es ist der fließende Strom, der sein Flussbett selbst durch harte Felsen eines Gebirges gräbt. Geradeso wirkt der liebevolle Beobachter in seiner beständigen Präsenz.

*Innehalten –
sich entfalten.*

Überblick 7

„Fluss des Lebens" ist nicht nur wohlklingende Metapher, sondern erlebbare Realität. Den Fluss des Lebens zeichnen lebendige Entwicklung, reibungsloses Geschehen und harmonische Bewegung aus. Wer sich ihm fest und starr entgegenstellt, wird eines Besseren belehrt. Er formt uns. Wie dies geschieht, entscheidet unsere Ausrichtung: Ist sie erstarrt und verfestigt oder durchlässig und offen?

Übungen zur Vertiefung 7

1) Finden Sie eine schöne Stelle an einem Fluss. Machen Sie dort einen Spaziergang. Setzen Sie sich für einige Minuten der Stille aus und schauen aufs Wasser. Betrachten Sie sein Fließen und erleben Sie die Bewegung, als wäre sie in Ihnen selbst.

2) Machen Sie eine kleine Zeitreise und erinnern Sie sich, wie es sich angefühlt hat, als Sie 4, 7 oder 10 Jahre alt waren. Spüren Sie einen Bewegungsdrang in sich? Falls Sie sich in den kleinen Jungen oder das kleine Mädchen eingefühlt haben, schauen Sie mit seinen Augen auf Ihr heutiges Leben.

3) Können Sie bestimmte Muster oder Gewohnheiten bei sich selbst erkennen? Sehen Sie Ähnlichkeiten zwischen Ihren Verhaltens- oder Denkmustern und Mustern Ihrer Eltern? Können Sie solche Ähnlichkeiten in anderen Familien erkennen?

4) Was möchten Sie a) in Ihren Denkmustern, b) in Ihren Gefühlsmustern und c) in Ihrem Leben verändern?

5) Üben Sie Entscheidungsfreiheit:
a) Wenn Sie Reaktionsmuster bei sich erkennen, finden Sie die dazugehörigen Reize oder Situationen, durch welche diese Muster ausgelöst werden.
b) Wenn Sie diese Reize bemerken, halten Sie inne und entscheiden Sie, wie gewohnt oder anders zu reagieren.

Abschnitt 8

Die Mitte zwischen den Gegensätzen

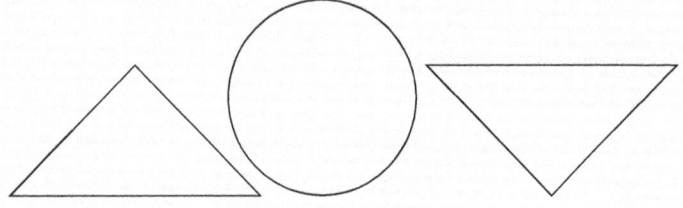

Einblick 8

Wahrnehmung unserer selbst

Es hat den Anschein, als sei unsere Selbstwahrnehmung genauso getrübt wie die Wahrnehmung über unsere Sinne.[1] Wir leben in der Überzeugung, dass es ein permanentes, unveränderliches Ich gibt, das Erfahrungen macht, Eindrücke sammelt und das Leben erfährt. Doch deutet vieles darauf hin, dass es sich bei dem Ich ebenfalls um eine Art Muster handelt, das zur Interpretation von Erlebnissen und als Modell für unser Denken und Planen dient und – ähnlich wie die invariante Repräsentation[2] – unsere Wahrnehmung der Realität verdeckt. Diese uralte Erkenntnis des Buddha wird von vielen Bewusstseinsforschern geteilt.

Einen radikalen Ansatz vertritt der Philosoph und Bewusstseinsforscher Thomas Metzinger. Er sieht das Ich als den Inhalt eines phänomenalen

Selbstmodells[3] und damit als das Ergebnis einer Simulation. Das Ich ist bei ihm ein „transparentes, mentales Bild"[4], das wir selbst nicht sehen oder erleben können, aber durch das wir die Welt sehen.[5] Er vergleicht das Gehirn mit einem Flugsimulator – dem Ego-Tunnel –, der aber nicht als Simulator wahrgenommen werden kann, und sieht das Ich als eine Art virtuellen Piloten.[6] Dieser besitzt keine Realität oder Kontinuität, sondern wird jedes Mal, wenn er als Werkzeug benötigt wird, neu erschaffen.[7]

Der bekannte Neurologe Antonio Damasio beschreibt das Selbst als ein Erleben auf drei Ebenen. Sogar einfache Organismen verfügen danach über ein „Protoselbst", das durch Aktivität im Hirnstamm und die durch ihn gesteuerten elementaren Überlebensfunktionen wie Atmung und Herzschlag entsteht.[8] Dieses Selbst ist mit wenig Bewusstsein verbunden. Komplexere Organismen besitzen zusätzlich ein „Kernselbst", das als vorübergehendes und vergängliches Selbst auf Ereignisse reagiert, die auf das Gehirn einwirken.[9] Das Kernselbst existiert im Hier und Jetzt und beinhaltet wenig Gefühl für Vergangenheit und Zukunft. Es entsteht in älteren Regionen unterhalb des Neokortex.[10] Vergangenheit und Zukunft besitzt allein das „autobiografische Selbst", unser „Ich", das hauptsächlich in der präfrontalen Rinde gebildet wird und uns ein Gefühl von Kontinuität gibt.[11]

Der Neuropsychologe Rick Hanson und der Neurologe Richard Mendius beziehen sich in ihrem Buch auf Damasio und beschreiben die vielen Formen, die das Selbst annehmen kann.[12] Sie stimmen mit der Erkenntnis des Buddha überein und konstatieren, dass ein „einheitliches, dauerhaftes und unabhängiges Ich" nicht existiere[13], denn das „scheinbar stabile Ich" werde im Laufe der Entwicklung aus vielen Subsystemen aufgebaut und sei ohne ein festes Zentrum.[14] Selbst viele geistige und körperliche Aktivitäten brauchten kein Ich, im Gegenteil, „je weniger Selbst, umso besser".[15] Denn viele Aufgaben lassen sich besser ausführen, und harmonische emotionale Zustände sind eher zu erreichen, wenn das „Ich" zurücktritt.[16]

Die Praxis des „Voice Dialogue" trägt den hier kurz zusammengefassten Erkenntnissen Rechnung. In angeleiteten Einzelsitzungen lernt der Klient, statt eines Ichs, eine Vielzahl von Selbsten kennen, die sich in ihrer Aktivität ablösen und überlagern. Ein Zentrum dieses Geschehens scheint es oftmals am Beginn gar nicht zu geben, es entsteht aber im Laufe des Lernprozesses als „Aware Ego". Das Aware Ego ist kein Selbst, sondern wächst nach und nach als ein Bewusstseinsprozess, der die inneren Stimmen beobachtet und erlebt. Es entsteht dabei eine Art wacher Bewusstseinsraum – eine Art Metabewusstsein. In diesem Bewusstseinsprozess können wir das Auftreten der Stimmen wahrnehmen und somit für Ausgleich sorgen und verhindern, dass wir uns in einer einzelnen, dominierenden Stimme verlieren. Das Aware Ego wird daher auch mit einem Dirigenten verglichen.[17] Es verbindet unsere Persönlichkeit mit all ihren Facetten mit einem überpersönlichen, wachen Bewusstsein.

Die Methode des Voice Dialogue weist damit den Weg aus dem Dilemma des nur virtuellen Ichs und der Orientierungslosigkeit, die uns diese Vorstellung bescheren kann. Wie Buddha vor über 2000 Jahren, können wir die Achtsamkeit und die Präsenz zum Zentrum unseres Lebens machen und die Stimmen in uns – die Selbste – wahrnehmen, ohne uns mit ihnen ganz und gar zu identifizieren. Wir verlassen damit unsere persönlichen Nöte und Ängste und gewinnen eine Einstimmung auf das größere Ganze. Die heilsame Wirkung eines solchen Weges ist in der Neurologie und der medizinischen Forschung bekannt.[18]

Kapitel 8
Voice Dialogue: Wahrnehmen statt unterdrücken

Zwei Seelen wohnen, ach! in meiner Brust,
Die eine will sich von der andern trennen;
Die eine hält in derber Liebeslust
Sich an die Welt mit klammernden Organen;
Die andre hebt gewaltsam sich vom Dust
Zu den Gefilden hoher Ahnen.

Goethe, Faust I, Vor dem Tor

Niemand ist mehr Sklave,
als der sich für frei hält, ohne es zu sein.

Goethe, Wahlverwandtschaften, II, 5

8.1 Das Drama in unserem Leben

Klassische Dramen erwecken archetypische Verhaltensweisen und Charaktere auf der Bühne und vor unserem geistigen Auge zum Leben. Wir werden Zeuge der Wirkung von Gefühlen wie Liebe, Eifersucht, Angst, Hass und Machtgier. Während das Innehalten für den Schauspieler ein wichtiges Element seiner Darstellungskunst ist, lassen viele Figuren in ihrem Handeln meist einen Mangel an Innehalten erkennen.

Shakespeares Othello ist blind vor Eifersucht und so von seinem Rivalen Jago leicht auszurechnen und zu manipulieren. Selbst die Gegenwart seiner Frau – dieses Archetyps der Unschuld und Aufrichtigkeit – kann ihn nicht aus seiner Verblendung befreien. Wäre Othello fähig gewesen innezuhalten und seine Frau in ihrer Unschuld wahrzunehmen, so hätte die Handlung einen anderen Gang nehmen müssen. Damit wäre dann allerdings die Welt um einige ergreifende Theaterszenen und um einige hinreißende Arien Verdis ärmer.

In **Romeo und Julia** wird das Geschehen gleich zweimal durch impulsives, vorschnelles Handeln Romeos in Richtung eines tragischen Ausgangs getrieben. Dabei sind es jeweils überwältigende Ereignisse, denen er sich scheinbar machtlos gegenübersieht. Zunächst reagiert er auf die Ermordung eines Freundes und tötet einen Verwandten Julias im Affekt, was ihn der Möglichkeit einer offiziellen Verbindung mit seiner geliebten Julia beraubt. Am Ende bringt er sich selbst um, als er Julia irrtümlicherweise für tot hält.

Bereits in der Einleitung sind wir dem **Faust** begegnet, durch den Goethe uns den Archetyp des rastlosen, vorwärtsdrängenden Forschers vor Augen führt. Vom Wissensdurst geplagt, versucht er die letzte Wahrheit durch ein Tun und Denken zu finden, das ihn nur immer weiter in die Unruhe treibt. Wir erleben gleich zu Beginn einen ungeduldig Suchenden, dem seine jahrzehntelangen Studien keine Zufriedenheit geschenkt haben und der in seiner Verzweiflung sogar die Geister beschwört, um Antworten auf seine drängenden Fragen zu erhalten. Was er dabei anscheinend übersieht, ist der alte Weg der Mystiker: innezuhalten, die Stille zu suchen und zu meditieren. Seine Begegnung mit Mephisto führt ihn nur noch weiter in die Rastlosigkeit, indem dieser ihn in das turbulente Leben mit seinen Genüssen, Freuden und seinem Leiden führt. Fausts Unrast bleibt auch für seine Umgebung nicht ohne Folgen. Im turbulenten Treiben seines Herumreisens vergisst er sein geliebtes Gretchen und erinnert sich erst wieder an sie, als ihr Unglück ihr alle Lebenskraft genommen hat.

Es gibt viele weitere Beispiele wie *Don Carlos, Götz von Berlichingen, Wallenstein, Kabale und Liebe,* aber auch *Lohengrin, Tristan und Isolde* oder den *Ring des Nibelungen.* Dramen brauchen anscheinend vorschnelles, energisches Handeln, das keine Zeit lässt, Missverständnisse aufzuklären, und das schließlich in die Katastrophe führt. Die Frage ist nun allerdings: Brauchen wir selbst Dramen in unserem eigenen Leben?

Impulsives, übereiltes Handeln lässt uns keine Zeit zu reflektieren, uns einen Überblick zu verschaffen und eine Situation mit Abstand zu betrachten. Oft bedauern wir solche vorschnellen Handlungen nach einer gewissen Zeit, die uns den nötigen Abstand schenkt, um die Situation als Ganzes zu erfassen. Wenn wir unmittelbar – ohne Innehalten – reagieren, verhalten wir uns wie ein Automat, bei dem ein Knopfdruck zu einer genau vorhersehbaren Reaktion führt. Wir haben dann keine Wahlmöglichkeit und sind unseren alten, festen Mustern ausgeliefert.

8.2 Voice Dialogue

Hal und Sidra Stone haben in den achtziger Jahren eine Methode entwickelt, mit der sich unsere individuellen Muster zu denken, zu fühlen und zu reagieren beschreiben und besser wahrnehmen lassen. Bevor aus ihrem Suchen und Experimentieren der „Voice Dialogue" entstanden ist, waren beide viele Jahre als Psychotherapeuten tätig. Hal Stone ist außerdem Analytiker in der Tradition von C.G. Jung. In ihrer Methode geht es darum, den wachen Beobachter in uns zu stärken, um uns aus dem engen Korsett dominierender Reaktionsmuster zu befreien[1] und verdrängte Anteile zu integrieren.[2]

Voice Dialogue beschreibt die anscheinend zwangsläufig in uns ablaufenden Dramen, die unsere inneren Stimmen erschaffen: Da gibt es den Kritiker in uns, der jede unserer Handlungen gnadenlos schlechtmacht und uns mit anderen vergleicht, es gibt den Perfektionisten, der uns ein nicht erreichbares Ideal vorhält, den Antreiber, der uns immer wieder anstachelt, uns nach Kräften zu bemühen, es gibt das leidende Opfers in uns, das entsprechende Situationen sucht und in einer Weise interpretiert, dass unsere Opferrolle gestärkt wird, und viele andere mehr.

Unsere Verhaltensmuster entstehen dadurch, dass einige dieser Stimmen stets dominieren und andere mehr oder weniger in den Hintergrund gedrängt werden und ein Schattendasein führen. Die dominierenden Stimmen nennen Hal und Sidra Stone Hauptselbste – „Primary Selves". Die mehr oder weniger verdrängten bezeichnen sie als „Disowned Selves".[3] Reflexion allein reicht nicht aus, solche Muster und Dominanzen aufzulösen. In einer Voice-Dialogue-Sitzung bekommen nach und nach alle Stimmen in uns Gelegenheit, sich zu äußern, und werden uns damit in ihrer Funktion bewusst.

Im Unterschied zu den meisten Alltagssituationen geht man in einer Voice-Dialogue-Sitzung bewusst in die Stimmen und nimmt sie anschließend aus der Sicht eines wachen, objektiven Beobachters wahr. In diesem „Aware-Ego-Prozess" geschieht zweierlei: Die Rolle des Beobachters wird gestärkt, und „Disowned Selves", die als verdrängte Anteile oft im Untergrund unser Leben sabotieren, kommen zu ihrem Recht und werden angenommen statt verdrängt.

Betrachten wir ein Beispiel, das zeigt, wie die Dominanz einzelner Stimmen einen Menschen prägen und in die Irre führen kann. Ein Mensch, bei dem der innere Kritiker die dominierende Stimme ist, vergleicht sich mit anderen, zweifelt dabei an den eigenen Fähigkeiten und entwickelt ein Gefühl der Minderwertigkeit. Der Zweifler in ihm wächst, und er wird, selbst wenn er Erfolg hat, seine Umgebung argwöhnisch betrachten, denn er ist im tiefsten Inneren überzeugt, dass er seinen Erfolg eigentlich nicht verdient. Hat er eine Partnerin, die er über alles liebt, so wird er zur Eifersucht neigen, denn im tiefsten Inneren glaubt er, ihrer nicht wert zu sein. Da er sich nicht für liebenswert hält, reicht ein winziger Anlass aus, um an der Liebe seiner Partnerin zu zweifeln. Einen solchen Menschen hat Shakespeare in der Person des Othello dargestellt. Das Gefühl seiner

Minderwertigkeit bezieht er – trotz seines Erfolges – aus seiner Hautfarbe. Die eigentliche Ursache für die Ermordung seiner Frau liegt in ihm selbst. Ohne das Gefühl eigener Minderwertigkeit, das Kritiker und Zweifler in ihm erzeugen, wäre er für seinen Gegenspieler nicht so leicht manipulierbar.

Stellen wir uns als weiteres Beispiel einen Menschen vor, bei dem eine innere Stimme dominant ist, die mit dem bereits Erreichten noch nicht zufrieden ist, die nur das noch nicht Erreichte sehen kann, die dabei ein tiefes Gefühl der eigenen Unzulänglichkeit empfindet und die nach Mitteln sucht, diese zu überwinden. Stellen wir uns dazu eine dominierende Stimme vor, die es liebt, Fragen zu stellen und nach Ursachen zu forschen, und eine weitere, die gerne „dicke Bretter bohrt". Ein solcher Mensch ist Faust, der sich als Forscher und Suchender den tiefsten Fragen der Menschheit zuwendet und dessen Wissensdurst alle Grenzen überschreitet. Er sieht nicht, welche Fülle und Erfüllung ihm der gegenwärtige Moment bietet, denn „ihn treibt die Gärung in die Ferne" – so schreibt Goethe. Darin besteht die eigentliche Tragödie. Faust scheint sich bei seiner Suche vom Ziel seiner Suche zu entfernen. Das ist es auch, was uns mit Faust vor allem verbindet. Auf der Suche nach dem Geheimnis oder dem Sinn des Lebens drängt es uns in die Ferne, und dabei werden wir rastlos Suchende, anstatt glücklich Findende.

Indem uns Voice Dialogue lehrt, unsere Selbste wahrzunehmen, statt mit ihnen identifiziert zu sein, wird es uns leichter möglich, aus dem Strudel der inneren Stimmen aufzutauchen und dabei zu realisieren, was in uns vorgeht, statt unbewusst und blind nach Mustern zu reagieren. Wie wir gesehen haben, hat Innehalten immer mit Wahrnehmen zu tun. Je mehr wir uns der Vorgänge in unserem Inneren bewusst sind, desto größer ist unsere Chance innezuhalten. Wenn sich unsere Wahrnehmung in allen drei Bereichen – Körper, Gedankenwelt und Außenwelt – erweitert, wird das Innehalten unser natürlicher Zustand.

8.3 Innehalten und Unterdrücken

Nehmen wir noch einmal das im Kapitel 6.9 bereits angesprochene Thema auf und betrachten den Unterschied von Innehalten und Unterdrücken im Lichte des Voice Dialogue. Wir wählen dazu ein Beispiel, in dem die beiden leicht verwechselt werden könnten.

Experiment Stellen Sie sich vor, Sie arbeiten in einem Büro. Sie haben sich für den Feierabend verabredet. Nun ist es kurz vor Dienstschluss, und Ihr Chef gibt Ihnen noch eine Aufgabe, die eigentlich Ihr Kollege hätte erledigen sollen und die Sie noch mindestens eine Stunde beschäftigen wird. Wie reagieren Sie?

Auswertung Betrachten wir zunächst drei typische Reaktionsweisen:
1. Sie werden ärgerlich und wütend, beschimpfen den Kollegen und verhalten sich Ihrem Chef gegenüber trotzig.
2. Sie kochen innerlich und erledigen ärgerlich die Ihnen aufgetragene Arbeit, vielleicht haben Sie zuvor noch versucht, mit Ärger und Wut im Bauch Ihren Chef umzustimmen.
3. Sie reagieren resigniert und machen sich daran, die Arbeit zu erledigen.

Alle drei Reaktionsweisen haben ihren Nachteil.

Zu 1: Ein spontaner Ausbruch von Ärger und Wut kann Ihr Verhältnis zu Ihrem Chef oder dem Kollegen dauerhaft belasten, ohne dass Sie auf Verständnis oder ein Einlenken hoffen können. Denn ärgerliche Ausbrüche verhärten die Fronten und erzeugen so nur noch mehr Ärger.

Zu 2: Selbst wenn Sie versuchen, Ihren Ärger nicht nach außen dringen zu lassen, vergiftet er das Klima. Er bestimmt die Atmosphäre und Ihren Umgang mit den Menschen, die Ihnen gerade gegenüberstehen.

Zu 3: Wenn Sie ruhig, aber resigniert reagieren, wird der Ärger und Unmut, der sich nicht zeigen darf, wahrscheinlich im Untergrund wirken und Ihr Leben an einer anderen Stelle vergiften.

Teil 3 | Innehalten lernen und vertiefen

Mit den Selbsten des Voice Dialogue ließen sich die drei Reaktionsweisen in stark vereinfachter Weise etwa folgendermaßen beschreiben:

Zu 1: Es herrscht ein impulsives Selbst vor, das auf die Verletzung der eigenen Interessen sehr empfindlich reagiert.

Zu 2: Noch stärker als das impulsive Selbst, ist hier ein kontrollierendes Selbst, das sich vor Konfrontationen scheut und versucht, trotz inneren Aufruhrs nicht aus der Rolle zu fallen.

Zu 3: Ein kontrollierender Anteil ist hier so stark, dass er ein Gefühl von Ärger gar nicht aufkommen lässt. Das Unterdrücken wird hier zum Verdrängen, indem eine Gefühlsreaktion gar nicht mehr zugelassen wird. Dadurch wird viel Energie gebunden, die uns zum Leben fehlt. Es bleibt als Reaktion nur eine kraftlose Resignation. Besonders in diesem Fall ist sicherlich auch Angst mit im Spiel.

Keine der drei Reaktionen ist ausgeglichen. Allen fehlt das Innehalten, das ein Wahrnehmen und eine Integration unterschiedlicher Selbste ermöglicht. Stattdessen sind die beschriebenen Reaktionen von einem oder zwei Hauptselbsten dominiert.

Wie könnte eine ausgeglichene Reaktion in der beschriebenen Situation aussehen? Anhaltspunkte dazu finden sich in einer Methode, die ACT (Akzeptanz- und Commitmenttherapie) genannt wird und die den Umgang mit Ärger und Wut lehrt. In ihr spielen Innehalten und Wahrnehmen *die* zentrale Rolle.[4] Dabei geht es nicht darum, seinen Ärger zu unterdrücken, gegen ihn anzukämpfen oder ihn loszuwerden, sondern vielmehr darum, ihn wahrzunehmen, ohne seine Handlungen und sein Denken davon bestimmen zu lassen.[5]

Betrachten wir noch einmal das oben beschriebene Beispiel. Wie könnten Innehalten und Wahrnehmen die Situation verändern? Die drei geschilderten Reaktionen sind vom direkten, emotionalen Reagieren auf den Reiz „Mir geschieht ein Unrecht" geprägt. Es ist jedoch auch eine andere, bewusstere Verhaltensweise möglich. Stellen wir uns die Situation noch einmal vor. Diesmal sind wir hellwach und uns des Geschehens bewusst: Wir halten inne und nehmen die Situation als heikel wahr. Vielleicht haben wir bereits Erfahrung mit ähnlichen Situationen gemacht und kennen unsere Muster, vielleicht spüren wir auch schon Ärger in uns aufsteigen. In jedem Fall reagieren wir zunächst nicht, sondern klären unser Inneres, indem wir noch stärker die Rolle eines Beobachters einnehmen. Vielleicht ist es dazu notwendig, kurz den Raum zu verlassen, um Abstand zu gewinnen. Eine entsprechende Entschuldigung wird sich finden lassen, beispielsweise könnten wir angeben, telefonieren zu müssen. Sobald wir uns frei von Ärger fühlen – das kann zwei Sekunden oder fünf Minuten dauern – können wir handeln, um eine Klärung der Situation herbeizuführen. Vielleicht lässt sich eine Vereinbarung mit unserem Chef oder dem Kollegen treffen, die uns einen Ausgleich für die Mehrarbeit verschafft. Oder wir können erklären, wie wichtig und unaufschiebbar die Verabredung für uns ist, um doch noch pünktlich die Arbeitsstelle verlassen zu können.

Ein solches Innehalten schließt das Wahrnehmen eines Gefühls – insbesondere des Ärgers – in jedem Fall ein. Allen drei oben genannten Reaktionstypen fehlt hingegen dieses Wahrnehmen mehr oder weniger. In den beiden ersten Fällen hat das Gefühl so sehr Besitz von uns ergriffen, dass wir es gar nicht wirklich wahrnehmen können – denn wir „sind" der Ärger. Im dritten Fall ist der Ärger unterdrückt und verdrängt. Im Gegensatz dazu lässt das eben geschilderte Verhalten, bei dem wir offen wahrnehmen, ein natürliches Gefühl und die Selbste, die dahinterstehen, zu ihrem Recht kommen, ohne dass unsere Handlungen davon bestimmt werden. Das Innehalten ist also keinesfalls ein Unterdrücken oder gar Verdrängen eines Gefühls, höchstens das kurzzeitige Unterdrücken einer impulsiven Handlung.

Betrachten wir das Innehalten noch einmal im Lichte des Voice Dialogue: Unsere Selbste sind oft als komplementäre Paare angelegt. Ein „Disowned Self" wird dabei meist von einem Hauptselbst überdeckt. Ist beispielsweise das Hauptselbst ein angepasster, freundlicher, hilfsbereiter, die persönlichen Interessen hintanstellender Teil, so wird das „Disowned Self" ein trauriger oder wütender Anteil sein, der die eigenen Anliegen immer wieder übergangen sieht. Wenn wir mit einem Hauptselbst identifiziert sind, haben wir keine Möglichkeit, das „Disowned Self", das in seinem Schatten liegt, wahrzunehmen.

In der Sprache des Voice Dialogue bedeutet Innehalten, den „Aware-Ego-Prozess" zu stärken, um möglichst viele unserer Selbste wahrzunehmen und zu ihrem Recht kommen zu lassen. Da die Hauptselbste eher mit unseren dominierenden Mustern verbunden sind, kann das Innehalten diesen Hauptselbsten etwas von ihrer Dominanz nehmen. Unentwickelte oder verdrängte Anteile finden dadurch zu mehr offenem Ausdruck in unserer inneren Welt, und damit kann sich auch unser Verhalten im Außen verändern. In diesem Sinne erweist sich das Innehalten als ein Weg, verdrängte Anteile zu erleben und – wenn gewünscht – auch zu leben. Das kann eine große Befreiung sein, denn Voice Dialogue lehrt, wie schädlich es für uns, aber auch für unsere Umgebung ist, Teile unserer Persönlichkeit zu unterdrücken. Wir müssen dabei nicht alles ausleben, was wir in uns entdecken, oft reicht es, die Selbste wahrzunehmen und wertzuschätzen.

Das Unterdrücken kann bewusst oder unbewusst geschehen. Unbewusst unterdrücken wir Handlungen und Gedanken, die Neigungen oder Gefühlen entspringen, die wir nicht sehen wollen, die in unserer Werteordnung ein Tabu darstellen und ganz und gar nicht dem entsprechen, wie wir uns gerne sehen möchten. Wir können jedoch auch etwas unterdrücken, das wir zwar wahrnehmen, aber in der tiefen Überzeugung, dass es unanständig oder schädlich ist, bewusst aus unserer Persönlichkeit herausdrängen. Stellen wir uns unsere Innenwelt als ein Haus vor, so gibt es dort Zimmer, in denen wir uns gern aufhalten, Zimmer, die wir nicht so gerne betreten, aber auch Zimmer, die verschlossen sind. Einige dieser versperrten Zimmer halten wir bewusst verschlossen, um nicht zufällig doch einmal hineinzugeraten, andere wurden durch Erziehung oder traumatische Erlebnisse verschlossen und mit dem Schild „Eintritt streng verboten" versehen. Manche dieser Zimmer sind wie eine Schatzkammer gesichert.

Im Bild des Hauses bedeutet Innehalten in dem oben beschriebenen Sinne nun keinesfalls, im Flur stehen zu bleiben und keines der Zimmer zu betreten. Vielmehr heißt es, aus dem gewohnten Zimmer in den Flur zu treten, möglichst viele der Zimmer, aber auch der verschlossenen Türen wahrzunehmen und sich dann zu entscheiden, in ein Zimmer zu gehen oder zu versuchen, eine Tür zu öffnen. Innehalten und Wahrnehmen bedeutet auch, möglichst viele Zimmer in dem Haus zu kennen und zu entscheiden, welche Zimmer die besten Aufenthaltsräume für uns sind, ohne dabei die anderen Zimmer so sehr zu meiden, dass darin eine dicke Staubschicht oder gar Schimmel entsteht.

8.4 Innehalten in der zwischenmenschlichen Begegnung

So wie wir im „Aware-Ego-Prozess" alle Selbste einfach da sein und zu ihrem Recht kommen lassen – denn alle haben sie eine Daseinsberechtigung –, können wir lernen, im Kontakt mit anderen Menschen diesen einen angemessenen Raum zu geben und sie so sein zu lassen, wie sie sind. Die Neigung, einen anderen Menschen im Gespräch zu dominieren, entspringt dem Wunsch einiger unserer Selbste, die sich mit einer bestimmten Meinung identifizieren und Recht behalten möchten.

Haben wir diese Zusammenhänge erkannt, so ist es an uns, in uns die nötigen Voraussetzungen für eine offene Begegnung zu schaffen, die unserem Gegenüber angemessene Entfaltungsmöglichkeiten gibt und uns in einen Zustand der offenen Wahrnehmung sein lässt. Wir haben dadurch die Möglichkeit, mehr zuzuhören und zu verstehen, als wir ohnehin bereits erwarten oder schon wissen. Die beschriebene offene Situation kommt also beiden Gesprächspartnern zugute.

Ein anderer Mensch, sei es ein Unbekannter, ein Freund oder ein Partner, lässt sich durch direkte Versuche meist nicht beeinflussen und nur selten überzeugen. Haben wir erst einmal erkannt, wie gering unser direkter Einfluss ist, dann werden wir offen für ein Gespräch, in dem wir unserem Gegenüber vor allem Aufmerksamkeit schenken – statt zu versuchen, ihn von unserer eigenen Meinung zu überzeugen. Diese Aufmerksamkeit schafft ein liebevolles Feld der Anteilnahme, das auf die Gesprächssituation, aber auch auf den anderen Menschen verwandelnd wirken kann.

Innehalten bedeutet also auch hier vor allem wieder, offen wahrzunehmen: sowohl das Geschehen in unserem Inneren als auch unseren Gesprächspartner. So wie die Neigung, seine eigene Meinung durchzusetzen und den anderen zu überzeugen, ansteckend wirkt und die Gesprächspartner auf einen Konfrontationskurs führt, so kann das offen Lauschen, die Bereitschaft zu staunen und sich überraschen zu lassen, in einem guten Sinne ansteckend wirken.

Gerade im Kontakt mit Kindern kann sich das Innehalten förderlich auswirken. Die Neigung vieler Erwachsener und insbesondere der Eltern, dem Kind zu raten und ihm etwas vorzumachen, wirkt oft störend auf die Entwicklung des Kindes. Natürlich können viele Erwachsene die meisten Aufgaben, mit denen sich ein Kind beschäftigt, besser und schneller lösen. Doch geht es beim Lernen ja gar nicht um die fertige Lösung, sondern vielmehr um den Weg dahin. Erwachsene, die ihren Kindern zu viel vormachen, enthalten ihnen entscheidende Lernprozesse vor. Das Kind braucht eine altersgerechte Lösung, und es braucht die Erfahrung, wie eine solche Lösung zu finden ist.

Es geht also vor allem darum, unser Gegenüber die nötigen Mittel zur Lösung einer Fragestellung oder eines Problems selbst finden zu lassen. Dazu bedarf es einer Atmosphäre offenen, angstfreien Probierens.[6] Das ermöglicht eine freie Entfaltung des eigenen Potenzials. Heinrich Jacoby weist darauf hin, dass selbst im Falle einer körperlichen Behinderung ungeahnte Entfaltungsmöglichkeiten frei werden, wenn der Erwachsene die naheliegende Bereitschaft, sofort zu helfen, zurückstellt und das Kind seine eigenen Möglichkeiten erforschen lässt.[7] Gerald Hüther spricht von der wichtigen Erfahrung der Selbstwirksamkeit[8], die für den Lernprozess des Heranwachsenden grundlegend ist und die Kindern unbeabsichtigter

Weise durch ihre übereifrigen Eltern vorenthalten wird. Selbstverständlich ist das Innehalten im Kontakt mit Kindern nur dann in dem beschriebenen Sinne wirksam, wenn es den Kindern gleichzeitig Aufmerksamkeit und Zuwendung schenkt. Gerald Hüther betont stets, wie wichtig das Gefühl der Geborgenheit und des Aufgehobenseins für eine störungsfreie Entwicklung eines Menschen ist. Der Kontakt mit den Erwachsenden ist besonders für das Kleinkind überlebenswichtig. Das Gefühl des Alleingelassenseins bedeutet eine große Angst und kann zu einer frühen Traumatisierung führen.

Gerald Hüther sieht Verbundenheit und Wachstum als die Grundbedürfnisse des Menschen.[9] Oft scheinen sie sich allerdings gegenseitig auszuschließen. Nur der Zustand wahrer Liebe ermöglicht beides: verbunden zu sein und gleichzeitig zu wachsen.[10] Eine offene Gesprächssituation wie oben beschrieben, lässt sich als Beispiel eines solch liebevollen Umgangs miteinander verstehen. Denn der Gesprächspartner fühlt sich gesehen und gehört. Dabei öffnet das Innehalten nicht nur uns selbst, sondern auch unserem Gegenüber einen offenen Raum der erweiterten Möglichkeiten. Sei es das Gespräch oder eine Unterrichtsituation, stets entstehen ein umfassenderes Verstehen und ein gemeinsames Erleben.

8.5 Unrast und Zielstreben im Spiegel des Voice Dialogue

Unsere beschleunigte Welt und die Rastlosigkeit unseres Lebens haben ihre Entsprechung in Selbsten, die uns antreiben, mit anderen vergleichen und zu mehr Effizienz und besseren Ergebnissen drängen. Die Teile in uns, die sich nach Ruhe und Gemütlichkeit sehnen oder sich einfach nur am Dasein erfreuen wollen, werden in ein Schattendasein gedrängt, denn sie entsprechen nicht den Erwartungshaltungen, die wir selbst und unsere Umgebung an uns stellen.

Betrachten wir zunächst einige typische Äußerungen von Selbsten, die uns im Leben vorwärtstreiben. Da ist zunächst der Antreiber, der das auf direkte Weise versucht:

- „Erledige das doch noch schnell, dann hast du morgen mehr Zeit"
- „Versuch es doch noch einmal, vielleicht gelingt es dir jetzt."
- „Seit zwei Monaten liegt das auf deinem Schreibtisch, es muss jetzt endlich erledigt werden."
- „Willst du das nicht mal fertig machen?"
- „Du hattest dir für heute mehr vorgenommen, setz dich doch noch mal an die Arbeit."

Die beiden letzten Äußerungen lassen den Einfluss einer weiteren Stimme erkennen, die uns durch Urteile und Vergleiche antreibt, den Kritiker:

- „Die anderen arbeiten viel mehr als du und sind deshalb auch erfolgreicher."
- „Du bist ein fauler Knochen, so wird nie etwas aus dir."
- „Deine Eltern hatten wohl recht, du kannst es einfach nicht, dir fehlt die Begabung, und träge bist du obendrein."
- „Das ist aber gar nicht gut geworden, das musst du gleich noch einmal machen, am besten jetzt gleich, sonst hast du heute gar nichts geschafft."

Hinter dem Kritiker steht oft ein Perfektionist, der nach einer optimalen Lösung sucht:

- „Das könnte aber besser sein."
- „Das Ergebnis stellt mich nicht zufrieden."
- „So kann man das nicht abgeben."
- „Da sind ja noch Fehler drin."

Der Regelmacher bestimmt den Rahmen für die genannten Stimmen, er stellt eiserne Grundsätze auf, denen unbedingt zu folgen ist:

- „Ohne Fleiß kein Preis."
- „Wer Erfolg haben will, muss 15 Stunden am Tag arbeiten."
- „Erst die Arbeit, dann das Vergnügen."
- „Mit Begabung allein, kommt man nicht weiter."

Die genannten Stimmen bilden ein inneres Team[11], dessen Aufgabe es ist, uns sicher und erfolgreich durchs Leben zu führen und unsere

Verletzlichkeit zu schützen. Sie erfüllen damit eine wichtige Funktion, nur gehen sie in ihrem Übereifer oft zu weit. So können sie einen müden und erholungsbedürftigen Menschen zu immer neuen Höchstleistungen antreiben und damit in die völlige Erschöpfung führen. Sie verleiten uns dazu, eine Sache nach der anderen zu erledigen, ohne wahrzunehmen, was um uns herum geschieht und was unsere tieferen Bedürfnisse im Leben sind. Denn das innere Team arbeitet auf der Grundlage von Überzeugungen, die wir aus unserer Umwelt, insbesondere in unserer Kindheit, übernommen haben.

Im Voice Dialogue werden Selbste nicht beurteilt, sondern nur in ihrer Vielfalt wahrgenommen. Die Selbste, die das innere Team bilden, spielen oft eine dominierende Rolle. Es geht nicht darum, sie zurückzudrängen oder gar zum Schweigen zu bringen. Vielmehr verlieren sie ihre Dominanz, wenn sie *bewusst* gehört und andere zuvor von ihnen verdeckte Stimmen mehr Raum bekommen und wahrgenommen werden. In dieser Weise werden immer weniger Selbste unterdrückt. Das ist wichtig für eine ungestörte Entwicklung des Menschen, denn Stimmen, die generell als falsch oder schädlich beurteilt werden, wandern in den Untergrund, sie führen dort ein Schattendasein und wirken im Verborgenen oft wie Saboteure.

Das innere Team verdient unsere Anerkennung, denn es hilft uns, unser Leben zu meistern. Nur geschieht es oft, dass es uns dabei in eine Geschäftigkeit treibt, die wesentliche Anteile in uns verdeckt – insbesondere das innere Kind, das sich als sensibler, fühlender und verletzlicher Teil meist erst nach vielen Voice-Dialogue-Sitzungen zeigen kann. Vielleicht kommen auch der Genießer, der Gemütliche, der Abenteurer oder der Narr in solchen Sitzungen erstmals zum Vorschein, um dann einen Platz in unserem Leben zu finden. Ohne das innere Team nun seinerseits zu verdrängen, können wir ihm eine angemessene Rolle zuteilen. Wir können uns bei ihm für die wichtige Arbeit, die es für uns leistet, bedanken und seine Organisationsarbeit wertschätzen. Wenn es einen angemessenen Platz bekommt, bleibt genug Raum für andere Stimmen, die uns zu neuen Erfahrungen führen.

Teil 3 | Innehalten lernen und vertiefen

Das Hier und Jetzt ist erst dann für uns wahrnehmbar, wenn das innere Team in seiner Aktivität nachlässt – wenn wir innehalten. Innehalten bedeutet aber auch hier, nichts zu unterdrücken und insbesondere nicht das innere Team zum Übeltäter zu erklären. Vielmehr können wir die Stimmen des Antreibers und des Kritikers bewusst hören, ohne uns mit ihnen zu identifizieren. Wir können ihre Vorschläge abwägen, aber auch aufmerksam lauschen, um zu erkennen, was alles von ihrer Dominanz zurückgedrängt im Dunkeln liegt. Da gibt es die oben genannten Stimmen, die mehr der Ruhe und dem Dasein zugewandt sind, und es gibt die tiefe Stille: die hintergründige Wirklichkeit.

Es kann leicht geschehen, dass sich das innere Team spirituellen Themen zuwendet und sich der Aufgabe annimmt, das Hier und Jetzt zu erforschen, vielleicht fasst es gar das Ziel der Erleuchtung ins Auge. Das ist ein oft beschriebenes Dilemma, das uns in einen ermüdenden Kreislauf führt, so als wollte eine im Kreis rennende Katze ihren eigenen Schwanz fangen. Auch den Lernprozess in der Alexander-Technik kann das innere Team in einer Weise beherrschen, dass wir uns selbst im Wege stehen. Da hilft es, die Stimmen des inneren Teams wahrzunehmen und den Stimmen, die mit dem Dasein verbunden sind, mehr Raum zu geben. In dieser Weise wach und mit dem gegenwärtigen Moment verbunden, können wir uns dankbar und mit Humor, ohne etwas erreichen zu wollen, den Anweisungen der Alexander-Technik oder der Achtsamkeitsübung in der Meditation zuwenden.

Ausblick 8

Die Formen unseres Ichs

Wenn wir mit einer Form identifiziert sind, verlieren wir uns darin. Wir vergessen dann, wer wir wirklich sind, und verlieren den Kontakt mit der Urquelle des Seins. Die Formen unserer inneren Welt sind Gedanken, Überzeugungen und insbesondere die Selbste. Wann immer wir eine starke Überzeugung äußern oder kämpferisch eine Ansicht vertreten, haben wir den Abstand zur Situation verloren, ein Selbst hat aus uns gesprochen.

Es geht nicht darum, zu versuchen, die Selbste zu meiden. Das würde nur einen inneren Kampf auf der Ebene der Selbste auslösen. Jeder Widerstand gegen eine Form hält uns auf der Ebene der Formen gefangen. Nur Wahrnehmen ohne Wertung kann uns aus der Ebene der Form herausführen. Natürlich liegt auch darin schon wieder eine Gefahr. Der eherne Grundsatz: „Du darfst nicht werten!" wird von einem Selbst gesprochen, das sich vom Gedanken an ein spirituelles Leben angesprochen fühlt. Als fester Grundsatz mit erhobenem Zeigefinger wird er zum Widerspruch, denn er enthält ja selbst eine Bewertung. Als Erinnerung und als Weckruf kann er hilfreich sein, als Gesetz wird er zu einer Forderung, die nicht zu erfüllen ist.

Form und Formloses schließen sich nicht aus. Wir leben in einer Welt der Formen, um das Formlose darin zu sehen. Nicht die Abkehr von den Formen unserer inneren und äußeren Welt, sondern das Erkennen des Formlosen in der Form, bringt uns in Kontakt mit dem Formlosen. In der Form das Formlose zu erleben sowie unser Handeln mit Sein zu durchdringen, ist nicht nur möglich, sondern scheint unsere eigentliche Lebensaufgabe zu sein.

Die Ablehnung einer Form, die uns in der äußeren Welt oder in uns selbst begegnet, bringt Unruhe, und Unruhe vermindert unseren Kontakt mit dem Formlosen. In unserer inneren Welt, der Welt der Selbste, entsteht viel Verwirrung genau durch solche Ablehnungen. Sei es, dass wir einen Anteil in uns ablehnen oder dass wir fühlen, abgelehnt zu werden: Wenn ein Selbst nicht ungestört da sein darf, wird es in den Hintergrund geschoben oder zieht sich zurück. Von da aus wirkt es oft in destruktiver Weise. Andere Anteile drängen in den Vordergrund, als versuchten sie, die entstandene Lücke zu füllen oder einen verletzten Anteil, der sich zurückgezogen hat, zu schützen.

In dieser Weise entsteht in uns eine Fassade, die wir der Außenwelt zeigen. Sie managt unser Leben, kämpft um Anerkennung für uns und versucht Ziele zu erreichen. Das ist eine Art Überlebensstrategie, die wir entwickeln, um in der Welt der Form zu bestehen und erfolgreich zu sein. Sogar uns selbst erscheint diese Fassade oft als unser wahres Ich. Überaktive Selbste, aber auch zurückgedrängte und verdeckt wirkende Anteile bestimmen dann unser Leben.

Wenn wir uns in dieser Weise in der Welt unserer inneren Formen verloren haben und vergessen haben, wer wir eigentlich sind, erzeugt diese innere Unruhe ein unruhiges Leben im Außen. Hier begegnen wir den Formen nur auf oberflächliche Weise. Wir sind ganz und gar auf der Ebene der Formen gefangen. Meist helfen dann nur noch kleine oder große Missgeschicke, um uns aus dieser zweidimensionalen Welt zu befreien. In dem Moment, wo uns ein Geschehen auf der Ebene der Formen entgleitet und sich nicht mehr beherrschen lässt, geben wir den Kampf auf, und es entsteht Raum für Stille und Sein.

Natürlich kann ein solches Erwachen aus der Identifikation mit den Formen auch in anderer Weise befördert werden. Oftmals sind es zwar Unglücke, die uns den ersten Anstoß zu einem Erwachen geben, doch es stehen uns zahllose andere Möglichkeiten offen, dem bewussten Sein mehr Raum zu geben und in Kontakt mit dem Formlosen zu leben. Alle diese möglichen Wege haben mit Achtsamkeit, Präsenz und offener Wahrnehmung zu tun.

Innehalten,
frisch gestalten.
Das Licht der Achtsamkeit
erhellt die Dunkelheit.

Teil 3 | Innehalten lernen und vertiefen

Überblick 8

Unser Inneres ist wie eine eigene Welt. Je mehr das Licht des Bewusstseins diese erhellt, desto freier und vielfältiger wird unser Leben. Auch unsere Kontakte mit anderen Menschen sind dadurch bestimmt, wie bewusst wir wahrnehmen, was in unserem Inneren geschieht. Unser Innehalten schenkt uns Freiheit, so wie sie den Menschen, die uns begegnen, die Möglichkeit zur freien Entfaltung gibt.

Übungen zur Vertiefung 8

1) Beobachten Sie in Ihrer Innenwelt wechselnde Meinungen zu einem bestimmten Thema. Welche Themen beschäftigen Sie oder lösen starke emotionale Reaktionen aus? Wechselt Ihre Ansicht zu diesen Themen vielleicht sogar im Laufe eines Tages?
2) Erkennen Sie Anteile in sich, die Ihren Eltern ähneln? Wer urteilt in Ihnen, wenn Sie etwas beurteilen oder verurteilen?
3) Betrachten Sie sich mit den Augen eines anderen, ohne sich zu beurteilen. Stellen Sie sich vor, wie Ihre eigenen Verhaltens- und Denkmuster wirkten, wenn sie für andere klar wahrnehmbar und vollständig erkennbar wären.
4) Kennen Sie die Situation, hin- und hergerissen zu sein? Stellen Sie sich solch eine Situation vor und versuchen Sie unterschiedliche Selbste dabei wahrzunehmen.
5) Gibt es polare Gegensätze in Ihren Neigungen oder Verhaltensweisen? Können Sie sich vorstellen, was für Selbste dahinterstecken?

Teil IV

Innehalten in einem umfassenden Sinne

Abschnitt 9
Es wachsen Flügel

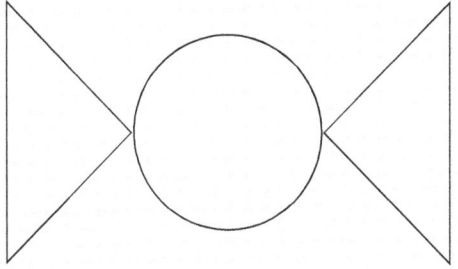

Einblick 9
Achtsamkeit und Verbundenheit

Innehalten erzeugt Achtsamkeit. Mit „Achtsamkeit" wird in der Neurowissenschaft[1] und im Zen[2] ein Zustand der Präsenz beschrieben, in dem wir mit dem Hier und Jetzt verbunden sind. Diese Verbundenheit umfasst eine Verbundenheit mit unseren Handlungen und den Gegenständen, mit denen wir umgehen[3] sowie eine Verbundenheit mit uns selbst und ein lebendiges Bewohnen des eigenen Körpers[4]. Man könnte das zusammenfassend als eine enge Verbundenheit mit dem *Leben* bezeichnen.[5]

Seitdem die Wissenschaft die wohltuende Wirkung von Meditation und Achtsamkeit erkannt hat, versucht sie ihre Auswirkungen zu messen und zu beschreiben. Diese Forschung steckt noch in den Anfängen[6], doch zeigen sich dabei interessante Parallelen und Entsprechungen zu der oben beschriebenen Verbundenheit. Es werden dazu Untersuchungen der Gehirnströme mithilfe eines EEGs gemacht, und durch moderne bildgebende Verfahren wird beobachtet, welche Gehirnteile in einem Zustand der Achtsamkeit besonders aktiv sind.

Im Allgemeinen erzeugt das Meditieren Gehirnwellen mit niedrigeren Frequenzen (Alpha- und Thetawellen). Sie werden mit Entspannung, Beruhigung und einem Empfinden von Stabilität in Verbindung gebracht.[7] Viel Beachtung hat jedoch ein Experiment mit tibetischen Mönchen gefunden, die über eine Meditationserfahrung von 10.000 bis 50.000 Stunden verfügten.[8] Die Untersuchungen zeigten, dass diese Mönche während der Meditation Gehirnwellen mit einer besonders hohen Frequenz – sogenannte Gammawellen – äußerst stark und lang anhaltend erzeugen konnten.[9] Dabei pulsierten ungewöhnlich weite Bereiche des Gehirns im Gleichtakt, d.h. es gab ein Wellenmuster, das große Teile des Gehirns synchronisierte.[10] In diesem Zustand waren demnach die Aktivitäten der verschiedenen Gehirnregionen durch ein synchrones Geschehen – ein einheitliches Wellenmuster – verbunden, es handelte sich also um einen Zustand großer innerer Verbundenheit.

Auf eine andere Form von Verbundenheit weisen die Forschungen von Daniel Siegel hin. Er geht davon aus, dass Achtsamkeit im Gehirn dieselben Schaltkreise aktiviert, die wir benutzen, um andere Menschen zu verstehen und uns in sie einzufühlen.[11] Für ihn ist das komplexe menschliche Gehirn vor allem auch ein soziales Organ, dessen Entwicklung sich an den Erfordernissen des Zusammenlebens ausgerichtet hat, noch bevor dem Menschen so etwas wie innere Reflexion möglich war.[12] Daher betrachtet er Achtsamkeit als eine Form der gesunden Beziehung zu sich selbst[13], als eine Art Einstimmung auf sich selber.

Für das Verstehen anderer Menschen – wie für das Lernen – spielt das System der Spiegelneuronen eine wichtige Rolle.[14] In den neunziger Jahren haben Experimente an Affen gezeigt, dass ein Affe, der einen Artgenossen bei einer zielgerichteten Handlung beobachtet, im Gehirn dieselben motorischen Neuronen aktiviert, die bei der Handlung selbst aktiviert werden.[15] Wenig später wurden diese „Spiegeleigenschaften" beim Menschen untersucht und festgestellt: Das menschliche Gehirn erzeugt „Repräsentationen vom Geist der anderen".[16] Dabei wird aus den Wahrnehmungen der fünf Sinne durch das System der Spiegelneuronen das Bild einer Intention erzeugt, auf die sich der Mensch einstimmt. Das System der Spiegelneuronen, das in der präfrontalen Rinde und in anderen Teilen des Kortex angesiedelt ist, wirkt dabei auf das limbische System (das Gefühlsgehirn[17]) und den Körper so ein, dass ein Mensch den wahrgenommenen Zustand eines anderen selbst mitempfindet.[18] Durch diese emotionale Resonanz versteht der Mensch sein Gegenüber.[19]

Verbundenheit geht mit einem Gefühl der Sicherheit und des Aufgehobenseins einher. Das gilt im Zwischenmenschlichen geradeso wie bei der Einstimmung auf uns und den gegenwärtigen Moment. Fühlen wir uns von einem anderen Menschen verstanden und erleben wir seine Empathie, so erzeugt das ein Gefühl von Geborgenheit.[20] Durch dieselben Vorgänge im Gehirn erzeugt Achtsamkeit eine innere Einstimmung mit uns und dem gegenwärtigen Moment.[21] Dadurch entsteht in uns ein Gefühl der Sicherheit und Verbundenheit. Einen solchen offenen Zustand bezeichnet Siegel als die Grundlage der Liebe.[22]

Die Forschungen von Daniel Siegel bringen Präsenz (oder Achtsamkeit), Empathie (oder Einstimmung) und die Liebe in einen engen Zusammenhang. Präsenz und Einstimmung erscheinen als eng verwandte Hirnaktivitäten, welche die Grundlage der Liebe bilden. Das erinnert in frappierender Weise an das berühmte Wort von Meister Eckhart, nach dem die wichtigste Stunde immer die Gegenwart sei, der bedeutendste Mensch immer der sei, der uns gerade gegenüberstehe, und das notwendigste Werk immer die Liebe sei.[23]

Gerald Hüther sieht Verbundenheit und Wachstum als die Grundbedürfnisse des Menschen.[24] In seiner frühen Kindheit hat jeder Mensch die

Erfahrung tiefer Verbundenheit gemacht: im Mutterleib und meist auch in seinen ersten Lebensjahren im engen Kontakt besonders mit der Mutter. Die zweite Grunderfahrung, die jeder Mensch besonders zu Beginn seines Lebens macht, ist die Erfahrung zu wachsen, und zwar nicht nur körperlich, sondern geistig und psychisch – er lernt und wächst ständig über sich hinaus.[25]

Die meisten Menschen erleben im Laufe der Jahre die Polarität von Verbundenheit und Wachstum, denn wer wächst, lockert damit oft langjährige menschliche Bindungen* und wer in sehr engen Verbindungen lebt, kann oft nicht wachsen.[26] Wem es gelingt, Verbundenheit und Wachstum in seinem Leben zu verbinden, dem wachsen Flügel.

---

* Beziehungen, seien sie partnerschaftlicher, familiärer oder freundschaftlicher Natur, sind oft von Erwartungen, eingespielten Mustern und übereinstimmenden Ansichten bestimmt. Familie und Freunde können die Weiterentwicklung eines Menschen als ein Sich-Entfernen, vielleicht sogar als Zurückweisung oder als Bedrohung für das bestehende Verhältnis erleben. Sie möchten den Menschen so behalten, wie sie ihn kennen. Es kommt zu einer Entfremdung. Manchmal geschieht es jedoch auch, dass sich Beziehungen in Phasen des Wachstums mit entwickeln, oft bilden sich in solchen Zeiten allerdings neue.

Kapitel 9

Was wir von F.M. Alexander, dem Voice Dialogue und der Zen-Tradition lernen können

Ein jeder lernt nur, was er lernen kann;
Doch der den Augenblick ergreift,
Das ist der rechte Mann.

Goethe, *Faust I, Studierzimmer*

Alles, was unsern Geist befreit,
ohne uns Herrschaft über uns selbst zu geben,
ist verderblich.

Goethe, *Wilhelm Meisters Wanderjahre,*
Betrachtungen im Sinne der Wanderer

Unser ganzes Kunststück besteht darin,
daß wir unsere Existenz aufgeben,
um zu existieren.

Goethe, *Maximen und Reflexionen*

9.1 Neue Formen der Achtsamkeit

Alexander-Technik und die Methode des Voice Dialogue haben viele Gemeinsamkeiten. Beide arbeiten auf dem Feld der uns einengenden und beschränkenden Muster – als da sind: Denk-, Gefühls-, Bewegungs- und Haltungsmuster –, um diese mithilfe einer neuen Art von Bewusstsein aufzulösen. Es geht in beiden Methoden nicht darum, solche Muster auf direktem Wege aktiv ändern zu wollen, sondern durch Wahrnehmen der störenden Ungleichgewichte einem harmonischen Zustand den Weg zu ebnen. In beiden Fällen geschieht Veränderung scheinbar von selbst, wenn sich störende Faktoren durch die Wahrnehmung verändern und auflösen. Wird in der Alexander-Technik das Innehalten zum zentralen Bestandteil eines Übungsweges und damit praktisch erfahr- und erlernbar, so ermöglicht Voice Dialogue, den Unterschied von Innehalten und Unterdrücken besser zu verstehen, und hilft so, eine gefährliche Klippe im Lernprozess der Alexander-Technik – aber auch im Übungsweg der Meditation – zu umschiffen.

Alexander-Technik und Voice Dialogue eröffnen der Achtsamkeit neue Felder: eine wache Aufmerksamkeit für Schlüsselstellen unserer Koordination, das Erkennen von Reizen und den damit verbundenen gewohnten Reaktionsmustern und das Wahrnehmen aktiver Selbste, die unser Verhalten, Denken und Fühlen prägen. Es lässt sich damit eine Vielzahl von Problemen angehen. Neben dem Gewinn einer verbesserten Koordination, verbunden mit einer natürlichen Aufrichtung und dem Abbau von Spannungsmustern, erleichtert die Alexander-Technik das Leben in einem umfassenden Sinne. Was auf körperlicher Ebene geschieht, wird von entsprechenden psychischen Veränderungen begleitet. Umgekehrt ändert im Voice Dialogue die Befreiung von der einseitigen Vorherrschaft gewisser Selbste das Lebensgefühl eines Menschen und wirkt sich damit auch auf der körperlichen Ebene aus. Tritt beispielsweise ein dominierender Kritiker oder Antreiber zurück und findet seinen Platz im Chor der nützlichen Selbste, so wirkt diese Harmonisierung in natürlicher Weise auch auf den Muskeltonus.

Selbst wenn wir keine Gelegenheit haben, Unterricht in Alexander-Technik oder Sitzungen in Voice Dialogue zu nehmen, können wir aus den letzten Kapiteln wichtige Hinweise gewinnen, die uns das Innehalten und den bis Kapitel 5 entworfenen Übungsweg noch tiefer verstehen lassen. Je mehr wir erkennen, in wie vielfältiger und umfassender Weise das Innehalten wirken kann, desto wirksamer wird es für uns. Ähnlich vertiefende Einsichten schenkt uns die Zen-Tradition. Zwischen ihr und der Alexander-Technik gibt es zahlreiche Parallelen.[1]

Eine alte chinesische Geschichte, frei nacherzählt, möge dazu dienen, unser Thema noch aus einer etwas anderen, dem Zen verwandten Perspektive zu betrachten. Wir lassen uns durch sie zu Antworten auf die Frage führen: Was können wir von F.M. Alexander, dem Voice Dialogue und der Zen-Tradition lernen?

9.2 „Wir werden sehen"

Es war einmal ein chinesischer Bauer, der lebte und arbeitete mit seinem Sohn auf einem bescheidenen Stück Land. Sie besaßen wenig außer einem Pferd, mit dem sie ihre Felder bestellten. Sie hatten ihr Auskommen. Sie waren nicht reich, eher könnten wir sie arm nennen, doch sie waren zufrieden und glücklich mit ihrer Arbeit und ihrem Leben und fühlten sich nicht arm. Ihr Feld ernährte sie, und sie litten keinen Hunger.

Eines Tages lief plötzlich ihr Pferd davon. Die Leute im Dorf bedauerten den Bauern und seinen Sohn und sagten: „So ein Unglück, der arme Mann, wie soll er jetzt sein Feld bestellen und sich und seinen Sohn ernähren. Wie ungerecht, er hat niemandem etwas Böses getan und wird so hart bestraft." Der Bauer enthielt sich des Urteilens und des Klagens. Er sagte nur: „Wir werden sehen." Er arbeitete weiter mit seinem Sohn auf dem Feld, so gut es ohne das Pferd gehen mochte.

Einige Wochen später kam das Pferd wie durch ein Wunder von allein wieder zurück, und nicht nur das: Es hatte sich offenbar in der Steppe mit einem Wildpferd angefreundet, das ihm jetzt folgte. So besaß der Bauer jetzt zwei Pferde. Die Leute im Dorf sagten dazu: „So ein Glück, da läuft den beiden ein zweites Pferd zu, ohne dass sie etwas dazu getan hätten." Der Bauer jedoch sagte wieder nur: „Wir werden sehen."

Um das neue Pferd zu zähmen und für die Arbeit abzurichten, versuchte der Sohn des Bauern es zuzureiten. Dabei warf das Pferd ihn ab. Er stürzte und erlitt einen komplizierten Beinbruch, der ihn für lange Zeit ans Bett fesselte. Wieder bedauerten die Dorfbewohner die beiden und sagten: „So ein Unglück, wie soll der arme Mann denn sein Feld jetzt alleine bestellen? Hätte er doch bloß das wilde Pferd weggejagt." Doch wieder sagte der Bauer nur: „Wir werden sehen."

Zu dieser Zeit brach ein Krieg im Land aus. Alle jungen Männer mussten in den Krieg ziehen, nur nicht der Sohn des Bauern, der sich noch lange Zeit nur hinkend und an Krücken fortbewegen konnte. Und wieder waren sich die Dorfbewohner in ihrem Urteil einig, während der Bauer nur sagte: „Wir werden sehen." ...

Die Geschichte stellt unsere Neigung zu urteilen in besonders eindringlicher Weise dar. Die Dorfbewohner repräsentieren unsere Denkmuster und unsere Neigung, alles sofort zu beurteilen und damit alles, was geschieht, entweder als angenehm oder als unangenehm einzuordnen. Der Bauer hingegen zeigt eine ungewöhnliche Reaktion. Man könnte ihn als einen Meister des Innehaltens bezeichnen. Denn statt in der naheliegenden Weise zu reagieren und sich zu freuen oder zu ärgern, enthält er sich des raschen Urteilens und wird damit zu einem Weisen, der den Unbeständigkeiten und den Wechselfällen des Lebens gelassen begegnet.

9.3 Urteilen als Weckruf

In der Geschichte des letzten Abschnitts lässt die rasche Folge der Ereignisse das jeweils vorhergehende Geschehen in einem neuen Licht erscheinen und gleicht damit einem wechselhaften Aprilhimmel, der mit strahlender Sonne und dunklen Regenwolken wechselhafte Eindrücke derselben Landschaft erzeugt. Wenn wir innehalten und die Dinge so annehmen, wie sie sind, können wir dieses Geschehen als das ansehen, was es ist: ein faszinierendes Schauspiel, das sich unseren Sinnen bietet, das aber die Sonne genauso wenig verändert wie unser tiefstes Inneres.

Der Vergleich mit dem Wetter gibt uns zugleich ein weiteres Beispiel dafür, wie kurzsichtig und einseitig unsere Urteile meist sind. Auch beim Wetter sind wir schnell geneigt, zu urteilen und uns vor allem Sonnenschein zu wünschen, obgleich der Regen für die Pflanzen und damit für unser Leben essenziell ist. Wenn wir innehalten und das Wetter so annehmen, wie es ist, können wir überraschende Entdeckungen machen, denn selbst ein Spaziergang im Regen hat seinen Reiz, der einen anderen, aber nicht notwendigerweise geringeren Genuss mit sich bringt, als ein Spaziergang bei Sonnenschein.

Mit der Ablehnung einer bestimmten Situation oder dem Verlangen nach einer anderen, verengen wir uns auf eine festgelegte Vorstellung. Vieles blenden wir damit aus und nehmen dabei die sich uns tatsächlich bietenden Möglichkeiten nicht wahr. Dies gleicht dem Zielstreben[2], bei dem wir wie durch Scheuklappen unsere Wahrnehmung der Außenwelt einschränken und verengen. Doch es sind nicht nur Möglichkeiten, die wir übersehen, und Sinneseindrücke, die wir ausblenden, wir verlieren vielmehr durch unsere Einseitigkeit und Enge den Blick auf das Große und Ganze. Es fehlt uns die Perspektive des Weisen, der die Dinge mit einem gewissen Abstand sehen kann und dadurch das Wesentliche nicht übersieht. Zen und Voice Dialogue erinnern uns in ihrer jeweils eigenen Weise an dieses Wesentliche.

Die Mystiker und die Zen-Meister wissen, wie entscheidend es ist, widerstandslos und mit dem Moment im Einklang zu sein. So spricht ein zentraler Text des Zen davon, dass der höchste Weg nicht schwer sei, wenn wir nur aufhören würden zu wählen. Ohne Abneigung und Vorliebe sei

Innehalten | Die Tiefe des Lebens entdecken

alles offen und klar. Aber die kleinste Unterscheidung bringe eine Distanz wie zwischen Himmel und Erde.³ Wenn wir stärker in Kontakt mit der hintergründigen Wirklichkeit – der tiefen Stille in uns – sind, so verlieren die Wechselfälle des Lebens an Bedeutung. Das Beurteilen einer Situation verliert seine Basis und seinen Sinn. Umgekehrt hindert uns das Beurteilen einer Situation oder eines Menschen daran, diese als Ausdruck der hintergründigen Wirklichkeit anzunehmen und uns damit dem gegenwärtigen Moment widerstandslos zu öffnen. Ohne dieses Annehmen und Öffnen können wir innerlich nicht zur Ruhe kommen. Daher bezeichnet der oben genannte Text den „Konflikt zwischen Neigung und Abneigung" als „eine Krankheit des Geistes". Diese Radikalität und Klarheit mag uns heute überraschen. Sie scheint jedoch notwendig zu sein. Denn – so heißt es weiter – werde diese tiefe Wahrheit nicht verstanden, so versuche man vergeblich, seine Gedanken zu beruhigen.⁴

Eine ähnliche Erfahrung macht Eugen Herrigel bei seinem Training in der Zen-Kunst des Bogenschießens. Das Streben nach einem guten Ergebnis verhindert die Präsenz und das offene Dasein, aus dem heraus das Ungewöhnliche und Neue geschehen kann. Sein Lehrer verweist ihn immer wieder darauf, dass das Treffen der Zielscheibe nicht von Wichtigkeit ist. Im Gegenteil, das Treffen-Wollen verhindert den freien, „ichlosen" Zustand, der das eigentliche Ziel des Trainings darstellt. Auch hier bestimmt das gleichmütige ganz mit dem gegenwärtigen Moment verbundene Dasein den Unterricht. Als Herrigel schließlich nach jahrelangem Training ein Schuss gelingt, der seinen Lehrer zu einer ehrfurchtsvollen Reaktion veranlasst, kann er seine Freude nicht verbergen. Daraufhin ermahnt ihn sein Lehrer barsch und sagt ihm, er müsse lernen, sich von dem Hin und Her zwischen Lust und Unlust zu lösen und in gelockertem Gleichmut darüberzustehen. Denn er könne gar nicht ermessen, wie wichtig dies sei.⁵ Das „Ich", das etwas erreichen will, stellt auch hier eine Einschränkung dar. Nur wenn kein Ich den Prozess stört, kann ein völlig absichtsloses Geschehen seinen Lauf nehmen, das sich mit „Es schießt" nur annähernd beschreiben lässt.⁶

Eine überraschende Parallele zu diesen Beschreibungen finden wir im Voice Dialogue. Hier wird zwar nicht wie im Zen ausdrücklich vor dem Urteilen gewarnt, doch wird das Auftreten einer starken Meinung und eine Tendenz zum Beurteilen als klares Indiz dafür angesehen, dass die Person, die sich so äußert oder denkt, nicht von ihrer Mitte – dem Aware Ego – aus, sondern von einem bestimmten Selbst aus auf die Welt schaut. Ein solches Selbst hat zwar nicht notwendigerweise eine falsche Sicht, aber eine eingeschränkte, denn es sieht und beurteilt die Dinge von seiner eigenen Perspektive aus, während das Aware Ego die verschiedenen Ansichten und Standpunkte sehen und würdigen kann, ohne sie sich zu eigen zu machen.

Das Aware Ego repräsentiert einen höheren Grad an Bewusstsein und Wahrnehmung als ein einzelnes Selbst, das immer nur einen bestimmten Aspekt unserer Person darstellt.[7] Wer also offener, wacher und bewusster durchs Leben gehen möchte, der kann das Auftreten starker Meinungen und die Neigung zum Beurteilen als einen Weckruf verstehen, der ihn darauf aufmerksam macht, dass er sich aus seiner Mitte entfernt hat. Das bedeutet nicht, sich das Urteilen augenblicklich zu verbieten. Vielmehr geht es darum wahrzunehmen, dass gerade ein Selbst spricht, das ein Bedürfnis und ein Recht hat, sich zu äußern, und zu erkennen, dass es zwar notwendig ist, einer solchen Stimme Gehör zu schenken, dass es jedoch genauso notwendig ist, danach wieder seine Mitte zu finden – also wieder im Aware Ego anzukommen. Dabei bedeutet das Wahrnehmen des Weckrufs bereits ein Erwachen des Aware Ego und damit ein Innehalten. Wir müssen also nichts tun, um wieder in unsere Mitte zu kommen; es reicht aus, die aktivierten Selbste als Teilaspekte unserer Person zu erkennen.

9.4 Innehalten statt Benennen

Zen vertritt einen radikalen Ansatz und geht bei seinem Übungsweg weiter als der Voice Dialogue, indem es das Urteilen als eine irreführende Neigung des Ichs ansieht. Die Ich-Aktivität wird dabei als ein Hindernis auf dem Weg der Erkenntnis angesehen, da sie – wie Willigis Jäger in seinen Vorträgen immer wieder betonte – die Wahrnehmung der hintergründigen Wirklichkeit und der Stille stört. Beide Ansätze stimmen jedoch in dem Ziel überein, ein Mehr an Bewusstsein und Wachheit dadurch zu erlangen, dass das Urteilen in seiner einschränkenden Funktion wahrgenommen wird.

Zen geht jedoch noch einen Schritt weiter. Es sieht nicht nur das Urteilen, sondern bereits den Gebrauch von Worten und Benennungen als Einschränkung und als ein Hindernis auf dem Weg des erwachenden Bewusstseins. In einem zentralen Zentext ist davon die Rede, dass Buddha, in der Absicht, Blinde anzuziehen, seinem goldenen Munde spielerische Worte entspringen ließ, und seitdem Himmel und Erde mit dichtem Dornengebüsch überwuchert seien. Der Text fordert deshalb dazu auf, dass wir unsere Worte aufgeben, unsere Gedanken entleeren, um dann so weit zu kommen, das eine Sein zu erkennen.[8]

Auch wenn sich die genannten Anweisungen zunächst auf das Erkennen der letzten Wirklichkeit zu beziehen scheinen, so geht es im Zen vor allem darum, die Dinge so zu sehen, wie sie sind. Zen steht damit im Einklang mit der Hirnforschung, die unsere durch abgespeicherte Muster eingeschränkte Wahrnehmung als „Verarbeitung von oben nach unten" beschreibt, bei der die einlaufenden Informationen der Sinnesorgane mit abgespeicherten Modellen überlagert werden.[9]

Wir können der Vorsicht, die Zen den Worten gegenüber übt, Rechnung tragen, indem wir lernen, die Welt mit den staunenden Augen eines kleinen Kindes zu sehen, für das es keine Geschichten und Worte um einen erstmals wahrgenommenen Gegenstand herum gibt, sondern nur ein sprachloses Staunen, das Formen, Farben und Töne ungefiltert aufnimmt. Indem wir innehalten und offen wahrnehmen, statt zu denken und zu benennen, erhalten die Gegenstände unserer Wahrnehmung ihre Frische und Ursprünglichkeit zurück, die unser am Wissen interessierter Verstand ihnen genommen hat.

9.5 In der Schwebe halten

Der Bauer in der oben wiedergegebenen Geschichte enthält sich des Urteils, sein „wir werden sehen" lässt die Bedeutung des Geschehens offen. Damit bleibt für ihn auch die weitere Entwicklung der Situation offen. Statt sie als gut oder schlecht zu beurteilen oder sie abzulehnen, bleibt das Geschehen unbenannt – es ist einfach das, was es ist. Es pendelt für den Bauern nicht zwischen Glück und Unglück, sondern er hält es in der Schwebe, oberhalb von Kategorien wie „gut" oder „schlecht".

Wie wir gesehen haben, ist wahres Innehalten immer verbunden mit Wahlfreiheit.[10] Alexanders Experimente lassen uns die Gründe dafür erkennen. Solange für Alexander das Innehalten und das Geben der Anweisungen nur die Vorbereitung für das Eigentliche, nämlich das Rezitieren, war, blieb er in seinem alten Muster gefangen.[11] Er nannte das instinktive Steuerung und meinte damit seine automatische, gewohnheitsmäßige Reaktion auf den Wunsch zu rezitieren. Erst die immer wieder erneut geübte Wahlfreiheit, zu rezitieren, etwas anderes zu tun oder gar nichts zu tun, erzeugte die Offenheit, die es ihm ermöglichte, neue Wege zu beschreiten.

Indem Alexander den möglichen Ausgang eines Experiments in der Schwebe hielt, verhinderte er, dass sein Nervensystem, ohne dass er es bemerkte, bereits die Vorbereitungen für die gewohnte Art zu sprechen traf, und er damit in der Gewohnheit gefangen blieb. Erst, indem er den Ausgang offenhielt, wurde es ihm möglich, sich nicht nur *vor* einer Aktivität, sondern auch *in* einer Aktivität neu auszurichten. Dies geschah mithilfe der Direktiven, mentaler Anweisungen, die dem von ihm beobachteten gewohnheitsmäßigen Spannungsmuster beim Rezitieren entgegenwirkten.

Wenn wir mit dem Zustand des In-der-Schwebe-Haltens vertraut werden, können wir dem Drang entgehen, ohne Innehalten Dinge zu erledigen. Dieser wirkt wie ein Sog, der uns in eine Unrast oder ein gewohntes Spannungsmuster zieht. Lassen wir hingegen den Ausgang einer Handlung offen und entscheiden uns aus einer Präsenz, die durch die Verbundenheit mit dem gegenwärtigen Moment entsteht, immer wieder neu, so haben wir die Möglichkeit, Spannungsmuster aufzulösen und bewusster und achtsamer zu handeln.

9.6 Ziele verfolgen ohne Zielstreben

Alexander betrachtete die starke Neigung der meisten Menschen zum Zielstreben als das wesentliche Hindernis, das den Lernprozess seiner Schüler im Unterricht immer wieder bremste. Er sagte einmal, dass das „endgaining business", das Zielstreben, derartige Ausmaße angenommen habe, dass es schlimmer als eine Droge sei.[12] Aus seiner eigenen Entwicklung können wir lernen, was der Unterschied zwischen einem angestrengten Zielstreben und dem unbeirrten Verfolgen eines Ziels ist.[13]

Sein Ziel, wieder ohne Heiserkeit rezitieren zu können, hat Alexander nie aus den Augen verloren. Doch seine Experimente hatten ihm gezeigt, dass in der Aktivität des Sprechens seine Neigung zum Zielstreben ihn daran hinderte, sich auf eine neue bewusste Art und Weise auszurichten. Das eine betrifft die Orientierung des eigenen Lebens auf ein fernes Ziel, d.h. eine Vision oder die Erfüllung eines Traums, das andere unser Verhalten im gegenwärtigen Moment.

Wie problematisch es ist, wenn das Ziel*haben* zum Ziel*streben* wird, kann jeder in seinem Leben erfahren. Die Neigung zum Zielstreben kann sich auf Bergwanderungen zeigen, wenn ein ferner Gipfel uns vorantreibt und unsere Aufmerksamkeit verengt, aber auch in unzähligen Alltagssituationen, in denen uns ein Ziel wichtiger ist als der gegenwärtige Moment. Stets erzeugt das Zielstreben eine Enge – eine Einschränkung unserer Wahrnehmung und ein unnötiges, die natürliche Koordination störendes Zusammenziehen unserer Muskulatur.

Besonders deutlich lässt sich der Unterschied zwischen dem konsequenten Verfolgen eines Ziels und dem Zielstreben in der Meditation erfahren. Fast jeden Menschen wird ein gewisses Anliegen – ein angestrebtes Ziel – zur Meditation führen, sei es der Wunsch innerlich still zu werden, in das tiefste Innere zu schauen oder gar der alte Wunsch der Mystiker, in der Stille das Göttliche zu erfahren. In der Meditation wird dann jedoch ein solcher Wunsch zum großen Hindernis, denn das Suchen und das Verlangen verursachen Unruhe.[14]

Auch die Zen-Tradition des Bogenschießens konfrontiert den Schüler mit seiner Neigung zum Zielstreben. Er sieht sich in geradezu exemplarischer Weise einem Ziel in Form des erstrebten, makellosen Schusses und der Zielscheibe gegenüber. Ein langer Übungsweg bringt ihn nach und nach dazu, sich nicht um das Ziel zu kümmern, sondern die einzelnen Schritte zum Lösen des Schusses in Präsenz und Achtsamkeit auszuführen.[15]

Wir haben das Thema „Zielstreben" im Verlauf dieses Buches schon oft betrachtet. Die hier genannten Beispiele zeigen noch einmal, welchen Unterschied es macht, ob wir ein Ziel in Präsenz verfolgen oder ins Zielstreben verfallen, und sie machen deutlich, wie leicht wir vom Zielhaben ins Zielstreben abrutschen können. Je mehr wir uns dessen bewusst werden, desto leichter werden wir eine Aufmerksamkeit in unserem Leben entwickeln, die uns erkennen lässt, wann wir ins Zielstreben verfallen. Diese Wachsamkeit ist es, die Veränderungsprozesse überhaupt erst möglich macht.

9.7 Reize als Auslöser von starren Mustern wahrnehmen

Unser Gehirn neigt dazu, oft benutzte Nervenverbindungen auszubauen.[16] Dadurch entstehen nach und nach feste Muster. Solche Muster werden durch entsprechende Reize aktiviert. Alexander sprach von „stimulus". Nachdem er lange Zeit ohne den entscheidenden Durchbruch experimentiert hatte, kam er zu dem Schluss, dass seine Fehlsteuerung die instinktive – d.h. unbewusste – Reaktion auf den Reiz (stimulus) sei, seine Stimme zu benutzen.[17] Daraus schloss er, dass er lernen müsse, in dem Moment innezuhalten – den falschen Gebrauch seiner Stimme zu unterbinden (to inhibit) –, wenn der Reiz (stimulus) zum Gebrauch seiner Stimme ihn erreichte.[18]

Den Reiz, dem Alexander sich bei seinen Experimenten ausgesetzt sah, könnte man bezeichnen als den Wunsch, etwas besonders Wichtiges besonders ausdrucksvoll und deutlich zu sprechen. Denn das ungünstige Spannungsmuster war beim normalen Sprechen kaum zu bemerken und verursachte nur beim Rezitieren, dem ausdrucksvollen Sprechen auf der Bühne, Heiserkeit. Er fand sogar heraus, dass er sich Teile dieses Spannungsmusters, wie das Bemühen, den Boden mit den Füßen festzuhalten, bei seinem Schauspielunterricht bewusst antrainiert hatte.[19] Zusammen mit dem Zurückziehen des Kopfes und der Anspannung im Hals und im Rücken bildete es jetzt ein Spannungsmuster, das fest mit seinem Rezitieren verbunden war.

Je mehr Alexander erkannte, dass die ungünstige Art zu rezitieren kein Verhalten war, das er einfach ändern konnte, sondern ein festes Muster, das als Reaktion auf seinen Wunsch zu rezitieren auftrat, desto mehr lernte er, dieses Muster auf indirektem Wege – durch Innehalten und eine bewusste Neuausrichtung mithilfe der Anweisungen – zu verändern.

Die Netzwerke in unserem Gehirn erzeugen eine unüberschaubare Vielfalt der verschiedensten Verhaltensmuster. Alexander hatte bei seinen Experimenten mit dem Rezitieren gelernt, mit einem solchen Muster umzugehen, aber auch erkannt, dass diese Experimente exemplarischen Charakter hatten.

Feste Muster sind an einen auslösenden Reiz gebunden. Je mehr wir selbst die Neigung, in Mustern zu reagieren, bei uns wahrnehmen, desto mehr Aufmerksamkeit werden wir den Mustern und den sie auslösenden Reizen schenken. Wenn wir lernen diese Reize zu erkennen, lernen wir nicht nur, unsere Muster bewusster wahrzunehmen, sondern wir bekommen auch die Gelegenheit, das Auftreten der Muster in dem Moment, wo der entsprechende Reiz auftaucht, zu stoppen.

9.8 Bewusst und achtsam in einem umfassenden Sinne sein

Die Stille, die sich in der Meditation einstellt, ist keine Stille, die etwas unterdrückt. Sie gleicht nicht dem zusammengepressten Mund, der nicht reden darf, sondern vielmehr einem tiefen Frieden und einer Harmonie, die dem einfachen *Dasein* entspringen. Diese Stille ist das Urelement der Schöpfung. Willigis Jäger nannte sie „hintergründige Wirklichkeit". Sie ist für uns in der Ruhe der Meditation leichter zugänglich, doch ist sie wie die Leinwand im Kino als kaum wahrnehmbarer Hintergrund in unserem Leben mit all seinen sinnlichen Eindrücken und seiner Unrast stets anwesend. Das „Aware Ego" des Voice Dialogue speist sich aus dem Kontakt des Menschen mit diesem Hintergrund, der als Ruhepol und Bezugspunkt dient und vor dem das Wechselspiel der inneren Stimmen stattfindet.

Das „Aware Ego" hat Ähnlichkeit mit dem stillen Beobachter, der sich wie ein Fels in der Brandung nicht in das Hin und Her der Stimmen ziehen lässt. Es nimmt die verschiedenen Stimmen wahr, um in Entscheidungen und im Handeln zu einer Art Synthese zu kommen. Es unterdrückt dabei keines der Selbste und überlässt keinem von ihnen die Vorherrschaft, denn als „Aware Ego" sind wir nicht mit unseren einzelnen Stimmen identifiziert. Diese Fähigkeit entsteht und entwickelt sich als „Aware-Ego-Prozess" im Laufe von Voice-Dialogue-Sitzungen, geradeso wie das Wahrnehmen der Stille als hintergründige Wirklichkeit einem Menschen durchs Meditieren immer vertrauter werden kann.

Meditation kann das Wachstum des „Aware Ego" fördern, und umgekehrt kann der Voice-Dialogue-Prozess den Meditierenden davor bewahren, gewisse Anteile in der Meditation zu verdrängen, indem er ihn lehrt, die Selbste wahrzunehmen, ohne sie zu unterdrücken. Die Aufmerksamkeit, aus der sich der „Aware Ego Prozess" speist, ist die gleiche, die ein Mensch in der Meditation entwickelt, wenn er der Stille lauscht. Diese Aufmerksamkeit ist eine Art Urkraft, die den spirituellen Sucher im Hier und Jetzt verankert und einen Menschen davor schützt, aus dem „Aware Ego" ständig in eines seiner Selbste abzugleiten. Sie ist das wichtigste Merkmal der Menschheitsentwicklung und lässt den einzelnen Menschen das Leben in seiner ganzen Tiefe erleben. Sie gibt dem spirituellen Sucher Antwort auf die uralte Frage nach dem Sinn des Lebens, so wie sie die Entwicklung des „Aware Ego" im Lernprozess des Voice Dialogue ermöglicht.

Auch der Lernprozess in der Alexander-Technik ist eng damit verknüpft, Achtsamkeit und Bewusstsein in einer neuen Art und Weise zu entwickeln. So wie wir durch das „Aware Ego" im Voice Dialogue lernen, mehr und mehr von der Vielfalt unserer Selbste wahrzunehmen, entwickelt der Schüler der Alexander-Technik Achtsamkeit für den Zustand von Hals, Kopf und Rücken. In beiden Fällen wird die Aufmerksamkeit auf einen „Bereich" erweitert, der uns so selbstverständlich und so sehr Teil von uns selbst ist, dass wir ihn in unserem Alltagsbewusstsein meist gar nicht wahrnehmen. Dieser „Bereich" – gemeint sind z.B. bestimmte Selbste, aber auch die unmerkliche Balance des Kopfes auf der Wirbelsäule – ist uns so nah, dass wir mit dem entsprechenden Zustand identifiziert sind und nicht merken, wie sehr er unser Leben und unsere Reaktionen bestimmt. Denn Störungen in diesem „Bereich" – dominierende Hauptselbste, andauernde Verspannungen im Hals oder ständiges Zusammenziehen des Rückens – behindern unser Leben in vielfältiger Weise.

In allen drei Methoden spielt ein umfassendes, waches und tiefes Bewusstsein die entscheidende Rolle. Sie zeigen uns, wie wir unseren Beobachter – die Achtsamkeit in uns – weiterentwickeln und stärken können. Dies geschieht, indem wir „Bereichen" Beachtung schenken, die wir leicht übersehen, obwohl sie die Grundlage unseres Lebens bilden. Alle drei Methoden weisen darauf hin, dass ein wachsendes Bewusstsein für den Entwicklungs- und Entfaltungsprozess eines Menschen essenziell ist. Es stellt die Grundlage für einen solchen Wachstumsprozess dar. Das belegt auch die Arbeit von Heinrich Jacoby.

Alle diese Beispiele lassen allerdings erkennen, dass es Zeit und beharrliche Entschlossenheit braucht, um ein umfassenderes Bewusstsein zu entwickeln. Wir können zwar augenblicklich „aufwachen" und bewusster sein, doch nur durch Üben lernen wir, unser Leben aus einem wachen und bewussten Zustand heraus zu führen, denn unser Bewusstsein braucht Zeit, um sich zu entwickeln. Bewusst zu *sein* ist eine Fähigkeit, die wir erlernen können. Wie jedes Lernen geschieht auch dieses durch allmähliche Veränderungen im Nervensystem. Das braucht häufige Wiederholung und damit Zeit. Das einzelne Innehalten braucht beides nicht. Doch natürlich entwickelt sich auch unsere Fähigkeit innezuhalten mit der Zeit.

Zen, Voice Dialogue und Alexander-Technik verfeinern und erweitern die Entwicklung des Innehaltens, der Wahrnehmung und des Beobachters: als Wahrnehmen der Stille, als „Aware Ego" oder als ein achtsames Handeln in Form eines bewussten Gebrauchs der „psycho-physischen Einheit", die Alexander auch „das Selbst" nannte. Durch das Modell der Selbste des Voice Dialogue können wir unsere innere Welt[20] noch differenzierter wahrnehmen. Die Meditation vertieft unser hellwaches Da-Sein[21], indem sie uns zur Wahr- nehmung unserer tiefsten Tiefe führt. Ein achtsames Handeln, das Bewegungen, Reaktionsweisen, natürliche Aufrichtung und Koordination umfasst, wie es z.B. die Alexander-Technik vermittelt, gibt unserem Präsent-Sein[22] und unserem Innehalten[23] eine konkrete Grundlage.

Es zeigt sich, dass der Weg zu einem Leben in Achtsamkeit und Bewusst-Sein ein endloses Abenteuer ist. Er führt uns auf die höchsten Höhen und lässt uns in die tiefsten Tiefen schauen. In jedem Moment bietet der Weg immer neue und bezaubernde Ausblicke in eine unendliche Weite und Tiefe, die es wahrzunehmen gilt. Diese Ausblicke sind immer „Jetzt", und sie zeigen uns das „Jetzt"[24], die alles umfassende hintergründige Wirklichkeit, vor der und in der sich unser Leben abspielt.

Ausblick 9
Uralte Weisheit

Das Denken in Kategorien wie „gut" und „schlecht", „richtig" und „falsch" führt uns in die Enge starrer Formen. Je mehr wir uns im Urteilen verlieren, desto mehr werden wir zu einer festen Form, die im Widerstreit gegen andere Formen steht. Selbst wenn wir Form und Formloses als Gegensätze wahrnehmen, treibt uns das in die Enge, denn dann geschieht es leicht, dass wir uns das Formlose auf die Fahne schreiben und uns von der Form abwenden.

Die Vorstellung von Form und Formlosem, kann dem Verständnis und dem Erfassen der Welt dienen, in der wir leben. Missverstanden aber als Kompass, der uns anzeigt: „Weg von der Form, hin zum Formlosen!", führt sie auf Irrwege. Betrachten wir dazu folgendes Bild: Wenn wir uns die Welt der Formen als Ebene vorstellen, dann ist die Dimension des Formlosen die Vertikale, die senkrecht auf dieser Ebene steht. (vgl. Ausblick 6)

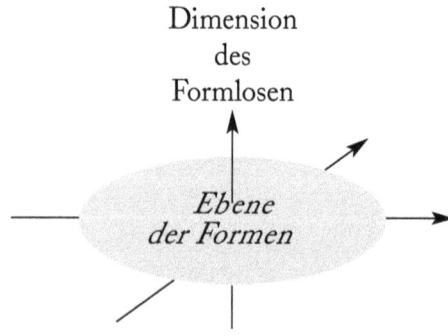

Teil 4 | Innehalten in einem umfassenden Sinne

Wenn wir in der Welt der Formen verhaftet sind, sind wir auf die grau markierte Ebene beschränkt. Wenn wir uns von der Welt der Formen abwenden und nur der Dimension des Formlosen folgen, bewegen wir uns nur auf der vertikalen Achse – auch das ist eine Einschränkung. Wenn wir hingegen das Formlose in der Form erleben, verbinden sich die Ebene und die vertikale Richtung. Sie öffnen sich zum Raum. Ein ähnliches Bild lässt sich für Handeln und Sein aufstellen:

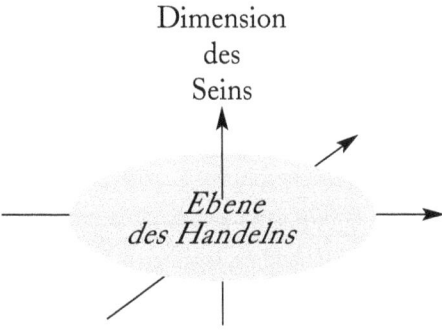

Der Schritt, der das Sein mit dem Handeln verbindet, ist das Innehalten. Das Innehalten vor dem Handeln bringt uns ins Sein, und das Innehalten im Handeln verbindet die horizontale Ebene mit der vertikalen Dimension und öffnet den Raum. Vergleichbares gilt für Denken und Nicht-Denken:

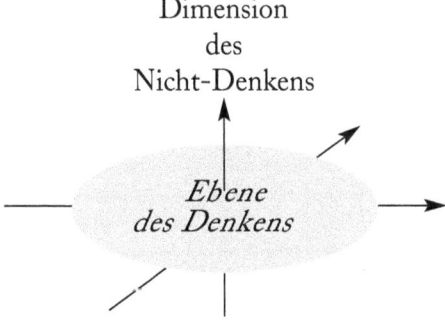

In der Ebene des Denkens liegt das uninspirierte Nachdenken, das Grübeln und das angestrengte Konzentrieren, das uns häufig eng macht, aber auch das strukturell ordnende Denken. Die Dimension der gedankenfreien Stille, die wir beispielsweise in der Meditation sowie im Kontakt mit der Natur erleben können, schenkt uns Einfälle und Inspiration, sie öffnet einen Raum, in dem kreatives und inspiriertes Denken geschieht.

Die drei Bilder entsprechen sich, mehr noch, sie beschreiben eigentlich dasselbe Phänomen. Die Verbindung der Ebene mit der vertikalen Dimension geschieht jeweils durch das Innehalten. Im ersten Fall der Form und des Formlosen wirkt das Innehalten vor allem als eine offene Wahrnehmung, die uns still werden und uns das Formlose in der Form erkennen lässt. Im zweiten Fall des Handelns und Seins ist es das Innehalten in Verbindung mit der Ausrichtung, das uns aus den Formen starrer Gewohnheiten herausführt und uns den Raum des präsenten Handelns eröffnet. Im dritten Fall ist es das Innehalten zusammen mit der Ausrichtung auf ein Thema, das Einfälle und ordnendes Denken verbindet.

Die Ähnlichkeit der Bilder erinnert daran, dass Denken und Handeln zur Welt der Formen gehören und Sein und Nicht-Denken der Dimension des Formlosen angehören. Das Denken mit dem dazugehörigen Fühlen – die Formen unserer inneren Welt – beeinflusst unsere äußere Welt. Man könnte sagen, unser Denken und Fühlen formt unser Erleben in der äußeren Welt. Wer diesen Zusammenhang erfahren hat, der wird seinem Denken und Fühlen mehr Aufmerksamkeit schenken und Intentionen bewusst einsetzen, um seinem Leben eine gewünschte Richtung zu geben. Intentionen lösen uns von der Ebene des Denkens – des Nachdenkens oder Sorgens – und verbinden uns mit der vertikalen Dimension des kreativen Seins.

*Jenseits der Zeit
ist Heiterkeit.*

Überblick 9

Achtsamkeit ist ein hohes Gut. Nicht so sehr Ideal und Pflicht als vielmehr Quell der Freude und des intensiven Erlebens. Vielfältig sind die Felder der Achtsamkeit. Vielfältig ihre Früchte.

Übungen zur Vertiefung 9

1) Wie oft urteilen und beurteilen Sie? Welches sind die beliebtesten Felder (Themen, Situationen, andere Menschen, eigene Handlungen), auf denen dies geschieht?
2) Haben Sie etwas Ähnliches wie der chinesische Bauer in der Geschichte „Wir werden sehen" erlebt? Hat sich in Ihrem eigenen Leben etwas, das Sie zunächst abgelehnt und als nachteilig angesehen haben, im Nachhinein als förderlich herausgestellt?
3) Gehen Sie in die Natur. Betrachten Sie Blumen, Blüten und Bäume, ohne sie zu benennen. Verweilen Sie in einem stummen Staunen über die Schönheit, die sich Ihnen in der Stille zeigt.
4) Üben Sie das In-der-Schwebe-Halten: Wählen Sie ein Ziel. Handeln Sie, aber lassen Sie es offen, ob Sie das Ziel am Ende erreichen.

Mögliche Beispiele:

a) Kleine Wege in der Wohnung: Gehen Sie zu einer geschlossenen Tür, um sie zu öffnen. Spüren Sie, wie der Türgriff Sie anzieht. Sagen Sie Nein zu diesem Vorwärtsstreben, gehen Sie Schritt für Schritt und lassen Sie es offen, ob Sie tatsächlich bis zur Tür gehen und sie öffnen.

b) Eine Wanderung: Gehen Sie Schritt für Schritt mit offener Wahrnehmung Ihrer Umgebung.

c) Küchenarbeit: Räumen Sie die Spülmaschine aus oder waschen Sie ab. Stück für Stück, ohne zum Ende kommen zu wollen, unterbrechen Sie die Arbeit zwischendurch.

d)Urlaubsfahrt: Wählen Sie ein Ziel. Ohne eine Unterkunft zu buchen, nähern Sie sich diesem Ziel in Etappen. Vielleicht bleiben Sie unterwegs bei einer besonders schönen Zwischenstation, ohne Ihr eigentliches Ziel zu erreichen.

5) Schreiben Sie eine Liste mit typischen Reizen, die Ihr Alltag bereithält, und den dazugehörigen gewohnheitsmäßigen Reaktionen.

Abschnitt 10

Transparenz – die Lebendigkeit scheint durch

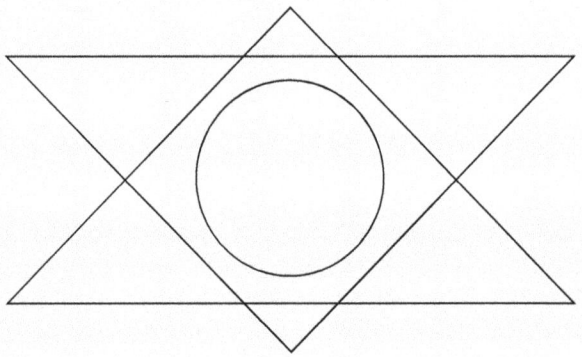

Einblick 10

Intention, Innehalten und Entwicklung

Die präfrontale Rinde steuert unsere Achtsamkeit, macht Pläne und erlaubt uns, langfristige Ziele zu verfolgen. Sie stellt als Metaebene die anderen drei Ebenen in einen Sinnzusammenhang[1], koordiniert sie und ermöglicht ein Metabewusstsein – ein Reflektieren über uns selbst.[2] Doch ist die präfrontale Rinde nicht der unumschränkte Herrscher über die anderen Teile, wie besonders das Bild vom Reiter auf dem Elefanten veranschaulicht.[3] Dennoch ist es die präfrontale Rinde, die durch Intention,

Teil 4 | Innehalten in einem umfassenden Sinne

Innehalten und ihre besondere Plastizität eine bewusst intendierte Entwicklung möglich macht.

Daniel Siegel sieht achtsames Gewahrsein nicht so sehr als ein entspanntes Dasein, sondern vielmehr als eine Präsenz, die uns engagiert und handlungsbereit macht, indem sie uns klar und gefestigt werden lässt.[4] Denn die präfrontale Rinde ist bei dieser Art von wachem Zustand, bei dem wir unsere Gedanken und unsere Sinneseindrücke bewusst wahrnehmen, in höherem Maße aktiv als in einer Meditationsform, bei der wir den Fokus auf ein inneres oder äußeres Objekt gerichtet halten.[5] Achtsamkeit erscheint damit bei Siegel als ein Attribut des bewusst handelnden Menschen. Auch wenn sie meist das Ergebnis von Ruhe und innerer Einkehr ist, erscheint sie, so gesehen, vor allem als eine Gestaltungskraft in unserem Leben und Handeln.[6]

Joe Dispenza hat der präfrontalen Rinde und der in ihr angelegten Kraft der Intention ein ganzes Buch gewidmet. Seine eigene Geschichte zeigt die außerordentlichen Möglichkeiten, die eine klare Ausrichtung und Intention uns eröffnen. Nach einem schweren Fahrradunfall rieten ihm seine Ärzte dringend zu einer Operation, die jedoch keine wirkliche Heilung, sondern nur eine Art Notreparatur bedeuten konnte.[7] Da ihm aus seiner eigenen Praxis als Chiropraktiker die Folgen eines solchen Eingriffs bewusst waren, entschied er sich für einen anderen Weg. Durch ein selbst entworfenes, monatelanges Übungsprogramm gelang ihm ein Heilungsprozess aus eigener Kraft.[8] Dabei waren seine Tage angefüllt mit der Schulung seiner Imaginationskraft und einem systematischen Muskeltraining.

Durch seine eigenen Erlebnisse angeregt, begann Joe Dispenza Fälle sogenannter Spontanheilung zu untersuchen. Er fand auffällige Gemeinsamkeiten in diesen Geschichten von Menschen, die nach einer aussichtslosen medizinischen Diagnose zur Überraschung ihrer Ärzte wieder gesund wurden. Viele dieser Menschen setzten ihre Vorstellungskraft sehr konsequent ein, um einen Heilungsprozess einzuleiten, denn sie waren davon überzeugt, dass es Kräfte in ihnen gab, die Heilung bewirken konnten.[9] Da sie in dieser Möglichkeit ihre einzige Überlebenschance sahen, verwendeten sie viel Zeit und Energie auf diese mentale Arbeit. Dabei imaginierten sie nicht nur ihre Heilung, sondern sie stellten sich immer wieder ein neues, ganz anderes Leben vor, das ihnen wünschenswert erschien und für das sie sich unter dem Eindruck ihrer Krise entschieden hatten, und veränderten bewusst ihre alten Denkgewohnheiten.[10]

Menschen, denen alle Hoffnung auf ein routinemäßiges „Weiter so" genommen wird, können zu einer Einstellung gelangen, bei der die Fokussierung auf einen bewussten Neuanfang absolute Priorität bekommt.[11] Diese Menschen werden durch ihre Erkrankung zu einem umfassenden Innehalten gebracht, das einen grundlegenden Neuanfang möglich macht. Darin zeigt sich unser Potential, uns mittels Intention zu verändern. Wer dies erkannt hat, kann sich die Kräfte der Intention auch außerhalb schwerer Krisen nutzbar machen. Denn wenn wir wissen, wie umfassend wir unser Leben durch bewusste Entscheidungen beeinflussen können, werden wir die Motivation und Ausdauer entwickeln, um einer Intention die nötige Kraft zu verleihen.

Die Entwicklung zu einem lebendigen, offenen, bewusst lebenden Menschen braucht einen Impuls, der von innen kommen muss, wenn er nicht nur durch Krankheiten und Katastrophen geleitet sein soll. Gerald Hüther betont in seinen Vorträgen immer wieder, wie wichtig Einstellungen und Haltungen, die in der präfrontalen Rinde erzeugt werden, für unser Leben und insbesondere für jede Art von Lernprozess sind. Wenn wir innehalten und offen wahrnehmen, erleben wir die Welt in einer Schönheit, die jenseits der vordergründigen Harmonie von Farben und Formen liegt. Dies kann eine Einstellung und Haltung in uns fördern, die uns veranlasst, immer präsenter zu sein. Wir bewegen uns dabei auf der Stufenleiter der Wahrnehmung[12] Schritt für Schritt weiter nach oben. Je weiter wir nach oben gelangen, desto lebendiger erscheint uns die Welt. Hier oben nehmen wir die tiefe Lebendigkeit in uns und um uns herum wahr und haben dabei das Gefühl, von einer vibrierenden Präsenz durchdrungen zu sein.

Kapitel 10
Innehalten als Tor zum Leben

Willst du dich am Ganzen erquicken,
So mußt du das Ganze im Kleinsten erblicken.

Goethe, *Gedichte und Epen I, Sprüche*

Denn das ist eben die Eigenschaft der wahren Aufmerksamkeit,
daß sie im Augenblick das Nichts zu Allem macht.

Goethe, *Wilhelm Meisters Wanderjahre I, 2*

Die Natur:
Alles ist immer da in ihr.
Vergangenheit und Zukunft kennt sie nicht.
Gegenwart ist ihre Ewigkeit.

Goethe, *Naturwissenschaftliche Schriften I, Die Natur, Fragment*

10.1 Das Paradox der Zeit

Eckhart Tolle beschreibt in seinen Vorträgen[1] über das „Jetzt" in anschaulicher Weise, wie sehr wir dazu neigen, mit unserem reflektierenden und planenden Verstand in der Vergangenheit und in der Zukunft zu sein und dabei den gegenwärtigen Moment zu übersehen. Dieser allein jedoch besitzt Realität und lässt uns darüber hinaus in die Tiefe unseres Daseins schauen. Indem wir uns in unserem Verstand und damit in der Vergangenheit oder der Zukunft aufhalten, verpassen wir das Leben, das immer nur jetzt stattfindet. In Eckhart Tolles Vorträgen begegnen wir dem Paradox der Zeit, einem scheinbaren Widerspruch, den unser Verstand erzeugt.

Wir stellen uns die Zeit als eine endlose Vergangenheit gefolgt von einer ebenso endlosen Zukunft vor. Vergangenheit und Zukunft sind dabei durch den nicht messbaren oder fassbaren jetzigen Moment voneinander getrennt. Auf unsere eigene Lebenszeit bezogen schrumpfen die beiden unendlichen Teile zusammen auf unsere eigene Vergangenheit und unsere persönliche Zukunft. Dabei erscheint die Zeit – ähnlich wie ein Längenmaß – in messbare und vergleichbare Einheiten zergliedert. Jahre, Wochen, Tage, Stunden und Sekunden geben uns eine Vorstellung von Zeitabschnitten, an die wir uns erinnern oder die wir uns in der Zukunft vorstellen. In diesem Bild, das der Verstand entwirft, ist der jetzige Moment nur eine unvorstellbar schmale Markierung auf einem imaginären Zeitband.

Wir erleben den Verlauf der Zeit oft in einer Form, die diesem analytischen Bild ähnelt: „Dreifach ist der Schritt der Zeit: Zögernd kommt die Zukunft hergezogen, pfeilschnell ist das Jetzt entflogen, ewig still steht die Vergangenheit".[2] Das Jetzt scheint nicht fassbar oder erlebbar zu sein, denn in dem Moment, wo wir „jetzt" denken, ist es bereits Teil der Vergangenheit. Für unseren Verstand, aber auch in unserer Vorstellung gibt es den jetzigen Moment eigentlich gar nicht. Der Verstand reduziert ihn auf eine notwendige Schnittstelle zwischen Vergangenheit und Zukunft. Aber auch in unserem Leben machen wir ständig die Erfahrung, dass sich Momente nicht festhalten lassen, alles scheint ständig in Bewegung zu sein.

In der beschriebenen Weise erscheint uns die Zeit wie ein Fluss, den wir an uns vorbeifließen sehen. Wir stehen an seinem Ufer und sehen seine Bewegung. Die Situation in diesem Bild ändert sich allerdings grundlegend, wenn wir uns in den Fluss begeben und uns mit der Strömung bewegen. Dann erleben wir das Wasser, das uns trägt und um uns herumfließt, und wir sind Teil der Bewegung. Statt „Fluss" als ein Objekt unserer Außenwelt – und damit als ein von uns getrenntes Gegenüber – zu sehen, erleben wir jetzt das Wasser. Dem Fluss als einem Gebilde und einem Konzept unseres Verstandes steht eine lebendige Erfahrung gegenüber. Geradeso verhält es sich mit dem Jetzt. Als ein Konzept unseres analytischen Denkens oder eine Vorstellung unseres Verstandes ist das Jetzt als Teil der Zeit so wenig wahrnehmbar, wie der einzelne Wassertropfen eines Flusses für den Beobachter. Doch tatsächlich besitzt nur das Wasser als Urelement des Flusses Realität und ist erfahrbar. Für einen Fisch existiert der Fluss nicht, obwohl – oder besser gesagt: weil – er in ihm lebt.

Als Menschen können wir im Fluss schwimmen oder uns den Fluss von außen anschauen und seinen Verlauf studieren. Wir können sogar bewusst entscheiden, welche Perspektive wir einnehmen möchten. So löst sich das Paradox der Zeit im Erleben. Für den Verstand schrumpft das Jetzt zu einem „Nichts" zusammen, doch „wahre Aufmerksamkeit" macht es zu „Allem".[3] Für die verstandesfreie „Natur" und für einen Menschen, der ganz dem Jetzt zugewandt ist, existieren Vergangenheit und Zukunft nicht, „Gegenwart ist ihre Ewigkeit".[4]

Das Jetzt wird zum Bezugspunkt eines zutiefst lebendigen Menschen. Selbst Veränderungsprozesse, die doch offensichtlich Zeit benötigen, können nur jetzt stattfinden. Dieser scheinbare Widerspruch ist dem beschriebenen Paradox der Zeit verwandt. Alle Entwicklungen, Handlungen und Lernprozesse finden immer nur jetzt statt und erstrecken sich gleichzeitig über einen gewissen Zeitraum. Diesen Zeitraum können wir einplanen und berücksichtigen, doch das eigentliche Geschehen ist immer jetzt. Das Innehalten ist geeignet, uns immer wieder aus der planenden und organisierenden Verstandeswelt in den Fluss des Lebens – ins Hier und Jetzt – zu bringen.

10.2 Innehalten als lebendiger Prozess

Verwechseln wir Tun und Beschäftigtsein mit Lebendigsein, so unterliegen wir derselben Täuschung, die Zeit-Haben mit dem tiefen Erkennen des gegenwärtigen Moments gleichsetzt. Wir vergessen dabei, dass Lebendigsein eine Qualität ist, die mit der Tiefe des Erlebens zu tun hat. Im ersten Fall lässt uns ein rastloses Tun den Zauber und die Kostbarkeit des gegenwärtigen Augenblicks nicht wahrnehmen, und im zweiten verwechseln wir Gemütlichkeit und Zeit-Haben mit dem Erleben des Hier und Jetzt. Damit bewegen wir uns an der Oberfläche eines Lebens, das seine Geheimnisse dem Menschen, der eifrig tätig seinen Zielen entgegenstrebt, genauso verschließt wie demjenigen, der sich in halb wachen Tagträumen verliert.

Wie die Hirnforschung zeigt, führt Innehalten und die damit verbundene höhere Aufmerksamkeit zu einer umfangreicheren Aktivität im Gehirn.[5] Wenn das Zielstreben uns in Routineabläufen gefangen hält, werden die Möglichkeiten unseres Gehirns offenbar nur zu einem kleinen Teil genutzt. Was für den Spieler eines rasant ablaufenden Videospiels gilt, gilt sicherlich umso mehr für einen Menschen, der seinen Alltag ohne besondere Anforderungen in einer Art Halbbewusstsein durch eine Abfolge routinemäßiger Handlungen absolviert und dabei in einer traumartigen Gedankenwelt versunken ist. Doch wenn wir innehalten und offener wahrnehmen, kommen wir in einen wachen Zustand, der uns aus der Routine reflexartig ablaufender Muster heraushebt. Wir werden bereit für Veränderung, und unser Gehirn, das dem Menschen in besonderem Maße die Fähigkeit schenkt, lebenslang zu lernen und neue Wege zu entdecken, wird in einer viel umfassenderen Weise angesprochen.

Was die Hirnforschung sichtbar macht, lässt sich für uns selbst als ein Zuwachs an Sinneswahrnehmungen und Lebendigkeit erleben. Wenn wir durch Innehalten und offene Wahrnehmung unsere Umgebung über die Augen und die Ohren umfassender erfahren, so wird die Welt bunter, vielstimmiger und eindrücklicher. Geben wir uns beim Innehalten die Anweisungen für Hals, Kopf und Rücken, so können wir die Lebendigkeit

– d.h. das Leben – in uns wahrnehmen. Und wenn wir als wache Beobachter die inneren Stimmen unserer Selbste wahrnehmen, erleben wir in uns selbst eine lebendige Welt, die nach Harmonie und Ausgleich zwischen unseren eigenen Anteilen verlangt.

Ausgangspunkt unserer Überlegungen am Anfang des Buches war die Rastlosigkeit. Sie hält uns oftmals mit ihrer Geschäftigkeit an der Oberfläche des Lebens gefangen und beschert uns ein äußerlich bewegtes, aber oberflächliches Leben, denn es fehlt ihm nicht nur die Wahrnehmung der Welt, die uns umgibt, sondern besonders der Kontakt mit der Dimension einer Tiefe, die man als Stille oder hintergründige Wirklichkeit bezeichnen kann. Innehalten hat also keineswegs mit Stillstand zu tun. Im Gegenteil, es lässt uns das Leben erst in seiner ganzen Fülle und Tiefe erfahren und erweist sich als Tor zu Veränderungsprozessen, die unser Leben sich entfalten und wie eine Blume erblühen lassen.

Wie wir gesehen haben, hat das Innehalten viele Facetten: Es lässt uns Abstand gewinnen zu der Situation, in der wir uns gerade befinden, um umsichtiger und weiser zu handeln. Es lässt uns damit auch erkennen, wann wir zu sehr von unruhiger Geschäftigkeit getrieben sind, und wird uns zur Einrichtung von Pausen und Ruhepunkten verhelfen. Es ermöglicht uns, aus einem starren Muster auszusteigen, selbst wenn wir uns bereits mitten in einer heftigen Reaktion befinden. Es gibt unseren Handlungen eine besondere Qualität. All dies sind sehr wertvolle Hilfen für die Bewältigung unseres Alltags. Darüber hinaus scheint uns das Innehalten Zugang zu einem tiefen Geheimnis zu gewähren, indem es uns in besonderer Weise mit dem Leben und der Schöpfung verbindet. Es verändert unseren Zustand augenblicklich, führt uns zu Aufmerksamkeit, größerer Bewusstheit und lässt uns als wache Beobachter unser Leben gelassener betrachten. Gleichzeitig wirkt es langfristig und setzt einen Prozess in uns in Gang, der unser Leben verändert, zur Entfaltung bringt und das Hier und Jetzt zu unserer wahren Heimat werden lässt.

Auch beim Innehalten begegnen wir wieder demselben Widerspruch, der sich aus dem Paradox der Zeit herleitet: Wir benötigen Zeit und Übung, um unser Bewusstsein zu entwickeln und so sehr vom Innehalten durchdrungen zu werden, dass es wie ein Lebenselixier wirken kann. Gleichzeitig führt uns das Innehalten aber auch unmittelbar ins Hier und Jetzt. Anders ausgedrückt: Das Innehalten ist zum einen Werkzeug und Übungsweg, um tief greifende Veränderungsprozesse anzuregen, das Jetzt immer wieder wahrzunehmen und das Leben in seiner ganzen Tiefe zu erfahren. Gleichzeitig lässt es uns augenblicklich das Hier und Jetzt im bewussten Dasein wacher erleben und gewährt uns so Zugang zum Mysterium unseres Lebens. Es ist damit zugleich Weg und Ziel.

10.3 Die Fülle des Lebens

Kapitel 2.4 hat gezeigt, wie sehr ein Mensch, der voranstrebt und ganz auf ein Ziel ausgerichtet ist, seine Wahrnehmung, insbesondere seinen Blick, verengt. Alles, was ihm begegnet, erscheint ihm beim Vorwärtskommen entweder förderlich oder hinderlich. Es ist, als lebte er in einer eindimensionalen Welt, in der es nur Vorwärts und Rückwärts, Beschleunigung oder Gebremst-Werden gibt. Diese „Enge" einer eindimensionalen Welt verwandelt sich durch das Innehalten in die räumliche Weite einer dreidimensionalen Welt.

In der Weite, die uns das Innehalten schenkt, nehmen wir erst die Fülle eines Lebens wahr, das uns umgibt, aber auch in uns ist. Im Sehen zeigt sich diese Öffnung besonders deutlich: Wenn sich der Tunnelblick des Zielstrebens löst, beginnen wir, die Welt um uns herum erst wirklich wahrzunehmen. Wir sehen, was rechts und links von uns ist, aber auch den Himmel über uns und den Boden unter uns. Die Enge des Zielstrebens, das nur Vorwärts oder Rückwärts kennt, öffnet sich zur Tiefe des Raumes, der uns umgibt. Der Raum, der sich uns auftut, ist angefüllt mit einer unüberschaubaren Fülle von Formen und Farben, die sich ständig wandeln.

Teil 4 | Innehalten in einem umfassenden Sinne

Sie wandeln sich, wenn wir uns durch den Raum bewegen und so unser Blickfeld verändern, und sie wandeln sich im Laufe der Zeit:

Die Wolken ziehen über den Himmel,
das Blau des Himmels, das Weiß der Wolken.
Die Sonne scheint, immer neu, immer anders,
Spiel des Lichts, Schatten.
Morgenrot und Abendrot,
es leuchtet.
Wetterwechsel:
Regen, Nebel, Sonnenschein.
Jede Jahreszeit bringt neue Farben,
ein Baum verwandelt sich,
eine blühende Wiese...

Es ist, als sollte alles immer wieder neu und anders sein, damit wir uns daran erfreuen können. Den visuellen Erfahrungen vergleichbar, bietet sich auch dem Hören eine Fülle von Wahrnehmungen:

Plätschern des Wassers,
das Rauschen des Windes, der Bäume, des Meeres.
Rascheln der Tiere,
Gesang der Vögel.
Die Welt der Insekten,
Summen und Brummen.
Unsere Schritte
durch Laub, durch Schnee,
auf Stein, auf Kies...

Unsere Zivilisation erzeugt viel Unruhe und Lärm verbreitende Geräusche, wie Verkehrs- und Maschinenlärm, die oft als Belastung empfunden werden. Doch mit der Musik hat sich der Mensch eine Klangwelt erschaffen, die an Reichtum und Fülle den Stimmen der Natur gleicht, sie vielleicht sogar übertrifft: Eine Welt, die sich uns – ähnlich wie beim offenen Schauen – erschließt, wenn wir innehalten und offen lauschen. Auch hier entsteht eine Art Räumlichkeit, in der sich die verschiedenen Stimmen und die daraus entstehenden Klänge in Zeit und Raum entfalten.

Fülle bedeutet dabei einen Reichtum, der nicht aus der Menge der Sinneseindrücke entsteht, nicht aus dem ständigen Wechsel der Eindrücke, sondern der vor allem aus der Eindrücklichkeit und Deutlichkeit der Erfahrung geboren wird. Es ist nicht die Vielzahl der Farben einer bunten Frühlingswiese, sondern es ist das Wahrnehmen jeder einzelnen Blume, das die Fülle erzeugt. Darauf verweist auch das Goethe-Zitat vom Anfang: „Willst du dich am Ganzen erquicken, so musst du das Ganze im Kleinsten erblicken", denn das bedeutet, die Schöpfung in ihrer unfassbaren Fülle in der Tiefe ihrer einzelnen Teile zu erfahren. Es ist nicht ein riesiges Waldgebiet an sich, das uns die Fülle der Natur erleben lässt, sondern der unüberschaubare Reichtum der Formen und Farben, den wir wahrnehmen können und der von den vielen einzelnen Bäumen erzeugt wird. Denn während wir den Wald betrachten, können wir gleichzeitig jeden Baum wie ein individuelles Wesen in seiner Einzigartigkeit wahrnehmen. Dadurch erleben wir eine überwältigende Fülle von Eindrücken, die sich zum Bild einer unendlich vielgestaltigen Welt in beständigem Wandel zusammensetzen.

Unsere Innenwelt ist von der Außenwelt, die wir über unsere Sinne wahrnehmen, nicht getrennt. Wir sind Teil der Welt, und alle Sinneseindrücke wirken in uns. Wenn wir wirklich offen sind, treten wir mit den Objekten unserer Wahrnehmung in eine Art Resonanz. Wir erleben uns dann als mit der Welt verbunden und können heraustreten aus einer Isolation, die der menschliche Verstand dadurch erzeugt, dass er den Menschen und seine Umgebung einander gegenüberstellt. Der Reichtum unserer Innenwelt zeigt sich auch in der Vielzahl von Selbsten, die in uns leben. Auch diese können mit unserer Umwelt in Resonanz stehen. Bestimmte Situationen und gewisse Menschen scheinen mit Selbsten in uns zu korrespondieren, die dann in den Vordergrund treten, wenn sie durch diese hervorgelockt werden.

In unserer körperlichen Innenwelt können wir die Lebendigkeit, die alles durchdringt, verhältnismäßig leicht spüren. Indem wir immer wieder innehalten und unsere Aufmerksamkeit nach innen lenken, können wir eine Lebendigkeit in jeder Zelle unseres Körpers spüren. Wenn wir einige Erfahrung mit der Alexander-Technik gesammelt haben und wir uns die Anweisungen für Hals, Kopf und Rücken geben, merken wir, dass unser Körper sich bewusst ausrichten lässt. Er wird dadurch leichter und durchlässiger, und mit der Zeit nehmen wir wahr, wie er von einer vibrierenden Lebendigkeit erfüllt ist. Diese wirkt viel zu kraftvoll, mächtig und tief, als dass wir sie als eine nur persönliche Vitalität ansehen könnten. Sie erscheint vielmehr als eine Urkraft und Urlebendigkeit, die die Fülle des Lebens in uns und um uns herum erzeugt.

10.4 Die Tiefe des Lebens

Je mehr wir mit dem Innehalten vertraut werden und je stiller wir werden, desto mehr spüren wir von einer Tiefe, die sich der Sprache, dem Denken und damit der Beschreibung entzieht. Eckhart Tolle spricht vom lebendigen Augenblick – dem „Jetzt". Er gebraucht Umschreibungen, um das Unnennbare erlebbar werden zu lassen: der *Raum,* in dem alle Formen erscheinen und der alles durchdringt – er nennt es „spaciousness" – und die *Stille,* die selbst hinter Klängen und Geräuschen stets gegenwärtig ist. Willigis Jäger (1925–2020) deutete auf diese Tiefe, wenn er von „hintergründiger Wirklichkeit" sprach und auch er gebrauchte das Bild der Stille und sprach von der „Stille hinter der Stille".

Wenn wir innehalten und ganz mit dem gegenwärtigen Augenblick verbunden sind, werden wir wacher und bewusster. Es ist, als würde unser Alltagsbewusstsein sich erweitern und mit etwas Umfassenderem verschmelzen. Alles, was wir sehen, bekommt eine räumliche Tiefe und zeigt intensivere, leuchtende Farben, wenn wir uns vom verengten Schauen, das nur nach Zweckmäßigkeit fragt, befreien. Dadurch nehmen wir die Dinge, die uns umgeben, unmittelbarer und mit offeneren Sinnen wahr.

Sind wir ganz wach und mit dem gegenwärtigen Moment verbunden, so scheint sich mehr als nur die sinnliche Wahrnehmung zu ändern. Die geheimnisvolle Tiefe ist keine einfache räumliche Dimension. Ihr Auftauchen geht zwar Hand in Hand mit der Wahrnehmung intensiver leuchtender Farben und größerer räumlicher Tiefe, doch sie übersteigt das Räumliche und das Visuelle. Es scheint als würden die Dinge, die wir anschauen, transparent und ließen etwas von ihrer tieferen Natur durchscheinen. Graf Dürckheim spricht von unserer eigenen Transparenz, wenn er sagt, dass wir auf dem kontemplativen Weg transparent werden für die uns „innewohnende Transzendenz".[6]

Die einfachsten Gegenstände unserer Umgebung wie ein Stuhl, eine Tasse oder ein Buch können sich plötzlich verwandeln, indem wir uns verwandeln, und uns staunen lassen. Leichter geschieht eine solche Öffnung in der Natur. Halten wir inne und betrachten wir beispielsweise eine Blume, so nehmen wir mehr wahr als Formen und Farben. Es ist, als würden wir uns in der Blume spiegeln und unsere eigene Tiefe in ihr wiedererkennen, denn es ist die Tiefe allen Seins. Wir erleben dadurch mehr als nur ein Gefühl von Verbundenheit. Die Grenzen scheinen zu verschwimmen, und wir sind die Blume.

Ist es der Urgrund des Seins, in den uns das Innehalten schauen lässt? Diese und die im Vorwort aufgeworfenen Fragen muss jeder für sich selbst beantworten. Jedenfalls scheint es das Erleben und nicht das Nachdenken zu sein, das uns Antworten geben kann. Wenn Goethe sagt: „... denn das ist eben die Eigenschaft der wahren Aufmerksamkeit, daß sie im Augenblick das Nichts zu Allem macht", so zeigt sich, dass er gefunden hat, wonach er Faust so verzweifelt hat suchen lassen. Das Dasein enthüllt uns sein Geheimnis nur im gegenwärtigen Moment. Dem Verstand so unscheinbar und als Trennungslinie zwischen Vergangenheit und Zukunft scheinbar ohne Dauer, findet unser Leben doch nur im Hier und Jetzt statt. Nur in der Präsenz des Augenblicks kann sich das Leben erfüllen, und nur hier lässt es sich in seiner ganzen Tiefe erfahren.

Ausblick 10

Leben als Erfahrung der Einheit – Einklang

Das Formlose hat keine Grenzen. Auf der Ebene der Formen nehmen wir hingegen einzelne, scheinbar unabhängige Objekte wahr. Da das Formlose alles durchdringt, ist tatsächlich alles mit allem verbunden. Wir sind Teil eines unüberschaubaren Geschehens, das sich auf der riesigen Bühne der Formen abspielt. Gleichzeitig sind wir als wache Beobachter auch in der Lage, Teile der Bühne als Zuschauer zu betrachten. Denn wir sind beides: Form und Formloses, wobei das Formlose in uns zu einer bewussten Wahrnehmung seiner selbst gelangt.

Je mehr das Formlose in uns zu einem wachen Bewusstsein wird, desto mehr erleben wir die Tiefe des Lebens. Wenn wir die Präsenz des Formlosen in unserem Leben erfahren und das Formlose in allen Formen des Lebens erkennen, verwandelt sich der nüchterne Beobachter in einen liebevollen Betrachter. Wer die Verbindung aller Formen erkennt, empfindet ein tiefes Mitgefühl anderen Lebewesen gegenüber. Ein harsches Urteil macht einem tiefen Verstehen Platz, und Begriffe wie „richtig" und „falsch" oder „gut" und „schlecht" verlieren ihre Bedeutung. Wir erleben eine tiefe Übereinstimmung und sind im Einklang mit dem Leben, das durch uns wirkt. Der gegenwärtige Moment bekommt eine Fülle und eine Tiefe, in der alles enthalten ist. Keine Erfüllung eines Wunsches kann dieses Erleben noch vervollkommnen, denn in diesem Moment ist bereits alles enthalten. Und doch ist es meist nur ein schwacher Lichtschein, der von dieser Wahrheit auf uns fällt.

Unsere Bestimmung ist es, immer mehr in diesem Licht der wachen Präsenz zu stehen. Das ist unser Weg, und das Ziel ist der gegenwärtige Augenblick. Was für ein großartiger Widerspruch, der unserem Verstand und den zielstrebenden Anteilen die Grundlage für ein systematisches Arbeiten entzieht. Es gibt einen Weg – den Weg des wachen Bewusstseins –, und doch gibt es keinen Weg, der irgendwohin führt. Es gibt ein Tor – das Tor der Präsenz –, und doch führt es in keinen Raum, in dem wir nicht schon längst sind.

Alles scheint unendlich geheimnisvoll und doch ist es so einfach. Wenn wir scheitern, so scheitern wir an dieser Einfachheit, die alles Bemühen und alle Umwege ausschließt. Wenn es uns gelingt – obwohl es eigentlich nichts zu erreichen gibt –, so gelingt es uns nicht allein aus eigener Kraft. Es scheint stets ein Akt der Gnade, ein Geschenk, das wir uns gar nicht verdienen *können*. Mit unserem Bemühen arbeiten wir auf einer Ebene, die keinen Zugang zur Dimension des Seins hat. Die Präsenz des gegenwärtigen Moments, die sich uns öffnet, wenn wir still werden, ist stets wie ein Licht aus einer anderen Welt, das alles um uns herum verwandelt. Wir können es nicht entzünden, aber wir können seine wohltuende Wärme empfangen.

*Präsenz:
Stille werden
schon auf Erden.*

Ende des klassischen Teils *

---

* Hier könnte das Buch enden. Doch die Physik des 20. Jahrhunderts, die die bis dahin allein gültige „klassische Physik" in revolutionärer Weise erweitert hat, lädt zu einer Fortsetzung ein. In ihr werden sich die Einblicke und Ausblicke weiter annähern, denn gerade in den letzten 30 Jahren hat die neue Physik viele Modelle und Forschungen zum Thema „Bewusstsein" angeregt.

Teil V
Alles ist anders

Abschnitt 11
Leere

Einblick 11
Bewusstsein und Ich

Wie der Einblick 8 gezeigt hat, erweist sich das Ich bei näherer Untersuchung als Illusion. Es scheint keine Substanz zu besitzen, vielmehr aus einer Vielzahl von Strömungen zu entstehen – als das subjektiv erlebte, scheinbar kontinuierliche Zentrum unseres Denkens, Wahrnehmens und Fühlens. Es erweist sich damit als das illusionäre Produkt eines Bewusstseins, in dem sich unser Denken und Wahrnehmen abspielt. Mit dieser Erkenntnis verschiebt sich das Rätsel unserer so klar gefühlten Identität hin zur Frage nach dem Bewusstsein.

In der traditionellen Hirnforschung wird das Bewusstsein oft als ein Epiphänomen – eine Art Nebenprodukt – der komplexen Gehirnstruktur angesehen. Es entsteht demnach im Gehirn und hat sich als eine Art wirksame Waffe im Überlebenskampf erwiesen, durch die der Mensch den Tieren überlegen wurde. In einer solchen Betrachtungsweise versucht man, die Entwicklung des Lebens auf die Wirkung des Materiellen zurückzuführen. Das Leben wird zum darwinschen Überlebenskampf.

Doch gibt es selbst in der Wissenschaft bereits viele Ansätze, die eine ganz andere Sicht auf das Bewusstsein erlauben. Der bekannteste Vertreter hierfür ist John Eccles – Hirnphysiologe und Nobelpreisträger. Obgleich er in seinem Buch „Die Evolution des Gehirns" eine Evolution im darwinschen Sinne vertritt, entwirft er zusammen mit dem Philosophen Karl Popper in ihrem gemeinsamen Buch „Das Ich und sein Gehirn" die Vorstellung von einem Gehirn, das als eine Art Empfänger arbeitet.[1] Dabei ist Bewusstsein nicht im Gehirn eingeschlossen und wird nicht erst durch die komplexen Vorgänge im Gehirn hervorgebracht, sondern existiert als eine eigene Welt. Von Popper stammt dabei das Bild der drei Welten, die alles Existierende und alle Erfahrungen umfassen: die Welt der physikalischen Objekte und Zustände, die Welt der Zustände des Bewusstseins und die Welt des Wissens im objektiven Sinne.[2] Nach Eccles entsteht im Gehirn eine Art Verbindung zwischen der materiellen Welt (Welt 1) und der Welt des Geistes (Welt 2).

Am Ende seines Lebens sah Eccles die Quantenphysik als Lösung für das alte dualistische Problem einer Verbindung zwischen zwei so unterschiedlichen Welten wie der mentalen und der materiellen. Er verstand dabei sein Modell der unterschiedlichen Welten, die miteinander wechselwirken, jedoch nicht im Sinn der Zwei-Substanzen-Lehre von Descartes.[3] In seinem Buch „Wie das Selbst das Gehirn steuert" stellt er die Vermutung an, dass Prozesse der Quantenwelt, in der Bewusstsein und Wahrscheinlichkeit eine wichtige Rolle spielen[4], die Ausschüttungen von Neurotransmittern beeinflussen könnten. Diese Ausschüttungen sind mit einer gewissen quantenmechanischen Wahrscheinlichkeit behaftet und können dadurch mit mentalen Ereignissen in Verbindung gebracht werden[5], ohne den Energieerhaltungssatz der Physik zu verletzen.[6] Mit anderen Worten: Unser Selbst und sein Denken, die beide in der Welt 2 beheimatet sind, wirkt auf die Welt 1 des Gehirns. Für Eccles hat die Welt 2 eine ebenso selbständige Wirklichkeit wie die Welt 1.[7] Er führt das „Selbst – oder die Seele" auf eine übernatürliche, spirituelle Schöpfung zurück.[8]

Auch der bekannte Neurophysiologe Benjamin Libet, der mit seinen Experimenten zum freien Willen des Menschen lange Zeit im Zentrum leidenschaftlicher Diskussionen stand, ließ die rein materialistische Sichtweise vieler seiner Kollegen hinter sich und verfolgte das Konzept eines mentalen Feldes. Er sah sein „bewusstes mentales Feld" jedoch in sehr engem Zusammenhang zum Gehirn. Dieses Feld existiere nicht ohne das Gehirn und bedeute keinen Dualismus im Sinne von Descartes.[9]

Weit über Libets Vorstellungen hinaus geht der Neurowissenschaftler Karl Pribram. Er beobachtete, dass sich kognitive Prozesse und bestimmte Aufgaben zwar im Gehirn genau lokalisieren lassen, aber die eigentliche Verarbeitung und Speicherung in einem größeren Ganzen stattfindet.[10] Er entwickelte nach Prinzipen der Holografie[11] und der Quantenmechanik ein Modell, in dem das Gehirn wie ein Frequenzanalysator[12] funktioniert. Unser Gehirn arbeitet danach auf der Grundlage von Wellenmustern und Synchronisation, wobei das Ganze stets in seinen kleinen Einheiten enthalten ist.

Weitere bedeutende Versuche, das Gehirn mithilfe der Quantenmechanik zu verstehen, stammen von dem Mediziner und Anästhesisten Stuart Hameroff und dem hochgeachteten Physiker und Mathematiker Roger Penrose.[13] Sie sehen die Mikrotubuli, kleine Kanäle, die das Gerüst der Zellen bilden und ihre Struktur aufrechterhalten[14], als eine Art „Lichtkabel" für die von Fritz-Albert Popp nachgewiesenen Biophotonen – Lichtteilchen –, die von lebendem Gewebe ausgestrahlt werden.[15] Diese Mikrotubuli bilden eine Art Internet, das auf der Basis quantenmechanischer Prozesse arbeitet.[16]

So umstritten und unvollkommen diese Modelle auch sein mögen, sie wurden entworfen, um experimentelle Daten besser verstehen und erklären zu können. Alle weisen sie über „klassische" Modelle weit hinaus, in denen Gehirnzellen durch elektrische und chemische Vorgänge „kommunizieren" und durch ihr unüberschaubar komplexes Aktivitätsmuster unser Denken und Bewusstsein als eine Art Nebenprodukt hervorbringen. Die Quantenmechanik hat die Frage nach dem Bewusstsein neu gestellt. Obwohl sie keine einfachen Antworten bietet, ist zu erwarten, dass sie die Biologie und die Neurowissenschaften genauso revolutioniert, wie sie am Beginn des 20. Jahrhunderts die Erkenntnisse der klassischen Physik hinterfragt und relativiert und die Physik als Ganzes auf eine neue Grundlage gestellt hat.[17]

Wie notwendig neue Ideen zum Verständnis der Wahrnehmung und des Lernens sind, zeigen die Experimente des Biologen Rupert Sheldrake. Um die zahlreichen Experimente mit Tieren und Menschen zu erklären, entwickelte er das Modell des morphogenetischen Feldes, eines Feldes des Wissens, an das alle Individuen einer bestimmten Art angeschlossen sind, aus dem heraus sie Wissen und Fähigkeiten beziehen und in das sie umgekehrt auch ihre eigenen Erfahrungen einspeisen.

Kurz gesagt weisen die vorgestellten Modelle des Denkens, des Bewusstseins und der Wahrnehmung in die Richtung eines nicht lokal begrenzten Geschehens, das sich eher mithilfe der Quantenmechanik oder ihr ähnlicher Wellenmodelle erklären lässt, als mit den alten rein elektrischen und chemischen Modellen. In den neuen Modellen spielen verbindende Felder im Individuum, aber auch globale Verbundenheit mit der Schöpfung[18] sowie Empfangsbereitschaft und Synchronisation eine große Rolle.

Kapitel 11
Die große Illusion

Wenn sich der Mensch, die kleine Narrenwelt,
Gewöhnlich für ein Ganzes hält –

Goethe, *Faust I, Studierzimmer*

Was du ererbt von deinen Vätern hast,
Erwirb es, um es zu besitzen!
Was man nicht nützt, ist eine schwere Last;
Nur was der Augenblick erschafft, das kann er nützen.

Goethe, *Faust I, Nacht*

Wenn wir in diesem Kapitel Fragen stellen und einen Blick auf die bisherige Darstellung werfen, so mag das wie ein Umweg erscheinen. Doch der Weg lohnt sich. Bereits der Einblick hat gezeigt, dass wir an dieser Stelle neues Land betreten. Ganz unbekannt ist es uns allerdings nicht mehr, denn wir sind dem Thema „Bewusstsein" – besonders in den Ausblicken – bereits begegnet. Wenn wir hier die Ebene einer klassischen Sichtweise verlassen, so bedeutet das vor allem eine Hinwendung zu den Erkenntnissen der modernen Physik und der von ihr inspirierten Bewusstseinsforschung. Für selbstverständlich gehaltene Annahmen werden dabei hinterfragt. Dadurch entstehen Ansätze zu einem neuen Weltbild jenseits der vom Materialismus der alten Naturwissenschaften geprägten Sichtweisen. Dieses Hinterfragen erzeugt zunächst Unruhe, wird uns später jedoch in eine noch tiefere Stille führen.

11.1 Erneutes Innehalten

Innehalten bedeutet stets einen Perspektivwechsel. Der unruhig Getriebene entdeckt dabei die Ruhe und Stille, der in festen Gewohnheiten Reagierende erkennt seine Muster und der im Zielstreben Verlorene nimmt die Umgebung und den gegenwärtigen Moment wahr. Wenn wir nun in diesem Buch an dieser Stelle innehalten und das Bisherige überblicken, könnten wir auf die folgenden Fragen stoßen:

- Wer handelt, wenn wir nicht beobachten oder innehalten? (Kapitel 1)
- Wer hält inne? (Kapitel 2)
- Wer beobachtet? (Kapitel 2)
- Wer entwickelt sich? (Kapitel 7, Einblick 10)

Die Fragen mögen merkwürdig erscheinen. Ausführlich gestellt, lauten sie etwa folgendermaßen: Wie wir gesehen haben, sind wir oft nicht sehr präsent, wenn wir unser Alltagsprogramm abspulen. Wir funktionieren, vieles läuft scheinbar automatisch ab. Doch wer ist es, der dabei handelt und wahrnimmt? Und gibt es eine andere Instanz in uns, die wir erst in der offenen Wahrnehmung und beim Innehalten erleben? Kann das Subjekt, das im geschäftigen Alltag funktioniert und agiert, dasselbe sein wie die Stimme in uns, die sich nach Stille sehnt und das bewusste Leben als ein Erwachen wahrnimmt? Lassen sich diese Fragen auf der Ebene des Voice Dialogue klären?

Wir könnten auch noch grundsätzlicher fragen: Wenn es das Ich nicht gibt, gibt es dann dennoch einen Wesenskern, ein wahres Selbst, das unserem Leben einen tieferen Sinn verleiht, als es alle noch so interessanten Modelle des wissenschaftlichen Materialismus tun können? Gibt es Bewusstsein als eine Art erlebbaren Grundstoff[1] des Universums? Was bedeutet das Innehalten vor diesem Hintergrund?

Dies sind tief greifende Fragen. Natürlich erheben die hier vorgestellten Antworten keinen Anspruch auf letzte Gültigkeit. Doch sie bilden – wenn vielleicht auch mit anderen Worten und Bildern – eine seit Langem bekannte Grundlage für ein Leben in Freude und Offenheit und stimmen mit den jahrhundertealten Einsichten der Mystiker überein. Darüber hinaus fördern die manchmal nur angedeuteten Antworten und selbst die offenen Fragen, die ganz ohne eine Antwort bleiben, das Innehalten, indem sie uns vom einfachen Wissen und geschäftigen Denken in ein Staunen führen, das uns still werden lässt. Dieses staunende Innehalten eröffnet uns eine Stille, die wir als Fundament unseres Lebens erkennen und erfahren können.

Das Kapitel 5 hat Stufen des Innehaltens vorgestellt. Die bisherigen vier Teile dieses Buches sind selbst wie Stufen. Sie führen zu einem immer tieferen Verstehen und Erfahren des Innehaltens. Das Ende jedes Teiles markiert eine Zäsur, die als Endpunkt dienen kann. Geht man darüber hinaus, so erscheint das Innehalten stets in einem umfassenderen Sinne und gewinnt an Tiefe. So ist es auch hier. Wer sich scheut, gewisse grundlegende Überzeugungen infrage zu stellen, der möge das Buch hier aus der Hand legen. Wer hingegen weiterliest, dem wird alles Bisherige in einem neuen Licht erscheinen. Nichts des bisher Gesagten wird dadurch falsch, denn es fügt sich ein in das neu entstehende Bild.

11.2 Vorläufige Antworten

Im Abschnitt 12, in dem sich die Einblicke, Hauptkapitel und Ausblicke endgültig zusammenfügen und inhaltlich verschmelzen, werden auch die oben gestellten Fragen in einem neuen Licht erscheinen. Selbst wenn dabei nicht alle Fragen endgültig beantwortet werden können, so zeichnen sich *mögliche* neue Antworten dennoch ab. Gleichzeitig tauchen am Ende[2] neue offene Fragen auf, die in kraftvoller Weise auf uns wirken können. Zuvor wollen wir jedoch unsere bisherigen Erfahrungen und Einsichten überblicken, um festzustellen, welches Bild sich bis hierher bereits ergibt.

Die Einblicke beschreiben die Funktionsweise des Gehirns und seine Entwicklung. Einblick 4 zeigt eine Art hierarchischen Aufbau in vier Schichten, wobei die präfrontale Rinde die letzte Schicht und Entwicklungsstufe bildet.

Im Einblick 10 erscheint sie als der Sitz eines Metabewusstseins, das bewusste Entscheidungen und Intentionen ermöglicht. Auch das Fokussieren in der Meditation, bei der die Aktivität der assoziativen Netzwerke gehemmt wird, wird von hier gesteuert.[3] Doch ist Achtsamkeit und Präsenz keineswegs ein lokales Geschehen in der präfrontalen Rinde, denn Untersuchungen an Meditierenden zeigen, dass große Teile des Gehirns in diesem Zustand synchronisiert werden.[4] Während das Ich als Illusion erkannt wird[5], tut sich die Hirnforschung mit der Frage nach der Natur des Bewusstseins schwer. Meist wird es als ein Nebenprodukt der komplexen Hirnstruktur gesehen.

Ohne über eine materialistische Wissenschaft hinauszugehen, in der Materie als die einzig reale Grundsubstanz betrachtet wird, lassen sich natürlich keine befriedigenden Antworten auf die Frage nach der Natur des Bewusstseins finden. Es gibt jedoch immer mehr Forscher, die diesen Schritt wagen. John Eccles hat dabei zusammen mit Karl Popper Pionierarbeit geleistet. Einige andere Forscher, die es gewagt haben, die engen Grenzen des materialistischen Weltbildes zu überschreiten, wurden in Einblick 11 kurz vorgestellt. Ohne dass diese Ansätze im Einzelnen untersucht werden, ist es für unseren Zusammenhang nur wichtig zu erkennen, dass auch das materialistische Weltbild, von dem viele Menschen der westlichen Welt geprägt sind, nur ein Konzept ist, das überdies von immer mehr Wissenschaftlern als zu eng betrachtet wird.

Ganz anders als in den Naturwissenschaften verhält es sich naturgemäß in der Spiritualität. Wer meditiert, seinen Blick nach innen wendet und still wird, schaut hinter die Gedanken. Er betritt eine Welt, die wenig mit der materiellen Welt der Naturwissenschaften zu tun hat. Und doch ist diese Welt der scheinbaren Subjektivität für uns Menschen die einzig reale. Wir erleben beispielsweise nicht einen Stein direkt, sondern vielmehr den Eindruck, den uns der Stein vermittelt. Unser Denken, Fühlen und Wahrnehmen ist das eigentlich Reale unseres Lebens. Der Erforschung dieser Realität widmet sich der spirituelle Sucher.

Berührungspunkte dieser beiden getrennt erscheinenden Welten – die Hirnforschung schaut von außen, der spirituelle Sucher schaut von innen – gibt es. Ein Beispiel dafür sind die Gehirnstrommessungen bei Meditierenden.[6] Doch wird eine wahre Gemeinsamkeit erst entstehen, wenn die Naturwissenschaft beginnt, das Bewusstsein als eine objektive Größe und nicht nur als eine subjektive Erscheinung zu betrachten. Ansätze dazu gibt es bereits, davon handelt der Einblick 12.

Einigkeit herrscht zwischen beiden Disziplinen in der Betrachtung des Ichs. Es wird als eine nicht reale, doch zum praktischen Leben notwendige Instanz betrachtet. Als Illusion ist es einem Schleier vergleichbar, der selbst keine Substanz hat und eine tiefere Realität verdeckt. Einen wesentlichen Unterschied in der Sichtweise der beiden Disziplinen gibt es allerdings. Während in der herkömmlichen Naturwissenschaft das illusionäre Ich die kalte Welt der reinen Materie verdeckt, verbirgt es in der Spiritualität unseren Wesenskern, der nicht-materieller Herkunft ist. Tatsächlich hebt die Spiritualität den scheinbaren Gegensatz von Materie und Bewusstsein sogar auf.[7] Darin gleicht sie Ansätzen in der modernen Physik. Doch davon später mehr.

Wenden wir uns nun den Betrachtungen und Beschreibungen der Hauptkapitel zu. Das zweite Kapitel hat gezeigt, wie sehr sich der Zustand des halb wachen Funktionierens vom Zustand der wachen Aufmerksamkeit unterscheidet. Wie ein Fels in der Brandung ruht der wache Beobachter in uns. Er scheint unserem Wesenskern viel näher als das geschäftige Ich. All das lässt sich erfahren. Darum ging es in den Hauptkapiteln. Sie beschreiben einen Weg, der uns in die Erfahrung des lebendigen Augenblicks führt. Auf diesem Weg gewinnt man den Eindruck eines Bewusstseins, das nicht nur als ein „mehr oder weniger bewusst" unseren momentanen Zustand charakterisiert, sondern als eine fundamentale Größe unser Dasein begleitet. Insbesondere die Achtsamkeit für den eigenen Körper vermittelt diesen Eindruck.

Das Arbeiten mit Achtsamkeit und Innehalten bedarf immer wieder der Erinnerung. Es braucht also eine Intention, um immer wieder in den bewussten Zustand der offenen Wahrnehmung zurückzukehren. Mithin könnten uns die „Wer"-Fragen des letzten Kapitels zu drei verschiedenen Subjekten führen. Sie zeigen sich als:

- ein automatisiertes Handeln, besonders im Alltag
- eine Intention, die uns begleitet und uns wie eine Erinnerung immer wieder bewusst wird
- ein erwachtes Bewusstsein, etwa während des Innehaltens oder einer Meditation

Damit erweist sich unser Zustand als wandelbar und das Bewusstsein als mehr oder weniger erfahrbar. Diese Sicht ergibt sich aus dem Erleben und Beobachten unserer Innenwelt. Die beschriebenen Zustände sind so gesehen subjektiv, doch da sie von anderen Menschen ebenso erlebt werden können und wiederholbar sind, erhalten sie objektiven Charakter. Dasselbe gilt für besondere Zustände in der Meditation. Die Fragen nach dem „Wer" können wir aufgrund dieser Erfahrungen noch nicht beantworten. Nur so viel lässt sich sagen: Je wacher wir sind, desto mehr scheinen wir mit unserem Wesenskern in Kontakt zu sein. Hellwaches Bewusstsein und Präsenz scheinen also unserem Wesenskern zu gleichen oder ihm in seiner Natur ähnlich zu sein.

Versuchen wir uns den Fragen in dieser Weise zu nähern, so stoßen wir an eine Grenze. Tatsächlich scheint es sinnvoller, einen Übungsweg zu praktizieren und die Sprache als Wegweiser zu verstehen, als eine präzise Beschreibung zu verfolgen. Dennoch werden wir diese Untersuchung im Abschnitt 12 fortsetzen, um mit den Mitteln der modernen Physik und der Mystik eine weitere Annäherung zu erreichen. Es geht dabei mehr darum, alte Vorstellungswelten zu hinterfragen und vielleicht sogar aufzulösen, als neue zu errichten.

11.3 Ursachen unserer Unruhe

Nach den vorläufigen Antworten wenden wir uns neuen Fragen zu. Das gesamte Kapitel 11 ist dem Fragen gewidmet. Sie sind ein wichtiger Aspekt des Innehaltens. Denn ein geschäftiges Tun führt oft dazu, dass wir unser Leben in einem „Weiter so" absolvieren, statt unsere Entwicklungs- und Entfaltungsmöglichkeiten zu nutzen – mehr dazu später. Außerdem ist, wie wir bereits mehrfach gesehen haben, die Wahlmöglichkeit und damit auch das Fragen ein wesentlicher Bestandteil des Innehaltens.[8]

Wenn wir in diesem Abschnitt das Ich als eine Illusion erkennen, so kann dabei das Bild einer erschreckenden Leere entstehen. Obgleich wir das Ich als eine mächtige und permanente Größe erleben, scheint es substanzlos und wechselhaft zu sein. Wer sind wir ohne unsere vertraute Identität? Könnte das Ahnen dieser Unsicherheit die tiefere Ursache für die Unruhe sein, die wir uns im Kapitel 1 vor Augen geführt haben?

Erinnern wir uns an den Voice Dialogue. Die Selbste sind die Bestandteile, aus denen sich das Ich zusammensetzt. Im Kapitel 8.4 haben wir diejenigen von ihnen ausgemacht, die uns als „inneres Team" zur Leistung anspornen. Das gibt uns die Möglichkeit, sie wahrzunehmen und ihnen nicht blind zu folgen. Doch wie real sind die Selbste? Sie zeigen ihre Realität in unserem Verhalten und in unseren Stimmungen. Gehen wir jedoch einen Schritt weiter, so verlieren auch sie ihre Substanz: Wir können sie als Konditionierungen ansehen, die uns in gewohnheitsmäßigen Verhaltensweisen festhalten.

Der Voice Dialogue behandelt diese Stimmen als real, da ihr Auftreten von einer auch außen wahrnehmbaren Stimmung eines Menschen begleitet ist, die sich als eine bestimmte Atmosphäre im Raum verbreitet, und da ein Übergehen oder gar Unterdrücken dieser Stimmen unser Gleichgewicht stört. Das sollten wir bei unseren Überlegungen im Blick behalten und sie nicht leichtfertig beiseiteschieben. Wagen wir uns dennoch einen Schritt weiter, so können wir die Selbste, aus denen sich unser Ich zusammensetzt, vor allem als Muster betrachten, als frühe Prägungen aus der Kindheit, die unser Leben bestimmen.

Stellen wir uns vor diesem Hintergrund die Frage nach der Ursache unserer Unruhe erneut. Meist sehen wir als Hauptursache vor allem äußere Zwänge und eine Unruhe im Außen. Beruf, Familie und andere Aufgaben lassen oftmals unser Leben übervoll erscheinen. Hinzu kommt die Unruhe unserer Umgebung, die einen Einfluss auf uns ausübt. Wenn wir unser Inneres beobachten, bemerken wir allerdings auch eine Grundunruhe *in* uns. Beides – innen und außen – hängen natürlich zusammen und verstärken sich gegenseitig.

Die Unruhe, die in uns selbst entsteht, ist Teil unseres Ich. Sie hat ihre Ursache in Grundängsten und unerfüllten Grundbedürfnissen, mit denen wir seit unserer Kindheit leben. Die Selbste sind Versuche unseres inneren Systems, mit den Ängsten fertigzuwerden und für die Erfüllung von Bedürfnissen zu sorgen. Solange wir sie für unheilbar und unerfüllbar halten, da sie ihre Wurzeln in der Vergangenheit haben, können wir uns kaum vorstellen, diesen Konditionierungen zu entkommen. Erst wenn wir ein tiefes Aufgehobensein im jetzigen Moment erleben, ein wirkliches Zuhause, kann sich die scheinbare Zwangsläufigkeit solcher Konditionierungen lösen, die vor allem als emotionale Muster in Erscheinung treten.[9]

Wenn wir erkennen, wie viel Unruhe in uns angelegt ist, stellt sich die Frage, inwieweit wir selbst uns Lebensumstände erzeugen, die unserem Inneren entsprechen und uns nicht zur Ruhe kommen lassen. Ist es nicht vorstellbar, dass eine Veränderung *in* uns unser Leben in ruhigere Bahnen lenken kann? Werden wir in einem ruhigeren Zustand nicht andere Umstände anziehen oder gar erzeugen als in einem unruhigen?[10] Es scheint sich um Prozesse zu handeln, die sich gegenseitig verstärken und beeinflussen.

Wenn wir der Vermutung nachgehen, dass in der beschriebenen Weise die Rastlosigkeit unseres Lebens, ihre Ursache in uns selbst hat, so werden wir versuchen, diese tief sitzende innere Unruhe aufzulösen. Die Kunst besteht dann darin, einen Weg dafür zu finden, ohne unsere Selbste zu unterdrücken – oder gar gegen sie anzukämpfen. Das kann nur in einer geduldigen und humorvollen Hinwendung zum jetzigen Moment geschehen.

Denn ein gewaltsames Ankämpfen würde den Unfrieden in uns nur noch erhöhen. Je mehr das Jetzt als ein zutiefst friedlicher und angenehmer Ort erfahren wird, desto mehr kann sich das Empfinden einer erschreckenden Leere in ein Gefühl freundlicher Geborgenheit verwandeln – selbst für die unruhigen und vorwärts strebenden Anteile in uns.

Alles beginnt mit der Frage: Ist meine Unruhe vielleicht vor allem in mir? Damit kommen wir zu einer neuen Sicht der im Kapitel 1 beschriebenen Umstände. Wir sind dann nicht mehr die Opfer äußerer Umstände, sondern können aus unserem Inneren heraus unsere Lebenssituation nach und nach beruhigen.

11.4 Denken und Urteilen erzeugen eine starre Identität

Das Ich bzw. unsere Selbste helfen uns, unser Leben zu organisieren. Gleichzeitig halten sie uns aber auf einer Ebene der Betriebsamkeit und der automatischen Reaktionen fest. Sie selbst sind in gewissem Sinne automatische Reaktionen, die sich als Denk- und Empfindungsmuster im Laufe der Jahre gebildet haben. Die Situation ist durchaus zwiespältig: Zum einen wissen wir, dass wir die Selbste nicht übergehen oder unterdrücken dürfen, zum anderen scheinen sie es aber zu sein, die uns durch die Identifikation mit ihnen unbewusst handeln lassen und uns den Zugang zu unserem Wesenskern verstellen.

Bei diesem Balanceakt erscheint es besonders wichtig, hellwach zu sein und sich das innere Geschehen bewusst zu machen. Wir haben im Kapitel 9.3 erfahren, dass Urteilen im Voice Dialogue als das Auftauchen eines Selbst und in den spirituellen Wegen als Hindernis auf dem Weg der Erfahrung angesehen wird. Jede feste Vorstellung, alle unverrückbar erscheinenden Standpunkte, aber auch unsere Gedankengebäude und besonders unsere Urteile verstärken die Konditionierung und führen uns in die Enge.

Das Kapitel 9.3 hat uns auch bereits gezeigt, wie wir uns aus dem Dilemma befreien können. Wenn wir Urteilen als Weckruf verstehen, kommen wir in ein größeres, umfassenderes Bewusstsein. Sobald sich harsche Urteile und feste Überzeugungen einstellen, wissen wir, dass wir den Raum des umfassenden Bewusstseins verlassen haben. Auch auf dem spirituellen Weg können sich solche festen Überzeugungen einstellen. Sie halten uns fest und verhindern unser Fortschreiten.

Einen Gegenpol zum Urteilen und zu festen Ansichten bildet das Fragen. Bin ich mir sicher? Wie könnte mein Gegenüber mich gerade beurteilen? Wer von uns beiden hat recht? Gibt es so etwas wie einen richtigen Standpunkt überhaupt? Wie werde ich morgen oder in einem Jahr über diese Angelegenheit denken? Im Urteilen verschließen wir uns, im Fragen öffnen wir uns.

Geraten wir jedoch nicht erneut in Widersprüche, wenn wir das Urteilen verurteilen und den Standpunkt einnehmen, dass ein fester Standpunkt hinderlich ist? Diese scheinbaren Widersprüche begegnen uns im Zusammenhang mit dem Ich und den Selbsten ständig. Eine Orientierung in dieser verwirrenden Situation, die einer Zwickmühle gleicht, kann die einfache Frage geben: Hilft mir diese Einstellung, offener, wacher und präsenter zu sein, oder festigt sie meine vordergründige Identität in irgendeiner Weise?

11.5. Gewohnheiten verstärken das illusionäre Ich

Feste Verhaltens-, Reaktions-, Gefühls- und Denkmuster wollen wir der Einfachheit halber unter dem Oberbegriff „Gewohnheit" zusammenfassen. Da sie automatisch ablaufen, sind sie uns kaum bewusst. Wenn wir unser Verhalten im Nachhinein reflektieren, erkennen wir sie leichter als in dem Moment, wenn sie ablaufen. Sie sind eher mit dem halb wachen Alltagsbewusstsein verbunden als mit dem hellwachen Dasein. Auch feste Ansichten und starre Meinungen gehören dazu.

Es lässt sich gut vorstellen, wie aus einer Mischung von Bewegungsmustern, Muskeltonus, typischen Gedankenfolgen und emotionalen Grundstimmungen – alle hängen natürlich voneinander ab und sind nur unterschiedliche Erscheinungsformen derselben Verfassung – etwas entsteht, das andere Menschen als unsere Identität wahrnehmen. Auch uns selbst vermittelt diese Mischung unterschiedlicher Eindrücke ein vordergründiges Gefühl von Identität. Je eingeübter und damit fest gefügter diese Muster sind, desto mehr vermitteln sie uns dieses Gefühl und desto mehr verdecken sie unsere wahre Identität.

Unsere Gewohnheiten sind wie gemalte Kulissen, die die Illusion einer realen Landschaft erzeugen. Sie sind dekorativ, verdunkeln das Dahinterliegende und besitzen keine Tiefe. Sie sind zweidimensional und stellen etwas dar, ohne eine wirkliche Substanz zu besitzen. Oft sind sie schön anzusehen, und sie scheinen für ein oberflächliches Schauspiel sehr geeignet. Doch sie halten uns auf der Ebene eines vordergründigen Geschehens gefangen.

Im Kapitel 7.1 haben wir bereits gesehen, wie das Innehalten uns aus Reaktionsmustern befreien kann: Indem wir innehalten, entsteht ein Freiraum, der uns eine Entscheidungsmöglichkeit bietet. Zusätzlich können wir jetzt erkennen, wie sehr die Attribute des Innehaltens – das Wahrnehmen, die Wahlmöglichkeit und das Fragen – uns helfen, Muster zu erkennen und zu hinterfragen, auch schon während sie ablaufen.

Indem sich die Identifikation mit unseren Mustern löst, löst sich ein wenig von der Illusion unserer Scheinidentität, und etwas Tieferes und Substanzielleres scheint durch. Auch hier sollten wir auf der Hut sein, nicht in innere Kämpfe zu geraten, indem wir die Gewohnheiten, die unserem Ich scheinbar Substanz verleihen, zu unserem Gegner erklären. Denn tatsächlich sind sie ein Teil von uns – ein unbewusster Teil. Nicht Kampf, sondern Bewusstsein und Akzeptanz – aber auch Humor – weisen den Weg zu einer heilsamen Veränderung.

11.6 Innehalten und Fragen

Bereits im Kapitel 4.3 haben wir gesehen, dass Wahlfreiheit ein unverzichtbarer Bestandteil wahren Innehaltens ist. Die beiden bedingen einander. Die Wahlfreiheit ihrerseits beinhaltet bereits das Fragen:

- Will ich so oder so handeln, den einen oder den anderen Weg gehen?
- Soll ich das, was ich vorhabe, jetzt tun oder weiter innehalten und mich bewusst ausrichten, um nicht in einem alten Muster zu reagieren? (vgl. F.M. Alexander)[11]

In den letzten Kapiteln haben wir nun das Fragen in expliziter Form als einen Aspekt des Innehaltens kennengelernt – und zwar besonders das Stellen *grundsätzlicher* Fragen. Wir haben dazu eine Zäsur gesetzt – haben innegehalten –, um etwas Abstand zu gewinnen. Durch ein solches Innehalten lässt sich eine neue Perspektive einnehmen, die es erlaubt, Fragen wie in Kapitel 11.1 zu stellen. Es wird dabei etwas, das bisher als selbstverständlich angenommen wurde, neu hinterfragt – z.B. Wer entwickelt sich? Oder: Wer hält inne?

Für solche Fragen braucht man einen Raum – man braucht innere Ruhe – und man benötigt Abstand, d.h. man steigt dabei für einen Moment aus dem bisherigen Geschehen aus und wählt eine neue Perspektive. Genau dasselbe geschieht, wenn wir uns in unserem Leben grundsätzliche Fragen stellen. Das können philosophische Fragen sein, etwa nach dem Sinn des Lebens, aber auch Fragen zur Lebensführung. Raum, Ruhe und Abstand sind die eigentlichen Merkmale des Innehaltens, eines inneren Prozesses, der manchmal keines der drei Merkmale für einen Beobachter von außen erkennen lässt.

Bisweilen erfüllen Krankheiten oder Unfälle solch einen Zweck. Sie sind wie ein uns auferlegtes, großes Innehalten, zwingen zur Ruhe und schaffen den Raum, uns selber Fragen zu stellen. Grundlegende Fragen tauchen in einer solchen Situation meist von selbst auf. Wir verlassen dabei wiederum die Ebene des alltäglich handelnden Bewusstseins und erreichen einen

Zustand wacheren Bewusstseins, in dem wir uns der Dinge und Geschehnisse in einem umfassenderen Sinne bewusst werden.

Fragen zu stellen kann ein wirksames Hilfsmittel auf dem spirituellen Weg sein. Zwei sehr unterschiedliche Beispiele dafür sind die Arbeit von Byron Katie, die mit Fragen wie „Kannst du sicher sein, dass es so ist?" unsere Gedankenmuster hinterfragt, und das Unterrichten von Ramana Maharshi, einem indischen Weisen, der seine Schüler aufgefordert hat, mit beständigem Fragen nach dem Ich ihrem eigenen Wesen auf den Grund zu gehen. Beiden werden wir uns im Ausblick 11 zuwenden.

Besonders Fragen, die unsere wahre Natur – das Göttliche, die Evolution, den Sinn unseres Erdendaseins – betreffen, oder die Frage „Woher kommen wir und wohin gehen wir?" haben gravierende Auswirkungen auf unser Leben. Auch wenn wir solche Fragen nicht eindeutig beantworten können, so wirkt sich eine Grundanschauung oder ein Glaube sehr deutlich auf unser Leben aus. So schreibt der Psychoanalytiker C.G. Jung, dass unter all seinen Patienten jenseits der Lebensmitte nicht ein einziger gewesen sei, dessen endgültiges Problem nicht das der religiösen Einstellung gewesen wäre. Jeder erkranke letzten Endes daran, dass er das verloren habe, was lebendige Religionen ihren Gläubigen zu allen Zeiten gegeben hätten, und keiner sei wirklich geheilt, der seine religiöse Einstellung nicht wieder erreiche, was mit Konfession oder der Zugehörigkeit zu einer Kirche natürlich nichts zu tun habe.[12]

Doch natürlich gibt es auch grundlegende Fragen, die unsere Lebensführung direkt betreffen und die wir uns nicht stellen, solange wir in einer geschäftigen Betriebsamkeit gefangen sind:

- Hat sich meine Partnerschaft so entwickelt, wie ich mir eine Partnerschaft einmal vorgestellt habe? Inwieweit habe ich zum Gelingen oder Misslingen beigetragen? Wie steht es mit Freundschaften, räume ich ihnen genug Zeit ein?
- Diene ich mit meiner Arbeit Zielen, die ich vertreten kann? Entspricht mein Arbeitsalltag meinen Vorstellungen und Wünschen?

- Achte ich genügend auf meine Gesundheit (Ernährung, Bewegung oder Ausspannen)? Gibt es genug Momente der Stille in meinem Leben?
- Wie stehe ich zur Ungleichverteilung des Besitzes auf der Welt oder in unserer Gesellschaft? Möchte ich mich durch Spenden oder sonstiges Engagement für eine Verbesserung einsetzen?
- Wie sehe ich die momentane Umweltverschmutzung und den Ressourcenverbrauch auf der Erde? Möchte ich durch einen eigenen Beitrag oder durch eigenes Engagement zu einer Verbesserung der Umstände beitragen?

Wenn wir innehalten und uns gelegentlich solche Frage stellen, kann uns das vor mancher Verirrung bewahren und davor, einmal resigniert auf unser Lebens zurückzublicken. Das Innehalten lässt uns damit nicht nur den lebendigen Augenblick, sondern auch die äußeren Umstände unseres Lebens wahrnehmen. Damit erlaubt es den Blick eines Beobachters von außen, der die Situation überblickt und auch kritische Fragen stellen kann. Ohne ein solches Innehalten wird vieles zur Routine, zur Gewohnheit, und kann so ein Eigenleben entwickeln, das nicht unseren Wünschen und Neigungen entspricht. Wir können uns in dieser Weise unserem eigenen Leben entfremden.

In dieser Entfremdung entsteht eine Art feste äußere Hülle, die sich zwischen unsere innere Lebendigkeit und unseren Lebensalltag schiebt, die unsere Ideen und Träume in uns zurückhält und nach außen eine funktionsgerechte Oberfläche erzeugt. Gewohnheiten und alle Arten von Mustern verfestigen diese Abtrennung, während Innehalten und Fragen öffnend wirken. Sie können uns nach und nach in einem umfassenden Sinne befreien, um nicht nur im Einklang mit dem jetzigen Moment, sondern auch mit unserer tief empfundenen Lebensaufgabe zu sein.

Ausblick 11
Fragen

Die Einheit allen Seins zu erfahren ist eine uralte Sehnsucht des Menschen. Es ist, als würden wir tief in uns die Wahrheit bereits kennen und als würde ein Verlangen uns treiben, sie bewusst zu erleben, zu *entdecken*. Auch das Bild des Erwachens deutet in diese Richtung. Im Erwachen entsteht nichts, was nicht schon da wäre. Es ist eine Rückkehr zur eigentlichen Heimat – aus dem träumenden Halbbewusstsein. Die Neigung, sich zu zerstreuen, die viele Menschen in ihrem Leben treibt, wirkt da wie ein Ersatz. Der Mensch fühlt sich verloren und sucht nach Halt.

„Was will ich? Was bin ich?" Diese verzweifelten Fragen stellt der fiktive Schreiber Oberman in dem nach ihm benannten Briefroman.[1] Er sucht im Kontakt mit der Natur nach einer allumfassenden Ordnung und ist zwischen Naturerleben und einem tiefen Schmerz hin- und hergerissen. Zurückgezogen in die gewaltige Bergwelt der Alpen, deren Kraft und Harmonie ihn berühren, aber nicht heilen können, scheint er in einer hoffnungslosen Suche festzustecken. Liszt hat dieser Romanfigur in einem berühmten Klavierstück ein Denkmal gesetzt und damit die schmerzerfüllte Sinnsuche seiner Zeit eindringlich in Töne gesetzt. Das Stellen grundlegender Fragen steht oft am Anfang, aber auch im Zentrum der spirituellen Suche. Nicht selten sind Schmerz und Verzweiflung der Nährboden, der das spirituelle Erwachen wachsen lässt, auch wenn die Gefahr besteht, im Erleben des Schmerzes stecken zu bleiben.

In den Fragen Obermans kommt ein Grundbedürfnis des Menschen zum Ausdruck. Erfüllen lässt es sich nur durch eigenes Erleben und eigene

Innehalten | Die Tiefe des Lebens entdecken

Erfahrung.[2] Solche Erfahrungen sind nicht mitteilbar, jedenfalls nicht durch das geschriebene Wort. Sie entziehen sich einer eindeutigen Beschreibung. Am ehesten sind es wohl die Fragen, die etwas in uns auslösen, das einer Erfahrung nahekommt. Eine Frage zu stellen ist daher oft wichtiger, als zu versuchen, eine Antwort zu geben. Denn es sind die fest gefügten Ansichten, die unsere illusionäre Identität formen und stärken. Fragen hingegen können uns öffnen und uns zum Erkennen unseres Nicht-Wissens führen. So entsteht Raum für Entwicklung. Fragen haben daher in vielen spirituellen Wegen eine wichtige Funktion – seien es Wege der Weisheit oder der Lebensberatung.

Die Amerikanerin Byron Katie leitet im Rahmen ihrer Methode zur praktischen Lebenshilfe Menschen dazu an, systematisch die eigenen Glaubenssätze zu hinterfragen. „Kannst du sicher sein, dass das wahr ist?" oder „Wer wärst du ohne diese Überzeugung?" sind zwei ihrer vier zentralen Fragen, die mit der Zeit eine grundlegende Neuausrichtung bewirken können. Im Gespräch mit Klienten fordert sie dazu auf, geäußerte Überzeugungen einfach umzukehren, um sie zu relativieren und sich zu fragen, ob das Gegenteil des damit verbundenen Glaubenssatzes nicht mindestens ebenso wahr sein kann.[3] Statt gegen eine bestimmte Ansicht zu argumentieren und den Widerstand des Gesprächspartners zu erregen, entsteht so Raum für ein neues Bewusstsein. Das Fragen wirkt wie ein Innehalten, das ein Loslassen fester Überzeugungen und damit einer starren Identität ermöglicht.

Besonders der indische Weisheitslehrer Ramana Maharshi hat seine Unterweisungen darauf gegründet, grundlegende Fragen zu stellen. Sein eigenes Erwachen war durch intensives, inneres Fragen geprägt. Im Alter von 16 Jahren hatte er plötzlich das Gefühl, sterben zu müssen. Er fragte sich, was es sei, das vom Sterben bedroht sei, und anstatt sich gegen das Gefühl zu wehren, lag er bewegungslos da und stellte sich vor, er sei tot. Dabei fragte er sich: Bin ich tot, wenn der Körper tot ist?[4] Daraufhin gab ihm ein tiefes Gefühl zu verstehen: *Du bist unsterblicher Geist*. Dies enthüllte sich ihm als eine lebendige Wahrheit, fast ohne Gedanken. Von da an blieb er in sein wahres – oder höheres – Selbst vertieft. Gedanken, Gespräche, Lesen oder andere Aktivitäten konnten daran nichts ändern. Er blieb ruhend im höheren Selbst, das er „Self" oder auch „`I`" nannte und vom Ego unterschied, von einem Ego, welches das höhere Selbst vergessen hat und es nicht sehen kann.[5]

Bald darauf schrieb er einen kurzen Abschiedsbrief und verließ seine Eltern, um zu dem heiligen Berg Arunanchala zu reisen. Dort verbrachte er in nahe gelegenen Tempeln und später dann in den Höhlen des Berges Jahre in stiller Meditation. Nach und nach sammelten sich Anhänger um ihn, die seine Nähe suchten und um Unterweisung baten. Ihre Fragen beantwortete er mit viel Geduld, solange sie die spirituelle Suche betrafen. Fragen aus dem neugierigen Verstand heraus wies er zurück.[6] Er selbst lehrte seine Schüler die Frage „Wer bin ich?" zu benutzen, um den Verstand zu beruhigen.[7] Er verglich diese Frage mit einem Holzstock, mit dem man in einem Feuer stochert und der dabei selbst verbrennt, denn am Ende dieses Prozesses werde die Frage selbst erlöschen und *Selbst*-Erkenntnis auftauchen.[8]

Er gab eine genaue Beschreibung des Vorgehens. Danach werde die Frage „Wer bin ich?" nicht wie eine Formel immer wieder gesprochen, sondern nur einmal gestellt. Daraufhin verstumme man innerlich und lenke seine ganze Aufmerksamkeit nach innen. Die wahre Antwort komme als ein Bewusstseinsstrom ins Herz, zuerst sprunghaft, doch allmählich immer beständiger. In dieser Weise schwinde die Macht des Ego.[9] Ramana Maharshi hält eine umfassende *Selbst*-Erkenntnis erst dann für möglich, wenn die Überzeugung, dass die Welt real sei, abgelegt wird.[10] Er schuf einen Weg, der sich in Form täglicher Meditation und immer wiederkehrender Besinnung nicht nur in der Stille der Natur, sondern auch im täglichen Leben der Großstadt verfolgen lässt. Die Frage „Wer bin ich?" wirkt dabei wie ein Innehalten, das uns innerlich still werden und auf unseren Wesenskern blicken lässt.[11]

Innehalten,
zauberhaftes Wort,
bringst mich
hier an diesen Ort,
führst mich heraus
aus der Zeit
in die Ewigkeit.

Überblick 11

Die Leere ist nicht leer, und das Erkennen der Illusion ist keine Enttäuschung im herkömmlichen Sinn. Wir sehen eine Tiefe, die für uns unfassbar ist. Fragen können uns nach wichtigen Orientierungspunkten Ausschau halten lassen und als offene Fragen uns dem Unbeschreiblichen näherbringen.

Übungen zur Vertiefung 11

1) Arbeiten Sie mit den Fragen aus Kapitel 11.6. Werden Sie still und warten Sie, welche Antworten auftauchen.
2) Finden Sie eigene Fragen, die für Sie besonders bedeutsam sind.
3) An welchen Überzeugungen halten Sie fest? Wie fühlt es sich an, einige von ihnen loszulassen?
4) Arbeiten Sie mit der Frage „Wer bin ich?". Erwarten Sie keine Antwort, sondern lassen Sie die Frage einfach da sein.
5) Halten Sie immer wieder inne und fragen Sie sich: „Wer redet gerade? Wer handelt?". Erwarten Sie auch hier keine Antwort. Es geht vielmehr darum, das Selbstverständliche durch unsere Aufmerksamkeit in einem neuen Licht erscheinen zu lassen.

Abschnitt 12
Verbundenheit

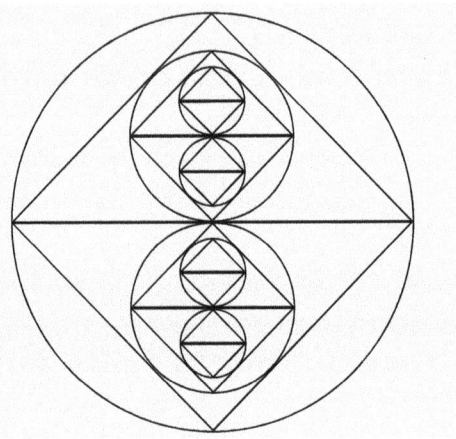

Einblick 12
Ein neuer Ansatz

Wie wir gesehen haben, stehen die meisten Versuche der Naturwissenschaften, über eine materialistische Sichtweise – insbesondere bei der Forschung am Gehirn – hinauszukommen, in Verbindung mit der Quantenmechanik. Leisten wir uns also an dieser Stelle einen kleinen Ausflug in diesen Bereich, der das Denken so vieler Menschen in den letzen 100 Jahren beeinflusst hat und der geeignet ist eine ganz neue, wenn auch geheimnisvolle und verwirrende Sicht auf die Welt zu erzeugen.

Einschub: Kurzer Ausflug in die Physik

Am Ende des 19. Jahrhunderts dachten die Physiker, alle großen Probleme ihrer Wissenschaft gelöst zu haben, es schien bei der weiteren Forschung nur noch um Details zu gehen.[1] Descartes hatte im 17. Jahrhundert den Weg für die naturwissenschaftliche Forschung entgültig freigemacht, indem er das Geistige vom Materiellen trennte. Von da an konnten sich die Naturwissenschaften ungestört der Erforschung der materiellen Welt widmen, die wie eine riesige Maschine erschien, während die Religion vorerst die Autorität über den Bereich des Geistigen behielt.

Die Forschungen waren sehr erfolgreich. Ihre sichtbaren Ergebnisse prägten die zivilisierte Welt mehr und mehr. Die Industrialisierung nahm mit Dampfmaschine und aufkommender Elektrizität ihren Lauf. In der Nachrichtenübermittlung, im Transportwesen, in der industriellen Produktion und durch die elektrische Beleuchtung in den Städten zeigte sich der Erfolg der Wissenschaft. In dem Maße, wie die Technik das Leben der Menschen beeinflusste, wuchs die Achtung für eine Naturwissenschaft, die sich auf die Untersuchung der Materie und der auf sie wirkenden mechanischen und elektrischen Kräfte beschränkte. Sie prägt bis heute unser Weltbild.

In dieser Zeit des Triumphes der Naturwissenschaften entstanden durch gewisse physikalische Experimente Rätsel, die zu grundlegenden Zweifeln am bisherigen Weltbild führten. Die Materie schien dabei diejenigen Eigenschaften zu verlieren, die sie zur soliden Grundlage einer unumstößlichen Realität hatten werden lassen. Was war geschehen?

Zunächst hatten Experimente gezeigt, dass scheinbar feste Materie zum großen Teil aus leerem Raum besteht: Richtet man einen Strahl winziger Teilchen auf eine dünne Goldfolie, so geht der größte Teil von ihnen einfach hindurch. Ebenso verwirrende Ergebnisse brachten zahlreiche Experimente zur elektromagnetischen Strahlung. Diese schien am Ende des 19. Jahrhunderts in der alten, der klassischen Physik gut verstanden. Doch jetzt zeigten gewisse Experimente völlig unerwartet Ergebnisse, die im Widerspruch zu den bisherigen Vorstellungen standen.

Aus all dem erwuchs das Bohr'sche Atommodell, das den Aufbau der Materie aus winzigen Atomen und deren Struktur beschreibt. Dabei kreisen Elektronen auf genau bestimmten kreisförmigen Bahnen in einem großen Abstand um einen Atomkern. Diese Elektronen können die Bahnen wechseln, sich jedoch nicht zwischen den Bahnen aufhalten. Beim Wechsel auf eine äußere Bahn nehmen sie Energie auf, beim Wechsel auf eine innere Bahn geben sie Energie in Form von elektromagnetischer Strahlung – von Licht – ab. In diesem Modell wurden einige Gesetze der klassischen Physik verletzt. Eine neue Physik – die Quantenphysik – war geboren.

Doch das war erst der Anfang. Als reiche es nicht, die Materie in Atome zu zerlegen, die zu über 99% aus leerem Raum bestehen, da ihre Elektronen in so großem Abstand um den Atomkern kreisen, schienen plötzlich die Bausteine der Atome selbst ihre Realität zu verlieren. Weitere Untersuchungen zeigten nämlich, dass ein solcher Baustein – z.B. ein Elektron – gar kein Teilchen im klassischen Sinne war, denn in zahlreichen Experimenten verhielten sich die Teilchen wie Wellen. Umgekehrt verhielt sich das Licht, das man als elektromagnetische Welle gut verstanden zu haben meinte, in vielen Experimenten wie ein Teilchenstrom. Dieses Phänomen wird Welle-Teilchen-Dualismus genannt und bedeutet, dass unsere herkömmlichen, klassischen Vorstellungen auf die Welt der kleinsten Teilchen nicht anwendbar sind.

Doch die verwirrendsten Probleme kamen erst noch. Es zeigte sich, dass der Beobachter nicht vom Zustand der beobachteten Objekte zu trennen ist: Je nachdem welches Experiment man anstellt, erscheint ein Elektron als Welle oder als Teilchen. Misst man seine Geschwindigkeit – und legt sie damit für den Moment fest –, so ist sein Ort ganz und gar unbestimmt. Dasselbe gilt auch umgekehrt: Misst man den Ort, so ist die Geschwindigkeit gänzlich unbestimmt. Dieses Verhältnis von Orts- und Bewegungsmessung ist als Heisenberg'sche Unschärferelation bekannt. Ja, es hat sogar den Anschein, als gebe es keinen bestimmten Zustand des Teilchens, bevor es beobachtet wird.

All das führte zu folgender Deutung: Die winzigen Teilchen der Materie befinden sich, bevor sie gemessen werden, im Zustand der Möglichkeit. Ort und Bewegung eines Teilchens existieren, bevor sie beobachtet werden, nur als Wahrscheinlichkeit. Erst der messende Beobachter „erzeugt" einen bestimmten Zustand. Das Teilchen wird durch eine Wahrscheinlichkeitswellenfunktion beschrieben, deren unüberschaubare Möglichkeiten sich durch die Messung auf einen bestimmten Zustand reduzieren, die möglichen Zustände fallen zu einem gemessenen zusammen – man spricht von „Wellenkollaps". Eine berechenbare Bahn, auf der sich das Teilchen bewegt, gibt es nicht.

Doch damit noch nicht genug. Man kann gar nicht von einer Bewegung der Teilchen im klassischen Sinne sprechen. Solange sie nicht gemessen werden, können sie überall mit einer gewissen Wahrscheinlichkeit sein. Sie können damit von einem Ort zu einem anderen gelangen, ohne sich durch den Zwischenraum zu bewegen. Außerdem gibt es eine geheimnisvolle Fernwirkung, die zwei Teilchen, die einmal miteinander verbunden waren, in einer Art gespenstischen Fernverbindung hält (Quantenverschränkung). Misst man eine Änderung im Zustand des einen Teilchens, so wird das andere ohne Zeitverzögerung dadurch beeinflusst, unabhängig davon, wie weit die Teilchen zum Zeitpunkt der Messung voneinander entfernt sind. Dies wird Nichtlokalität genannt.

Kehren wir zu unserem Thema zurück und überlegen, was all das für unsere Untersuchungen bedeutet. Neben der klassischen Physik, in der alles berechenbar und vorhersagbar ist, gibt es also eine Quantenphysik, die zwar genau wie ihre klassische Schwester zu zahlreichen bedeutenden, technischen Anwendungen geführt hat, jedoch gleichzeitig das fest gefügte materialistische Weltbild erschüttert und außerdem das Bewusstsein in Form des Beobachters als einen unverzichtbaren Bestandteil seiner Beschreibung benötigt. Während die klassische Physik zu einem Determinismus führt, in dem alles vorhersagbar ist, weil alles prinzipiell berechenbar ist, führt uns die Quantenphysik in eine Welt der Möglichkeiten, die je nach Beobachtung eine kurzzeitige „Realität" zeigt.

Wie wir im Einblick 11 gesehen haben, greifen immer mehr Hirnforscher auf Erklärungsmodelle zurück, welche die Quantenphysik einbeziehen. Das wirkt wie eine Befreiung aus der Enge einer materialistischen Betrachtungsweise, in der allein der Materie Realität zugesprochen wird und das Bewusstsein als Epiphänomen keine wirkliche Bedeutung besitzt. Die Enge eines zergliedernden Maschinendenkens öffnet sich damit zu einer Welt, in der alles mit allem verbunden ist, der Beobachter eine entscheidende Rolle spielt und das Bewusstsein von manchen Forschern sogar als die eigentliche Grundsubstanz des Universums gesehen wird. Natürlich hat das auch grundlegende Auswirkungen auf das Bild des menschlichen Gehirns.

Stellvertretend möchte ich im Folgenden ein Modell vorstellen, das Bewusstsein und Gehirn in grundsätzlicher Weise neu beschreibt. Ansätze in diese Richtung hat es schon von den Pionieren der Quantenphysik gegeben. So betrachtete Werner Heisenberg nicht die kleinsten Teilchen als das eigentlich Elementare, sondern die Symmetrie – eine zugrunde liegende Ordnung – und gab damit der Platon'schen „Ideen"-Welt den Vorzug vor Demokrits Ansicht, dass die Welt aus kleinen festen Teilchen zusammengesetzt sei, die er Atome – Unteilbare – nannte.[2] Einen frühen Versuch, all das in einem großen Modell zusammenzufassen, machte David Bohm mit seiner „impliziten Ordnung". Er arbeitete mit Albert Einstein zusammen und wurde von diesem hochgeschätzt. Er entwarf ein ganzheitliches Weltbild, in dem eine „implizite Ordnung" wie in einem riesigen Hologramm die Erscheinungen unserer Welt erzeugt.[3] Alles hängt dabei mit allem zusammen. Das Ganze spiegelt sich in jedem Teil.

Vor diesem Hintergrund entwickelte Amit Goswami, Professor für theoretische Physik an der Universität Oregon, ein ganzheitliches Modell in Form eines monistischen Idealismus. Nach dem Vorbild von Platons Idealismus entwirft er ein Bild, in dem eine Art universelles Bewusstsein als einzige verursachende Urkraft – daher „monistisch" – hinter unserer

Welt der materiellen und geistigen Objekte steht.[4] Sein Entwurf baut auf den Modellen der Quantenphysik auf und löst dabei gleichzeitig ihre scheinbaren Widersprüche – ähnlich wie es bereits David Bohm versucht hat.

Doch betrachten wir die Dinge im Einzelnen: Platon hat in seinem Höhlengleichnis die Grenzen der menschlichen Wahrnehmungsfähigkeit veranschaulicht: Angebunden in einer Höhle, ohne die Möglichkeit, sich umzuwenden, erblicken die Menschen auf der gegenüberliegenden Wand Schattenbilder von Gegenständen, die hinter ihnen vorbeigetragen werden. Sie halten diese Schattenbilder für die einzige Realität und können weder die Lichtquelle noch die Urbilder der schattenwerfenden Gegenstände sehen. Platon hat diese Urbilder Ideen genannt und geschildert, was geschehen würde, wenn einer der Menschen sich von seinen Fesseln befreien, aus der Höhle heraustreten und anschließend den immer noch Gefesselten von seinen Eindrücken berichten würde. Platon hat damit beschrieben, wie die meisten Menschen reagieren, wenn sie einem Menschen mit einer umfassenden Erfahrung – auch Erleuchtung genannt – begegnen.

Um den neuen Entwurf zu verstehen, der aus dem Verständnis der Quantenphysik entstanden ist, kehren wir noch einmal zu dieser zurück. Goswami zeigt, wie die Paradoxien der Quantenphysik verschwinden, wenn man ein universelles, nichtlokales Bewusstsein annimmt, das hinter dem Beobachter steht, der die Messungen (z.B. an Elementarteilchen) ausführt. Wie wir gesehen haben, beschreibt die Quantenphysik die *möglichen* Zustände von Teilchen, die erst durch die Beobachtung zu *einem* realen Zustand werden. So löst sich beispielsweise das Rätsel, warum zwei Beobachter nicht zwei verschiedene Zustände erzeugen, in dem Moment auf, wenn wir ein universelles Bewusstsein hinter dem individuellen Beobachter annehmen. In ähnlicher Weise lassen sich auch das berühmte Schrödinger'sche Katzenparadoxon und die nichtlokale Fernwirkung verstehen.

Goswami sieht zahlreiche Parallelen zwischen den Elementen des Geistes und den Teilchen der Quantenphysik.[5] Zudem zitiert er eine Reihe von

Forschungsansätzen, die erklären, warum es sinnvoll ist anzunehmen, dass das Gehirn auf der Basis der Quantenphysik arbeitet.[6] Er entwirft das Bild eines Gehirn-Geist-Systems, das einen klassisch und einen quantenmechanisch arbeitenden Anteil enthält, die miteinander wechselwirken.[7] Der klassische Anteil arbeitet deterministisch in festen, erlernten Bahnen. Auf ihm basiert unser Ich und unsere Erinnerung. Das Quantensystem arbeitet auf der Grundlage der unüberschaubaren Vielfalt eines Wahrscheinlichkeitsfeldes.[8] Wie in der Quantenphysik ist es ein allumfassendes, nichtlokales Bewusstsein, das eine der unendlichen Möglichkeiten zu einem realen Zustand werden lässt.[9] Das erleben wir als Einfall oder Kreativität. Der klassische Teil sorgt dann für die Verarbeitung dieses Einfalls.[10] Er arbeitet kontinuierlich, konditioniert und vorhersehbar. Das Quantensystem sorgt hingegen für die diskontinuierlichen Einfälle aus dem Nichts, es ist unkonditioniert.

All dies kann natürlich nur einen ungefähren Eindruck dieses Ansatzes vermitteln. Viele interessante Forschungen, die in dieselbe Richtung weisen, müssen hier leider unerwähnt bleiben. Entscheidend für unseren Zusammenhang ist, dass in diesem Entwurf ein umfassendes Bewusstsein die Ursache der Erscheinungen in der Quantenwelt der Physik und in der Geistwelt des Gehirn-Geist-Systems ist. Schon C.G. Jung vermutete, dass Psyche und Materie derselbe „Stoff" zugrunde liegt.[11] Dieser Urstoff – das umfassende Bewusstsein – wirkt auf unser Gehirn-Geist-System und erfährt sich gleichzeitig als das Ich des klassischen Anteils dieses Systems – wenn auch in eingeschränkter Form, denn das Ich ist wie ein Schatten in Platons Gleichnis.[12] So entsteht unser Selbst-Bewusstsein.[13] Als Atman oder Quanten-Selbst hingegen erfährt sich das Selbst in uneingeschränkter Form als reines Bewusstsein.[14] Damit erweist sich zwar – wie in *Einblick* 11 – das Ich als Illusion. Das, was sich in eingeschränkter Form durch das Ich erfährt, ist jedoch das allumfassende Bewusstsein und hat in gewissem Sinne die höchste Realität. Während das Bewusstsein im materialistischen Weltbild nur als Epiphänomen des Gehirns erscheint, wird es jetzt als allumfassendes Bewusstsein zum Ursprung des Universums.

Kapitel 12
Alles ist verbunden

Die wenigen, die was davon erkannt, ...
Hat man von je gekreuzigt und verbrannt.

Goethe, *Faust I, Nacht*

Doch ihr, die echten Göttersöhne,
Erfreut euch der lebendig reichen Schöne!
Das Werdende, das ewig wirkt und lebt,
Umfaß euch mit der Liebe holden Schranken,
Und was in schwankender Erscheinung schwebt,
Befestiget mit dauernden Gedanken!

Goethe, *Faust I, Prolog im Himmel (Der Herr an die Erzengel)*

12.1 Bewusstsein als eine lebendige reale Größe

Im Innehalten und Wahrnehmen werden wir uns unserer Innenwelt und unserer Außenwelt bewusst, zugleich nehmen wir die Lebendigkeit in uns und um uns und damit eine in allem wirkende Urkraft wahr. Folgen wir Goswamis Sicht[1], so steht hinter diesem Prozess das allumfassende Bewusstsein, das wahrnimmt und sich im erwachenden Menschen selbst erkennt – sich selbst erfährt. Erklärt sich dadurch der Zauber, der dem Innehalten innewohnt?

Je weiter wir im Sinne der sechs Stufen des Innehaltens[2] voranschreiten, desto mehr verbindet sich unsere Wahrnehmung mit Bewusstsein – sie wird offener, tiefer und lebendiger –, und desto mehr prägt das Bewusstsein unser Tun als eine kreative Kraft und bewusste Ausrichtung. Bewusstsein ist demnach nicht einfach nur eine Eigenschaft des Wahrnehmens oder Handelns, z.B. als ein mehr oder weniger bewusstes Tun, sondern eine erlebbare intensive Erfahrung, die es zu einer realen Größe werden lässt. Je klarer und ungetrübter das Bewusstsein in uns ist, desto intensiver ist diese Erfahrung. Das Gehirn-Geist-Modell, wie es im Einblick 12 vorgestellt wurde, stimmt mit dieser Erfahrung überein. Es kann die Wahrnehmung des Bewusstseins sogar noch verstärken, indem es unsere Aufmerksamkeit von der Oberfläche der Dinge zu der dahinterliegenden, tieferen Realität lenkt.

Das Merkwürdige, das insbesondere die Wissenschaftler so verwirrt, ist die Tatsache, dass das einfachste, elementarste Erleben eines bewussten Daseins zugleich das geheimnisvollste Rätsel unserer Existenz ist. Es ist derart unfassbar, dass die Wissenschaft lange Zeit davor zurückgeschreckt ist, sich diesem Phänomen überhaupt zuzuwenden. Andererseits bildet das reine, ungetrübte wache Dasein das Kernziel der spirituellen Suche – wenn sich dabei von einem Ziel überhaupt sprechen lässt. Obendrein erleben wir selbst ständig ein mehr oder weniger waches Dasein; es umgibt und erfüllt uns wie die Luft, die wir atmen. Das Selbstverständliche erweist sich also als das Geheimnisvollste.

Das Bewusstsein nehmen wir meist genauso wenig wahr, wie die Luft, die wir atmen. Bei beidem sind es vor allem die Unterschiede, die uns auffallen. So nehmen wir nur gelegentlich eine besondere Qualität der Luft wahr – an der See, in den Bergen oder in der Stadt –, die besonders wohltuend oder bedrückend auf uns wirkt. Oft fällt uns jedoch nicht auf, wie verbraucht die Luft bzw. der Sauerstoff in einem Raum ist. Ein Besucher hingegen, der den Raum betritt, wird den Zustand der Luft sogleich bemerken, während uns selbst die allmähliche Verschlechterung der Qualität entgangen ist. Ähnlich verhält es sich mit dem Bewusstsein. Auf eine Arbeit fokussiert können wir in die Enge des Zielstrebens verfallen, ohne es zu bemerken. Jemandem, der uns beobachtet, fällt es hingegen leicht, unseren angestrengten und überkonzentrierten Zustand wahrzunehmen. Uns selbst wird ein solcher Zustand oft erst bewusst, wenn wir daraus erwachen, wenn wir innehalten und offen wahrnehmen. Ein solches Innehalten ist wie das Öffnen eines Fensters. Luft und Bewusstsein wirken – allerdings auf unterschiedlichen Ebenen – wie ein „Lebenselixier".

Bleiben wir noch kurz beim Vergleich mit der Luft, um das Aufblühen wacher Präsenz in unserem Leben zu veranschaulichen. Wenn wir eine besonders reine Bergluft atmen, so erleben wir mit jeder Faser unseres Seins ihre Frische und ihre Qualität. Auch hier ist sie nicht fassbar, nicht einmal als ein besonderer Geruch wahrnehmbar – höchstens als Abwesenheit von Luftverschmutzungen, die wir riechen können – und doch spüren wir ihre Wirkung auf uns. Ähnlich verhält es sich mit dem Bewusstsein. Ein klares, waches Bewusstsein wirkt auf uns und ist ein wahrnehmbarer Zustand. Besonders ein leerer, präsenter Geist ist als intensiver und wohltuender Zustand erlebbar.

Je deutlicher wir erkennen, dass das Bewusstsein ähnlich wie die Luft eine reale Größe ist, desto leichter werden wir uns erinnern, immer wieder innezuhalten – als öffneten wir ein Fenster. Mit der Realität des Bewusstseins wird auch unsere Aufgabe, ihm mehr Raum in unserem Leben zu geben, realer und fassbarer. Wenn wir obendrein immer wieder erfahren, dass beide – Luft und Bewusstsein, jedes auf seine Weise – ein Lebenselixier für uns sind, werden wir den Kontakt mit diesem Elixier in den Mittelpunkt unseres Lebens stellen. Das führt uns zum bewussten Dasein.

12.2 Offene Wahrnehmung in einem umfassenden Sinn

Der Vergleich des Bewusstseins mit der Luft hilft uns, eine Art substanzielle Realität des so „unfassbaren" Bewusstseins zu erkennen. Es zeigt sich dabei allerdings auch ein wesentlicher Unterschied: Die Luft ist eine Art

Nahrungsmittel für uns. Wir nehmen sie auf, lassen sie durch unseren Körper wandern und scheiden sie beim Ausatmen in veränderter Form wieder aus. Das Bewusstsein hingegen ist nicht von unserer Wesensnatur zu unterscheiden. Das lässt sich natürlich nicht durch unseren Verstand begreifen, denn dieser ist ja selbst nur ein Teilaspekt des Bewusstseins. Doch vergleichende Bilder und unser Erleben können uns helfen, einen Eindruck und eine Erfahrung des „Unfassbaren" zu bekommen.

Die offene Wahrnehmung unserer Innenwelt und Außenwelt sowie unsere Körperwahrnehmung haben sich als entscheidende Schritte auf dem Weg zu einem bewussten Dasein erwiesen.[3] Je mehr wir das wache Bewusstsein als einen Zustand lebendiger Präsenz erfahren, desto mehr lernen wir wahrzunehmen, wie wach wir wirklich sind. Das klingt widersprüchlich, da wir ja Bewusstsein brauchen, um bewusst wahrnehmen zu können. Wiederum kann uns der Vergleich mit der Luft helfen: Je vertrauter wir mit einer reinen Bergluft werden, desto häufiger und deutlicher nehmen wir normale Stadtluft als verschmutzt wahr. Wir entwickeln eine Sensibilität.

Der Zustand wacher Präsenz ist vor allem als eine Art prickelndes Körpergefühl erfahrbar, das den Körper leichter, durchlässiger und lebendiger erscheinen lässt. Dieses körperliche Erfahren vor allem ist es, das aus der Verstrickung der verwirrenden Frage nach dem Subjekt und Objekt der Wahrnehmung herausführt. Wenn wir verstehen wollen, wie das Bewusstsein das Bewusstsein wahrnehmen kann, sind wir „in Wirren verloren"[4], doch wenn wir die Lebendigkeit des Bewusstseins am eigenen Leibe erfahren, spüren wir seine Realität und damit den Kern unseres Wesens und Daseins. Wir gelangen damit zu einem noch umfassenderen Begriff von offener Wahrnehmung. Je erfahrbarer und vertrauter der Zustand wacher Präsenz für uns wird, desto mehr nehmen wir uns selber wahr: als das „unfassbare" Bewusstsein, als dasjenige, was uns in einem tiefen Sinne lebendig sein lässt. Es ist, als öffnete sich die immer wachere und offenere Wahrnehmung schließlich *der Wahrnehmung der eigenen Präsenz* und damit *des Bewusstseins an sich*.

Natürlich gibt es dabei zahlreiche Möglichkeiten, „in die Irre" zu gehen. Wenn wir uns an die Selbste erinnern, so ist es wichtig, sich auf diesem Weg keinem dominierenden Selbst zu überlassen, denn das wäre ein Weg ins Unbewusste und Konditionierte. Wenn „gut und schlecht", „du musst" oder „du darfst nicht" den Übungsweg beherrschen, können wir sicher sein, dass wir der Identifikation mit einem konditionierten Teilaspekt erlegen sind. So wie die offene Wahrnehmung der Außenwelt frei von urteilendem Denken und Benennen ist, geschieht das Wahrnehmen unserer Präsenz im offenen Raum des stillen Daseins. Irrtümer und Umwege sind „menschlich" und kaum zu vermeiden, starre Vorgaben hingegen wirken beschränkend und verdunkeln das Licht der Präsenz.

12.3 Das Netz der Natur

In der Natur lässt sich die stille, hellwache Präsenz besonders deutlich erfahren. Sie spricht zu uns in einer Sprache, die unser Innerstes versteht. Sie hat eine ursprüngliche Kraft, die uns aus unserer Welt der Gedanken, Termine und Erledigungen in das einfache Dasein zurückholt. So wie die Lebendigkeit in unserem Körper kann sie unmittelbar auf uns wirken und uns an etwas Wesentliches erinnern: Wir sind vor allem *lebendige* Geschöpfe und *Teil* der uns umgebenden Natur. Dies vergessen wir in der von uns geschaffenen Welt des Tuns und Handelns. Daran erinnern wir uns in der Natur unmittelbar, durch ein Erleben und nicht über ein reflektierendes Erkennen.

Wie das Erleben der Präsenz im eigenen Körper, ist es ein Ereignis von elementarer Kraft, wenn wir von der Natur berührt werden. Es ist, als würde sie uns an unseren Ursprung erinnern, nicht als animalische Wesen, sondern als Teil eines ungeheuren Netzes aus unterschiedlichsten Erscheinungsformen, die sich alle im stillen Dasein vereinen. Wir können diese elementare Urkraft in der Schönheit und der Einzigartigkeit einer Blüte, eines Bergrückens, einer Meereswelle oder einer Vogelstimme direkt erfahren. Wenn wir versuchen, dieses Netz mit dem Verstand zu erfassen, geraten wir ins Staunen. Die Vielfalt und die unendlichen Beziehungen, die uns dabei begegnen, sind für den menschlichen Verstand einfach unvorstellbar.

Wie rätselhaft und geheimnisvoll die Tierwelt für uns noch immer ist, zeigt beispielsweise der Biologe Andreas Weber mit seinem Buch „Alles fühlt". Er entwirft das Bild einer schöpferischen Ökologie, in der das Leben und das Erleben der Wesen im Vordergrund stehen.[5] Er beschreibt, wie der Darwinismus im 19. Jahrhundert zur vorherrschenden Evolutionstheorie wurde, in einer Zeit also, die von der Idee des freien Wettbewerbs besessen gewesen sei.[6] Dabei wurden alle anderen Entwürfe, die die gesamte Natur ähnlich wie den Körper als ein harmonisches Ganzes sahen, in den Hintergrund gedrängt – und werden es bis heute.[7] Webers lebendige Darstellung veranschaulicht, dass dem naturwissenschaftlich distanzierten Blick und dem Leistungsdenken das Wesentliche verborgen bleibt.

Besonders deutlich werden diese unterschiedlichen Sichtweisen, wenn es um den Gesang der Vögel geht. Während er herkömmlicherweise als ein Mittel zum Zweck – der Revierabgrenzung oder der Brautwerbung – gesehen wurde, beobachtete schon Konrad Lorenz etwas gänzlich anderes. Er schrieb, eine Amsel lasse die schönsten und kunstvollsten Lieder hören, wenn sie vom Ernst des Lebens gleichsam abgerückt, „dichtend" vor sich hin singe.[8] Andreas Weber bringt weitere Beispiele: Vögel sängen dann am schlechtesten, wenn es einem „evolutionären Zweck" diene.[9] Außerdem gebe es Grillenarten, die erst nach der Paarung ein „Triumphlied" anstimmten.[10] Er sieht in den Stimmen der Tiere vor allem „Expression" – nicht Sprache in unserem Sinne, sondern Ausdruck einer sensiblen Innerlichkeit.[11] Er zeichnet das Bild einer tönenden Tierwelt, in der fast alle Tiere eine Möglichkeit gefunden haben, Laute zu erzeugen.

Die von Weber beschriebene Natur strotzt nur so von Leben. Das Meer erweist sich als angefüllt mit fabelhaften, durchscheinenden Wesen – wie eine „Glasmenagerie": Sie tanzten und schwirrten davon wie Kolibris, damit sie nicht gefangen würden.[12] Selbst Pflanzen zeigen Eigenschaften, die man früher nur bei Tieren beobachtete, die pflanzlichen Zellen kommunizieren mithilfe von Botenstoffen. So erreichen „Alarm-Moleküle" bei einer Verletzung über der Erde nach wenigen Sekunden die Wurzeln einer Pflanze.[13]

Wenn wir die Natur aufmerksam betrachten, so staunen wir über die Schönheit, die sich uns zeigt, aber auch über die Kraft zur Selbstorganisation. Bücher wie das von Andreas Weber öffnen uns die Augen für die Wunder, die uns ständig begegnen: wie die Ameisen einen Ameisenhaufen errichten und bevölkern oder wie die Bienen sich organisieren und bei ihrer Nahrungssuche die Blüten bestäuben. Wir können wieder lernen zu staunen, wie wir es als kleine Kinder getan haben, wenn wir die Natur als einen riesigen Organismus betrachten, dessen Selbstorganisation genauso unfassbar ist, wie die unseres eigenen Körpers.

Doch der Zauber, den die Natur auf uns ausübt, hat vielleicht noch einen weiteren, tieferen Grund. Wir sind zwar als Menschen zum Erleben der sensiblen Innerlichkeit, die Andreas Weber allem Leben zuspricht, in besonderer Weise fähig, doch sind wir genau wie alle Lebensformen Teil eines umfassenden Ganzen. Vielleicht spüren wir das, wenn wir in der Natur sind. Die Natur wird damit zum Gleichnis für das uns tragende Bewusstsein. Wir erleben zwar ein individuelles Bewusstsein in uns, doch ist dieses zugleich ein untrennbarer Teil des umfassenden, universellen Bewusstseins. Die Natur zeigt uns damit die Essenz unseres Seins: Im individuellen Erleben sind wir doch Teil des *einen* Bewusstseins.

Vielleicht führt uns der Kontakt mit der Natur, das Erfahren ihrer Einheit, die wie ein Netz alles umfasst, zum eigenen Erleben dieser Einheit. Dies ist ein Gewahrwerden, in dem das individuelle Bewusstsein sich als Teil eines umfassenden Bewusstseins erfährt. Die Grenzen lösen sich auf, wir fühlen uns in einem tiefen Sinne aufgehoben und verbunden, wenn wir in der Natur sind. Das befreiende Gefühl der Verbundenheit gipfelt in dem tiefen Empfinden: *Ich bin der Baum, ich bin das blühende Feld, ich bin der fliegende Vogel.*

12.4 Durchlässigkeit

In der Natur treten wir in einen innigen Kontakt mit unserer Umgebung. Wir werden durchlässig und nehmen die Verbundenheit mit allem Sein wahr. Dadurch werden wir auch durchlässiger für das direkte Erleben des umfassenden Bewusstseins, das – für den geschäftigen Menschen verborgen – in allem Dasein wohnt. Es ist, als würde sich dabei die harte Schale unserer Individualität öffnen und das dahinterliegende, alles umfassende Bewusstsein durchscheinen.

Durchlässig in diesem Sinne zu sein bringt uns also in Verbindung mit den essenziellen Kräften des Lebens. Das geschieht dem spirituellen Menschen in direktem Erleben und dem kreativ arbeitenden Menschen über sein Werk. Wir haben bereits im Kapitel 5.5 erkannt, wie nah verwandt die spirituelle Suche dem kreativen Schaffen ist. Beides kann man nicht „machen", im Gegenteil, es ist das Innehalten, das uns die Tür zur spirituellen Erfahrung und zur Kreativität öffnet – das uns durchlässig werden lässt.

Kreativität ist geprägt vom Einfall, einem Geschehen, das wie ein Geschenk in unserem Bewusstsein auftaucht. Auch wenn wir kreative Einfälle nicht aktiv erzeugen können, so können wir doch Bedingungen schaffen, unter denen sie geschehen können. Dazu gehört eine intensive Beschäftigung mit einem Thema, aber auch das Loslassen – das Innehalten – in Form einer Pause. Das kann eine Nachtruhe sein, nach der wir am Morgen „wissen", wie es weitergeht, oder ein Spaziergang, auf dem wir die Natur genießen und, versehen mit Papier und Stift, plötzliche Einfälle niederschreiben.

Im Sinne von Goswamis Modell können wir die Kreativität als ein ungestörtes Wirken des Quantenfeldes durch uns hindurch verstehen. Erinnern wir uns:[14] Die klassisch arbeitenden Teile unseres Gehirns bewegen sich in eingeübten Bahnen. Unser Ego, unsere Erinnerung und unser „herkömmliches" Denken sind das Ergebnis solcher Prozesse. Sie verlaufen kontinuierlich ohne Sprünge und haben eine starke Neigung zu Wiederholungen. Im Gegensatz dazu sind die quantenmechanisch geprägten Prozesse sprunghaft, nichtlokal[15] und unkonditioniert. Was bedeutet das?

Quantenmechanische Prozesse stehen in Verbindung mit einem riesigen Wahrscheinlichkeitsfeld der Möglichkeiten. Je nach „Messung" werden einzelne Zustände realisiert. Es gibt keine kontinuierliche Entwicklung, sondern nur ein plötzliches Auftreten unterschiedlicher Zustände. Das entspricht genau dem Charakter kreativer Einfälle. Sie tauchen plötzlich auf, gerade dann, wenn unser konditioniertes Denken schweigt und Raum für neue „Einfälle" entsteht. Außerdem lässt sich beobachten, dass Entdeckungen oft fast gleichzeitig von unterschiedlichen Menschen gemacht werden – das ist ein Hinweis auf die Nichtlokalität.[16] Diese Einfälle werden dann durch unser klassisch konditioniertes Denken in handwerklicher Weise weiterverarbeitet. Dadurch entsteht ein Ergebnis, das systematisch planendes Denken mit kreativen oder gar genialen Einfällen verbindet. In seltenen Fällen können sogar, wie von Mozart beschrieben, komplette Werke quasi vom Himmel fallen, die dann nur aufgeschrieben werden.[17]

Es geht also sowohl bei der spirituellen Suche als auch im kreativen Schaffensprozess darum, durchlässig zu sein und alle festen Ansichten, Identifikationen und starren Vorgehensweisen beiseitezulassen. Je mehr wir erkennen, dass wir nichts „machen" können, desto offener und durchlässiger können wir für das Wirken universeller, überpersönlicher Kräfte werden. Wir werden bescheiden und empfangend. Gleichzeitig fühlen wir uns getragen von einer Kraft, die zwar durch uns wirkt, die wir aber nicht selbst erzeugen müssen – ja gar nicht selbst erzeugen können.

12.5 Offenheit

Je offener wir sind, desto durchlässiger sind wir. Offenheit hat viele Aspekte. Sie ist eine Art Ausrichtung oder Einstellung, die unser Verhältnis zum Leben und seiner uns umgebenden und durchdringenden Kraft bestimmt. Der Gegenpol zu offen ist „zu" oder geschlossen. Wenn wir uns mit einer harten Kruste vor Veränderung und Entwicklung schützen, begeben wir uns in eine Enge und schneiden uns vom Fluss des Lebens ab.

Tragen wir noch einmal einige Teilaspekte zusammen, die uns bereits begegnet sind, um zu einem Gesamtbild zu kommen.

Zielstreben beschreibt einen Zustand, in dem wir vom Willen bestimmt werden, ein bestimmtes Ziel zu erreichen. Es wirkt auf uns wie ein enger Tunnel, durch den wir uns schnell vorwärtsbewegen möchten, in der Hoffnung, das ferne Licht am Ende möglichst bald zu erreichen. Wie wir gesehen haben, ist es verbunden mit eingeschränkter Wahrnehmung und starren Reaktionsmustern, die zu körperlicher Anstrengung und Anspannung führen. Wenn wir hingegen innehalten, kommen wir in einen Zustand der Offenheit. Er zeigt sich in unserer Wahrnehmung, unseren Muskeln und der Möglichkeit, unkonditioniert zu reagieren. Diese drei wichtigen Teilaspekte gilt es zu entwickeln.

Bei der Wahrnehmung können wir einen verengenden Tunneleffekt im Schauen und ein „Zu"-Sein im Hören besonders deutlich erkennen. Dies schränkt unseren Kontakt zur Umwelt ein. Chronisch verspannte, überaktive Muskeln können uns wie ein harter Panzer umgeben, der unsere Beweglichkeit, unser Körpergefühl und unsere Emotionen einschränkt und uns in einer Schwere festhält. Starre Muster machen unfrei, denn sie lassen uns in immer gleichen festen Bahnen reagieren. Alle drei Aspekte hängen natürlich zusammen. Sie bilden einen Zustand der Festigkeit und Geschlossenheit.

Der beschriebene Zustand ist wie ein Gefängnis. Wenn wir seine Beschränkungen erkennen, wird die Befreiung unser wichtigstes Anliegen. Bereits die offene Wahrnehmung macht die Wände des Gefängnisses durchscheinend und für alle Sinne durchlässig. Der Abbau von Muskelspannungen löst die Wände nach und nach auf. Neue Reaktionsweisen führen uns an einen anderen Ort – aus dem nun offenen Gefängnis heraus. Dieses vereinfachte Bild lässt uns allerdings leicht vergessen, wie sehr die drei genannten Aspekte sich gegenseitig beeinflussen. Auch ist es eine unhaltbare Vereinfachung, eine Anspannung nur als muskulär zu betrachten. Dennoch hilft uns diese stark vereinfachte Sicht zu erkennen, wie sehr sich ein offener Zustand, der vom Innehalten geprägt ist, von einem engen Zustand gewohnheitsmäßigen Zielstrebens unterscheidet.

Offenheit ist also ein ganzheitliches Phänomen. Wenn wir in der eben beschriebenen Weise vom Innehalten geprägt werden, werden wir bereit, den Geheimnissen des Lebens offen zu begegnen. Unsere Einstellung ändert sich. Unser Wollen und Wissen kann in den Hintergrund treten. Das Leben wird unser Lehrmeister. Wir erfahren damit eine umfassende Offenheit. Das hat eine tiefgreifende Wirkung: Wir gestehen uns unser Nicht-Wissen ein und stellen uns grundsätzliche Fragen. Wir staunen über das alles verbindende Netz der Natur und des Lebens. Wir erfahren die Magie des gegenwärtigen Moments immer eindringlicher. Wir erkennen Synchronizitäten[18] in unserem Leben. Wir werden bereit, uns von einer Weisheit führen zu lassen, die unser Wissen in unvorstellbarer Weise übersteigt.

So wird der Fluss des Lebens unser *Fluss*. Wir verbinden uns mit ihm. Wir lassen uns tragen. Unsere Atmung, das Blut in unseren Adern, die Energie in unserem Körper fließen genauso, wie das Wasser in seinem Kreislauf vom Bach zum Meer, in den Himmel und wieder zurück auf die Erde. Sie fließen genauso wie die Wolken am Himmel, und die Jahreszeiten. Wie der Gesang der Vögel, wie die Musik, wie der Pinselstrich des Malers, wie ein Gedicht ...

12.6 Innen und Außen

Halten wir ein letztes Mal inne und fragen wir uns: Sind unsere Innenwelt und die Außenwelt wirklich so verschieden und getrennt voneinander? Was bedeutet es, wenn sie es nicht sind? Was geschieht mit uns, wenn wir uns vorstellen, dass eine Trennung nicht existiert? Um diesen Fragen nachzugehen, betrachten wir zunächst die Hinweise, denen wir bereits begegnet sind.

Im Kapitel 2 haben wir die Wahrnehmung in beiden Welten einzeln betrachtet. Das bringt Klarheit und macht uns aufmerksam für die Phänomene in beiden Welten. Doch wir haben im weiteren Verlauf erfahren, wie sehr unsere innere Einstellung unser Handeln in der Außenwelt beeinflusst.[19] Wir haben dabei den Körper als Verbindungsglied zwischen diesen Welten betrachtet.[20] Er ist allerdings mehr als nur die Hülle unserer Innenwelt, denn sein Zustand ist die Grundlage unseres Denken und Fühlens.[21] Es reicht daher nicht einmal aus, in diesem Zusammenhang von einem Einfluss des Körpers zu sprechen, denn unser Fühlen beispielsweise *entspricht* einer körperlichen Reaktion. Ist das Fühlen damit nun körperlich oder psychisch? Es ist beides: ein psycho-physisches Geschehen.[22] Für uns selbst als Lebewesen gibt es also keine Trennung, wir sind eine Einheit, in der Innen und Außen, Denken, Ausrichtung und Haltung sowie Fühlen, chemische Botenstoffe und Muskelspannung miteinander verschmolzen sind.

Doch wie sieht es aus mit der Welt, die uns umgibt? Das Innehalten selbst ist ein Beispiel für die enge Verbindung von Innen und Außen, auch in diesem erweiterten Sinne. Wenn wir innehalten und zum offenen Schauen übergehen, nehmen wir eine andere äußere Welt wahr als im Zielstreben. Dabei wandelt sich beispielsweise ein Baum von einem Hindernis, über dessen Wurzeln wir stolpern könnten, zu einem lebendigen Spiegelbild, das genauso vom umfassenden Bewusstsein geprägt ist wie wir selbst.

Das letzte Beispiel liefert uns einen wichtigen Hinweis: Das Zielstreben und unser Ego, das es verursacht, fördern das Erleben der Trennung von Innen und Außen, während das Innehalten und das offene Wahrnehmen uns mit der Außenwelt verbinden. Mehr noch, sie lassen uns das lebendige Bewusstsein, das wir im tiefsten Inneren sind, über die Außenwelt erfahren, indem wir beispielsweise einen Baum als lebendige Erscheinung wahrnehmen. Ist diese Erscheinung nun in uns oder im Außen?

Diese Frage haben sich viele Wissenschaftler und Philosophen gestellt. Im Zuge der modernen Physik mehren sich die Anzeichen dafür, dass der Baum tatsächlich nicht unabhängig von einem erkennenden Bewusstsein existiert. Aber wohlgemerkt: Dieses Bewusstsein ist nicht unser Ego, sondern das dahinterstehende, allumfassende Bewusstsein.

Es ist klar, was durch eine solche Erkenntnis geschieht: Wir werden mit mehr Innehalten und offener Wahrnehmung achtsamer durchs Leben gehen. Wenn wir erkennen, dass die Trennung von Innen und Außen gar nicht existiert, werden wir im oben beschriebenen Sinne zu einer umfassenden Offenheit geführt. Wir sind dann mit unserem Leben und Erleben in einer tieferen Weise verbunden. Das Bewusstsein, das wir sind, nimmt sich in uns selber wahr. Dies ist die Vollendung der offenen Wahrnehmung.

12.7 Neue Antworten?

Wenden wir uns zum Abschluss noch einmal den grundlegenden Fragen vom Beginn des letzten Abschnitts zu:[23]

- Wer handelt, wenn wir nicht beobachten oder innehalten?
- Wer hält inne?
- Wer beobachtet?
- Wer entwickelt sich?

Sehen wir Bewusstsein als Grundsubstanz des Universums und als unsere wahre Essenz, so können wir auf die Überlegungen in Kapitel 11.2 aufbauen und die vier Fragen in vereinfachter Form folgendermaßen beantworten:

- Wenn wir unseren Alltag in automatisierten Handlungen und Denkroutinen, *im Zielstreben* und in fest eingeübten Mustern *durchleben,* nutzen wir feste Verschaltungen im Gehirn. Wir sind uns unserer selbst kaum bewusst – eher in einer Art Halbschlaf –, große Teile unseres Gehirns sind nicht aktiv. Es denkt und handelt ein vollkommen *konditionierter Teil eines Ichs,* das sich bei genauerem Hinsehen als Illusion herausstellt.
- Wenn wir innehalten, so mag das als ein willentlicher Akt einer Intention entspringen, die auf einen *denkenden und planenden Teil unseres Ichs* zurückgeht, der sich *Ziele setzt* und sie verfolgt. Je mehr wir

üben, desto gegenwärtiger ist uns die Intention, und desto leichter und häufiger halten wir inne. Initiator ist also ein konditionierbarer Teil in uns, den wir durch planmäßiges Vorgehen in einer gewünschten Art konditionieren können. Das mit dem Innehalten verbundene *Erleben* führt dabei aus dem Ich heraus. Das Innehalten mag aber auch direkt als ein plötzliches Erinnern erfolgen, in dem etwas in uns erwacht, das wir als einen Aspekt des *umfassenden Bewusstseins* ansehen können, als unser *tiefstes, wahres Selbst,* das spontan durchbricht und sich seiner selbst bewusst wird. In beiden Fällen werden wir zum selben bewussten *Erleben* geführt.

- In der offenen Wahrnehmung, die stets mit dem Innehalten verbunden ist, sind wir durch das *umfassende, unkonditionierte Bewusstsein* – unser *wahres Selbst* – belebt. Dabei erscheint uns sowohl unser Inneres als auch unsere Umgebung von derselben tiefen Lebendigkeit durchdrungen.

- Was sich dabei nach und nach *entwickelt,* ist nicht so sehr das Ich, noch weniger das wahre Selbst, sondern vielmehr unsere *Durchlässigkeit und Offenheit.*

Diese vereinfachten Antworten können uns helfen, uns auf ein Geschehen auszurichten, das wir nicht „machen" können. Sie können uns helfen, aber auch in die Irre führen. Denn als einfache Antworten auf große Fragen können sie eine neue Illusion erzeugen: dass wir erklären könnten, wer wir wirklich sind. Tatsächlich lässt sich das nur mehr und mehr *erleben,* indem wir unser Leben durch Innehalten und Wahrnehmen *beleben.*

Ausblick 12
Das Unbeschreibliche beschreiben

Ein tiefes Erleben unserer Urnatur lässt sich nicht in Worte fassen. Denn Gedanken und Worte richten sich am Bekannten aus. Das Unbekannte, noch nicht Erfahrene ist gleichzeitig das Unbeschreibliche. Doch die Stille kann uns helfen. Es geht einzig und allein darum, auf das zu lauschen, was jenseits der Worte und Gedanken liegt. Erinnern wir uns an das Höhlengleichnis von Platon. Wer aus der Höhle heraustritt und zurückkehrt, um den festsitzenden Mitmenschen von seinen Eindrücken zu berichten, kann nicht auf Verständnis hoffen.

Viele Mystiker und Weise haben es dennoch unternommen, ihre Ansichten und Erlebnisse in Worte zu fassen, immer eingedenk der Tatsache, dass sie ihre Erfahrung und Wahrnehmung nicht mit dem Leser teilen können und nur die Stille und die eigene Erfahrung etwas vermitteln kann, das jenseits unseres Verstandes liegt. Ihre Worte können zwar das Unsagbare nicht mitteilen, sie können jedoch unsere festen Ansichten erschüttern und uns so bereit machen für eine offene Wahrnehmung, in der das Wahrgenommene mit dem Wahrnehmenden verschmilzt.

Das Bedürfnis, das in der spirituellen Suche zum Ausdruck kommt, kann nach Ansicht des Philosophen und Psychologen William James nur durch eigene Erfahrung befriedigt werden.[1] Religion und Philosophie sind dabei sekundär. James hat in seinem umfangreichen Standardwerk von 1901 religiöse Erfahrungen untersucht, ihre Gemeinsamkeiten beschrieben und ein solches Erleben als eine elementare Größe für das menschliche Leben erkannt. Seine Ergebnisse hat er in drei Punkten zusammengefasst und geschrieben,

- dass die sichtbare Welt Teil eines mehr geistigen Universums sei, aus dem sie ihre eigentliche Bedeutung gewinne;
- dass die Vereinigung mit diesem höheren Universum bzw. eine harmonische Beziehung zu diesem unsere wahre Bestimmung sei;
- dass das Gebet bzw. die innere Gemeinschaft mit dem Geist dieses Universums ein Prozess sei, in dem etwas Wirkliches geschehe.[2]

Einer der Begründer der modernen Physik, Erwin Schrödinger, verfasste 1925, ein Jahr bevor er die nach ihm benannte Grundgleichung der Quantenmechanik veröffentlichte, den Aufsatz „Suche nach dem Weg". Darin schrieb er, innerhalb des Erscheinenden gebe es nirgends einen Rahmen, innerhalb dessen Bewusstsein im Plural vorgefunden werde, wir konstruierten dies nur auf Grund der räumlich-zeitlichen Pluralität der Individuen, aber diese Konstruktion sei falsch.[3]

In „Suche nach dem Weg" zeigt sich, wie nah dieser berühmte Naturwissenschaftler der alt-indischen Philosophie des Vedanta stand. Er schreibt, so unbegreiflich es der gemeinen Vernunft erscheine, jeder einzelne Mensch sei „alles in allem". Darum sei das Leben, das wir leben, auch nicht ein Stück nur des Weltgeschehens, sondern in einem bestimmten Sinn das ganze. Nur sei dieses Ganze nicht so beschaffen, dass es sich mit einem Blick überschauen ließe. Dies hätten die Brahmanen mit der heiligen, mystischen und doch eigentlich so einfachen und klaren Formel ausgedrückt: Tat twam asi (das bist du).[4]

Schrödinger ist nicht der einzige Naturwissenschaftler, den die Erkenntnisse der modernen Physik auf die uralten Weisheiten des Fernen Ostens oder auf die christliche Mystik blicken ließ. Vielleicht bot dieser Blick zurück eine gewisse Orientierung in dem verwirrenden Bild, das die Quantenphysik zeichnete. Welch große Zeiträume die Einsichten und Erkenntnisse auch voneinander trennen und auf welch unterschiedlichen Wegen sie auch entstanden sind, sie ähneln sich auf verblüffende Weise.

Gehen wir zum Abschluss also in der Zeit zurück. Mehr noch: Vergessen wir einfach die Zeit und lassen uns inspirieren. Wie könnte das besser geschehen, als nach jedem Zitat innezuhalten und die Worte auf sich wirken zu lassen:

Des Odems Odem und des Auges Auge,
Des Ohres Ohr und des Verstand's Verstand,
Wer diese kennt, der wahrlich hat das Brahman,
Das alte, uranfängliche erkannt.

Veda-Geheimlehre [5]

Was unaussprechbar durch die Rede,
Wodurch Rede aussprechbar wird,
Das sollst du wissen als Brahman,
Nicht jenes, was man dort verehrt.

Was durch das Denken undenkbar,
Wodurch das Denken wird gedacht,
Das sollst du wissen als Brahman,
Nicht jenes, was man dort verehrt.

Was durch das Auge unsehbar,
Wodurch man auch das Auge sieht,
Das sollst du wissen als Brahman,
Nicht jenes, was man dort verehrt.

Veda-Geheimlehre [6]

Nur wer es nicht erkennt, kennt es,
Wer es erkennt, der weiss es nicht, –
Nicht erkannt vom Erkennenden,
Erkannt vom Nicht-Erkennenden!

Veda-Geheimlehre [7]

In wem es aufwacht, der weiss es
Und findet die Unsterblichkeit;
Dass er es selbst ist, gibt Kraft ihm,
Dass er dies weiss, Unsterblichkeit.

Veda-Geheimlehre [8]

Der SINN, den man ersinnen kann,
ist nicht der ewige SINN.[9]
Der Name, den man nennen kann,
ist nicht der ewige Name.
Jenseits des Nennbaren liegt der Anfang der Welt.

Laotse: *Tao Te King* [10]

Dreißig Speichen treffen sich in einer Nabe:
Auf dem Nichts daran (dem leeren Raum)
beruht des Wagens Brauchbarkeit.
Man bildet Ton und macht daraus Gefäße:
Auf dem Nichts daran beruht des Gefäßes Brauchbarkeit.

Laotse: *Tao Te King* [11]

Zurückgewandt sein zur Wurzel: das ist Stille.
Stille: das ist Rückkehr zur Bestimmung.
Rückkehr zur Bestimmung: das ist Ewigkeit.
Die Ewigkeit erkennen: das ist Weisheit.

Laotse: *Tao Te King* [12]

Teil 5 | Alles ist anders

Wer festhält das große Urbild,
zu dem kommt die Welt.
Sie kommt und wird nicht verletzt,
in Ruhe, Gleichheit und Seligkeit.

Laotse: *Tao Te King* [13]

Der große SINN ist allgegenwärtig,
er kann zur Rechten sein und zur Linken.
Alle Geschöpfe verdanken ihm ihr Dasein,
und er verweigert sich ihnen nicht.

Laotse: *Tao Te King* [14]

Spaltet ein Stück Holz,
und ich bin da.
Hebt einen Stein auf,
und ihr findet mich.

Jesus im Thomasevangelium [15]

Das Reich Gottes kommt nicht so, dass man's mit Augen sehen kann;
man wird auch nicht sagen: Siehe, hier! oder: da! Denn siehe, das Reich Gottes
ist mitten unter euch.

Jesus im Lukasevangelium [16]

Einst, als Shakyamuni Buddha vor einer großen Mönchsversammlung saß,
hob er eine Blume empor und schwieg. Einer seiner Schüler lächelte.
Den ernannte der Buddha zu seinem Nachfolger.

Mumonkan [17]

Anmerkungen

Einleitung

1) Goethe, S. 15: Faust, Prolog im Himmel
2) Goethe, S. 17: Faust I, Nacht
3) Goethe, S. 52: Faust I, Studierzimmer

Teil 1 . Von der Unruhe zur Stille

Einblick 1
1) Thompson, S. 1
2) Kandel, S. 22; Thompson, S. 3
3) Hanson und Mendius, S. 18
4) Kandel, S. 36
5) Kandel, S. 23
6) Hanson und Mendius, S. 18
7) Kandel, S. 38
8) Thompson, S. 205
9) Golenhofen, S. 405
10) vgl. Ausblick 2
11) Thompson, S. 207

Kapitel 1
1) Wehmeyer, S. 21: 1769 konstruiert James Watt
    eine für praktische Zwecke einsetzbare Dampfmaschine.
2) Wehmeyer, S. 23
3) Wehmeyer, S. 24
4) Wehmeyer, S. 29

Ausblick 1
1) Tolle 2005, S. 19/20 (englisch: Tolle 2005, S. 9)
2) Wikipedia am 24.7.2013
3) Leong, S. 117 und S. 120
4) Goswami, S. 18 und S. 27
5) Goswami, S. 34
6) Tolle 2002, S. 110 (englisch: Tolle 1999, S. 81)

Anmerkungen

Einblick 2
1) Hüther in Storch, Cantieni, Hüther, Tschacher,
   S. 85; Dispenza, S. 129; Siegel, S. 59
2) Dispenza, S. 130
3) Hüther in Storch, Cantieni, Hüther, Tschacher S. 85
4) Dispenza, S. 129
5) Dispenza, S. 129
6) Dispenza, S. 129
7) Dispenza, S. 130
8) Hüther in Storch, Cantieni, Hüther, Tschacher, S. 85
9) Hanson und Mendius, S. 39; Dispenza, S. 129
10) Dispenza, S. 134
11) Dispenza, S. 130
12) Hüther in Storch, Cantieni, Hüther, Tschacher, S. 85
13) Dispenza, S. 129; Hanson und Mendius, S. 39
14) Dispenza, S. 130
15) Hüther in Storch, Cantieni, Hüther, Tschacher, S. 85
16) Dispenza, S. 23; Siegel, S. 63
17) Dispenza, S. 23
18) Siegel, S. 64
19) Siegel, S. 48
20) Siegel, S. 50
21) Dispenza, S. 96
22) Hüther 2007, S. 40
23) Hüther 2007, S. 49
24) Siegel, S. 49
25) Hüther 2007, S. 53

Kapitel 2
1) Hüther 2008, DVD: 4.-7. Minute
2) Hüther 2007, S. 7
3) Hüther 2007, S. 122
4) Hüther 2007, S. 106
5) Hüther 2007, S. 105
6) Hüther 2007, S. 105
7) Hüther 2007, S. 107
8) Jäger 2005, CD, aber auch auf vielen anderen CDs von Willigis Jäger
9) Siegel, S. 141
10) vgl. Kapitel 2.2
11) vgl. Kapitel 2.5
12) vgl. Kapitel 1.4
13) Landauer, S. 60

14) Siegel, S. 142; siehe Einblick 3
15) Siegel, S. 143
16) eigene Bearbeitung aus Büttner, S. 112 und Quint, S. 324
17) zitiert nach Vogl, S. 10
18) zitiert nach Seltmann, S. 177
19) zitiert nach Seltmann, S. 193
20) zitiert nach Vogl, S. 16
21) zitiert nach Vogl, S. 11
22) zitiert nach Bernhart, S. 80
23) zitiert nach Büttner, S. 7
24) zitiert nach Bernhart, S. 85

Ausblick 2
1) siehe Kapitel 3.5
2) siehe Kapitel 8

Einblick 3
1) Siegel, S. 142
2) Siegel, S. 142
3) Siegel, S. 141
4) Siegel, S. 142
5) Siegel, S. 143
6) Siegel, S. 144
7) vgl. Kapitel 2.4 und 2.5
8) vgl. Kapitel 2.4 und 2.6

Kapitel 3
1) siehe Kapitel 7.1
2) Hüther 2006, DVD, zweiter Vortrag, ab 42. Minute
3) vgl. Kapitel 7.5 und 10.4
4) Jäger 2000, S. 40 und Jäger 2005, S. 23-25
5) Rennschuh 2010, S. 182-185
6) Tolle 2002, S. 15
7) vgl. Kapitel 2.1
8) vgl. Kapitel 2.5
9) Huxley, S. 9 – 15
10) vgl. Einblick 3
11) Hüther in Storch, Cantieni, Hüther und Tschacher, S. 97

Ausblick 3
1) in einem Interview mit Elisabeth Rusch
2) vgl. Einblick 1: sympathisches und parasympathisches Nervensystem

Anmerkungen

Teil 2 . Eine neue Sicht aufs Innehalten

Einblick 4

1) Haidt, S. 34
2) Hanson und Mendius, S. 39
3) Rennschuh 2010, S. 263
4) Hüther 2008, CD: Müssen wir umdenken, ... Tr. 11
5) Hüther 2008, CD: Müssen wir umdenken, ... Tr. 8
6) Rennschuh 2010, S. 258
7) Hüther 2006, DVD, 1. Vortrag, ab 20. Minute
8) Hüther 2007, CD: Mein Körper... Tr. 6 oder 2008, CD: Müssen wir umdenken... Tr. 8

Kapitel 4

1) siehe Kapitel 6
2) Jacoby 1994, S. 398
3) siehe Kapitel 6.5
4) Balk und Shields, S. 93
5) Hüther 2006, DVD, 2. Vortrag, ab 42. Minute
6) vgl. Kapitel 2.4
7) vgl. Kapitel 2.4
8) vgl. Kapitel 3.5
9) vgl. Kapitel 2.2
10) siehe Kapitel 6.2
11) Carrington & Cary, S. 64
12) Gallwey, S. 17
13) Gallwey, S. 124
14) Gallwey, S. 79
15) Gallwey, S. 81
16) Burzik in Mahlert, S. 266
17) Jacoby 1995, S. 71/2
18) Rennschuh 2011, S. 82
19) Rennschuh 2011, S. 84
20) Rennschuh 2011, S. 13
21) Rennschuh 2011, S. 17-42
22) Rennschuh 2010, S. 22-33
23) Kaiser in Kraus, S. 127 und in einem Interview zu sehen bei: You Tube: sz magazin 2009, Video-Kolumne, Frage 11: Warum gilt Wilhelm Furtwängler als der größte Dirigent aller Zeiten?
24) Kaiser in einem Interview zu sehen bei: You Tube: Prime Time – Joachim Kaiser über Pausen in der Musik, Furtwängler, Wagner und Verdi.

25) Kaiser in Kraus, S. 126
26) vgl. Einblick 3
27) Jacoby 1995, S. 14/5
28) Jacoby 1995, S. 24

Ausblick 4
1) Herrigel, S. 26-81

Einblick 5
1) vgl. Einblick 1: inhibitorische Neuronen
2) Golenhofen, S. 82
3) vgl. Einblick 1
4) vgl. Dehnungsreflex, siehe Rennschuh 2010, S. 241
5) Thompson, S. 301
6) Thompson, S. 306
7) Thompson, S. 211
8) Thompson, S. 213
9) Rennschuh 2010 und 2011, siehe auch Einblick 6
10) siehe Einblick 7
11) Knoch und Fehr 2007, S. 124
12) Knoch und Fehr 2007, S. 124-132
13) siehe Kapitel 8.3

Kapitel 5
1) Wilber 2001, S. 39-41 oder Wilber 2007, S. 59
2) Handeln im Innehalten, Stufe 3.1
3) vgl. Kapitel 2
4) vgl. 3.1 und 3.5
5) siehe Einblick 6
6) vgl. Kapitel 2.4
7) vgl. Kapitel 4.3
8) vgl. Kapitel 4.5
9) vgl. Kapitel 4.6
10) Rennschuh 2010, S. 228
11) Herrigel und Rennschuh 2010, S. 190
12) vgl. Kapitel 4.2
13) vgl. Kapitel 4.2 und siehe auch Kapitel 6.2
14) die zehn Ochsenbilder des Zen. Zu finden bei Jäger und Grimm 2009, S. 85-87.
    Die Bedeutung des zehnten Ochsenbildes: Die höchste Stufe der spirituellen Suche
    ist die Rückkehr in den Alltag.
15) Herrigel
16) vgl. Kapitel 2.6

Ausblick 5
1) vgl. Ausblick 3
2) siehe Ausblick 8
3) aus Sicht des Voice Dialogue könnte man sie als Selbste bezeichnen, siehe Kapitel 8

Übungen 5
1) Beispiele dafür in Bottini, S. 5, 22, 81, 131 usw.
2) vgl. Kapitel 4.3

Teil 3 . Das Innehalten erweitern und vertiefen

Einblick 6
1) Hüther 2006, CD: Von den biologischen Wurzeln... Tr. 7
2) Hüther 2008, CD: Müssen wir umdenken, ... Tr. 5
3) Siegel, S. 221
4) Hüther 2007, S. 98
5) siehe Kapitel 7.1
6) siehe Kapitel 6.2
7) Herrigel, S. 26-81, Rennschuh 2010, S. 191-199
8) vgl. Kapitel 2.2
9) vgl. Kapitel 2.2
10) Siegel, S. 157-160
11) Hüther 2008, CD: Müssen wir umdenken, ... Tr. 14

Kapitel 6
1) vgl. Kapitel 4.7
2) Jacoby 1994, S. 97
3) Jacoby 1994, S. 42
4) Rennschuh 2010, S. 22-46
5) vgl. Einblick 6
6) Hüther in Storch, Cantieni, Hüther, Tschacher, S. 95-97
7) Alexander 2006, S. 2-3 und Alexander 2001, S. 2-3
8) Bloch, S. 10-28
9) Alexander 2001, S. 18
10) Alexander 2001, S. 21
11) Alexander 2001, S. 19 und S. 25
12) vgl. Kapitel 5.1
13) vgl. Stufe 2.1 in Kapitel 5.3
14) vgl. Stufe 2.2 in Kapitel 5.4
15) vgl. Stufe 3.2 in Kapitel 5.4

16) vgl. Kapitel 4.3
17) Alexander 2001, S. 24
18) vgl. Kapitel 6.1
19) vgl. Einblick 6
20) Jacoby 1994
21) Jacoby 1994, S. 21, 97, 250, 310 und 326
22) Jacoby 1994, S. 13
23) Rennschuh 2010, S.258-260
24) Rennschuh 2010, S. 55-57
25) vgl. insbesondere Kapitel 2.3, 2.4, 2.5 und 3.5
26) Rennschuh 2010, S. 252-258
27) vgl. Einblick 2, Einblick 4 und Rennschuh 2010, S. 242-246
28) Rennschuh 2010, S. 246
29) siehe Kapitel 6.8
30) Rennschuh 2011
31) Rennschuh 2010, S. 120-139
32) Shaw und D`Angour, S. 93/4
33) vgl. Kapitel 5.3
34) vgl. Kapitel 4.6
35) Rennschuh 2010, S. 189-190 und 201-203
36) Buchtitel von Alexanders drittem Buch
37) vgl. Kapitel 6.4 und 6.8
38) siehe Kapitel 8

Einblick 7
1) Haidt, S. 27
2) Dispenza, S. 388
3) Dispenza, S. 369
4) Dispenza, S. 378
5) Haidt, S. 27
6) Haidt, S. 28
7) Dispenza, S. 361
8) Hanson und Mendius, S.124
9) Alexander 2006, S. 3 und Alexander 2001, S. 2
10) Storch, Cantieni, Hüther und Tschacher
11) vgl. Einblick 2 und Einblick 4
12) vgl. Kapitel 6.5 und Rennschuh 2010, S. 242-246

Kapitel 7
1) siehe Kapitel 8.4
2) siehe Ausblick 8
3) vgl. Kapitel 4.3 und 6.2

Anmerkungen

4) Herrigel, S. 26-81
5) vgl. Kapitel 2.5 und 4.1
6) Rennschuh 2011, S. 25-26
7) Rennschuh 2011, S. 39-45; Rennschuh 2010, S. 81-82
8) Jacoby 1994, S. 13
9) vgl. Einblick 2 und 7
10) Jäger 2000, S. 79-84; Jäger 2005: Das Leben endet nie. S. 23 und Jäger 2005: Die Wiederkehr der Mystik. S. 123-125 und vgl. Ausblick 1

Ausblick 7

1) vgl. Long

Einblick 8

1) vgl. Kapitel 6.2: Unsere Körperwahrnehmung ist mit unseren Gewohnheiten verbunden. Eine gewohnte Haltung fühlt sich aufrecht und gerade, eine gewohnte Bewegung stets richtig an. Ausführlich in: Rennschuh 2010, S. 79-81
2) vgl. Einblick 3
3) Metzinger, S. 18 und S. 23
4) Metzinger, S. 23
5) Metzinger, S. 23
6) Metzinger, S. 160
7) Metzinger, S. 23
8) Siegel, S. 236/7; Blackmore, S. 80
9) Siegel, S. 237/7; Blackmore, S. 80
10) Hanson und Mendius, S.259
11) Hanson und Mendius, S.259
12) Hanson und Mendius, S.258-260
13) Hanson und Mendius, S.264
14) Hanson und Mendius, S.260/1
15) Hanson und Mendius, S.261
16) Hanson und Mendius, S.261; Rennschuh 2010 u. Rennschuh 2011
17) Dyak, S. 9
18) Siegel, S. 39, S.131; Hanson und Mendius, S. 106; Haidt, S. 58; Blackmore, S. 113

Kapitel 8

1) Stone, S. 21
2) Stone, S. 37-46
3) Stone, S. 27
4) Eifert, McKay und Forsyth, S. 146, 155, 167
5) Eifert, McKay und Forsyth, S. 20-21
6) Jacoby 1994, S. 21-29
7) Jacoby 1994, S. 193

8) Hüther 2008, CD1: Wie man sein Gehirn.... Tr 4
9) siehe Einblick 9
10) Hüther 2008, CD2: Wie man sein Gehirn.... Tr 7
11) Ana Barner in einem Workshop in Berlin, September 2010

Teil 4 . Innenhalten in einem umfassenden Sinne

Einblick 9
1) Siegel, S. 23; Hanson und Mendius, S.218-238
2) Hanson und Mendius, S.26
3) vgl. Kapitel 7.4
4) vgl. Kapitel 6.1 und 6.8
5) siehe Kapitel 10
6) Siegel, S. 133
7) Siegel, S. 153
8) Metzinger S. 55; Dispenza, S. 86
9) Metzinger S. 54; Hanson und Mendius, S. 24
10) Hanson und Mendius, S. 24
11) Siegel, S. 49
12) Siegel, S. 49 und S. 217-218
13) Siegel, S. 11
14) Siegel, S. 215
15) Siegel, S. 214
16) Siegel, S. 214
17) vgl. Einblick 2
18) Siegel, S. 215
19) Siegel, S. 215
20) Siegel, S. 170
21) Siegel, S. 173
22) Siegel, S. 172
23) vgl. Kapitel 2.5
24) Hüther 2008, CD: Müssen wir umdenken... Tr. 11 und 12
25) Hüther 2008, CD2: Wie man sein Gehirn... Tr. 5
26) Hüther 2008, CD2: Wie man sein Gehirn... Tr. 6

Kapitel 9
1) Rennschuh 2010, S. 189-190 u. S. 201-203
2) vgl. Kapitel 2.2 u. 2.4
3) Shinjin-Mei, Seng-t'san in: Jäger und Grimm 2009, S. 70
4) Shinjin-Mei, Seng-t'san in: Jäger und Grimm 2009, S. 70
5) Herrigel, S. 76

6) Herrigel, S. 77
7) siehe Kapitel 9.8
8) Daio Kokushi: Über Zen in: Jäger und Grimm 2009, S. 66
9) vgl. Einblick 3
10) vgl. Kapitel 4.3
11) vgl. Kapitel 6.2
12) Alexander 1995, S. 196
13) vgl. Kapitel 6.2 und 6.3
14) Rennschuh 2010, S. 182-188
15) Rennschuh 2010, S. 193-199
16) vgl. Einblick 6
17) Alexander 1992, S. 38; Alexander 2001, S. 17
18) Alexander 1992, S. 38; Alexander 2001, S. 17
19) Alexander 1992, S. 33; Alexander 2001, S. 12
20) vgl. Kapitel 2.3
21) vgl. Kapitel 3.4 und 3.5
22) vgl. Kapitel 3.5
23) vgl. Kapitel 4
24) Tolle 2002, S. 63-64

Einblick 10
1) vgl. Einblick 4
2) Siegel, S. 145-146
3) vgl. Einblick 4 und 7
4) Siegel, S. 146
5) Siegel, S. 146
6) vgl. Kapitel 7.4
7) Dispenza, S. 32-37
8) Dispenza, S. 42-46
9) Dispenza, S. 60
10) Dispenza, S. 69
11) Dispenza, S. 72
12) vgl. Kapitel 2.2

Kapitel 10
1) Tolle 2004, CD
2) Schiller: Sprüche des Konfuzius
3) vgl. das Eingangszitat aus den Wanderjahren
4) vgl. das Eingangszitat aus den naturwissenschaftlichen Schriften
5) vgl. Kapitel 2.2
6) Dürckheim, S. 113

Innehalten | Die Tiefe des Lebens entdecken

Teil 5 . Alles ist anders

Einblick 11
1) „Gehirn←→Geist-Wechselwirkung": Eccles, S. 26
2) Eccles, S. 17
3) Eccles, S. 69
4) siehe Einblick 12
5) Das Bewusstsein (bzw. der Beobachter) bewirkt in der Wahrscheinlichkeitsdeutung der Quantenphysik die Auswahl. Es macht aus vielen möglichen Zuständen einen tatsächlich beobachteten: siehe Einblick 12
6) Eccles S. 113-114
7) Eccles S. 128
8) Eccles S. 261
9) Libet, S. 227-228
10) McTaggart 2003, S. 126, S. 132
11) McTaggart 2003, S. 131
12) McTaggart 2003, S. 136
13) McTaggart 2007, S. 64
14) McTaggart 2003, S. 144
15) McTaggart 2003, S. 145
16) McTaggart 2003, S. 146
17) siehe Einblick 12
18) McTaggart 2003, S. 48-51, S. 211

Kapitel 11
1) vgl. Ausblick 1 und Kapitel 7.5; siehe Einblick 12
2) siehe Kapitel 12.6
3) vgl. Einblick 7
4) vgl. Einblick 9
5) vgl. Einblick 8
6) vgl. Einblick 9
7) vgl. Ausblick 9
8) vgl. Kapitel 4.3 und 6.2
9) zur Ganzheitlichkeit des psycho-physischen Geschehens: vgl. Kapitel 6.10
10) vgl. Kapitel 12.6
11) vgl. Alexanders Vorgehen beim Experimentieren mit seiner Stimme: Kap. 6.2
12) Rennschuh 2010, S. 222

Ausblick 11
1) Senancour, 63. Brief
2) James, S. 473; siehe Ausblick 12
3) frei nach Boerner, S. 21

Anmerkungen

4) Maharshi, S. X
5) Maharshi, S. X-XI
6) Maharshi, S. XV
7) Maharshi, S. 39
8) Maharshi, S. 39
9) Maharshi, S. XVI
10) Maharshi, S. 37
11) Maharshi, S. XVII

Einblick 12

1) Goswami, S. 13
2) Heisenberg, S. 193, 280
3) Sattar, S. 287- 297
4) Zu geistigen Objekten zählen beispielsweise Gedanken und unser Ich.
5) Goswami 2007, S. 214
6) Goswami 2007, S. 215-216
7) Goswami 2007, S. 216
8) Goswami 2007, S. 218
9) Goswami 2007, S. 222
10) Goswami 2007, S. 219
11) Goswami 2007, S. 214
12) Goswami 2007, S. 257
   Goswami schreibt, das Ego entstehe im Spiegel des Gedächtnisses aus sekundären Nachklängen von Primärerfahrungen.
13) Goswami 2007, S. 237
14) Goswami 2007, S. 255
   Nach Goswami agiert das Selbst in zwei Modalitäten: zum einen in der des konditionierten, klassischen Egos und zum anderen in der nicht konditionierten Quanten-Modalität. S. 257: Goswami gebraucht für das Selbst, das reines Bewusstsein erfährt, das alte Sanskrit-Wort „atman". Er nennt es auch das Quanten-Selbst.

Kapitel 12

1) vgl. Einblick 12
2) vgl. Kapitel 5.1
3) vgl. Kapitel 2.3, 2.4, 3.5 und 9.8
4) Zentext: Shinjin Mei, siehe Jäger und Grimm 2009, S. 71
5) Weber, S. 14-15
6) Weber, S. 44-45
7) Weber, S. 46
8) Hüther 2011, S. 129
9) Weber, S. 183
10) Weber, S. 182

Innehalten | Die Tiefe des Lebens entdecken

11) Weber, S. 181
12) Weber, S. 240-241
13) Weber, S. 89
14) vgl. Einblick 12
15) nichtlokale Fernwirkung: siehe Einblick 12: Einschub, letzter Absatz
16) Goswami 2007, S. 280; weitere Hinweise zur Nichtlokalität des Geistes: S. 210
17) Rennschuh 2010, S. 37
18) Jung, S. 279
19) vgl. Kapitel 4-6
20) vgl. Kapitel 6.1
21) vgl. Kapitel 6.1
22) vgl. Kapitel 6.10
23) vgl. Kapitel 11.1

Ausblick 12
1) James, Klappentext des Herausgebers, innen
2) James, S. 473
3) Schrödinger, S. 83
4) Schrödinger, S. 71
5) zitiert nach Deussen, S. 4232 (vgl. Veda-Geheimlehre, S. 65)
6) zitiert nach Deussen, S. 4333 (vgl. Veda-Geheimlehre, S. 147)
7) zitiert nach Deussen, S. 4334 (vgl. Veda-Geheimlehre, S. 148)
8) zitiert nach Deussen, S. 4335 (vgl. Veda-Geheimlehre, S. 148)
9) Laotse, S. 28484 (vgl. Laotse-Tao*, S. 14),
   Anmerkung des Übersetzers Richard Wilhelm: Es wurde von uns durchgängig das Wort SINN gewählt. Dies geschah im Anschluss an die Stelle im Faust I, wo Faust vom Osterspaziergang zurückkehrt, sich an die Übersetzung des Neuen Testament macht und die Anfangsworte des Johannesevangeliums u.a. mit: „Im Anfang war der Sinn" wiederzugeben versucht. Es scheint das die Übersetzung zu sein, die dem chinesischen „dao" in seinen verschiedenen Bedeutungen am meisten gerecht wird. Das chinesische Wort geht von der Bedeutung „Weg" aus, von da aus erweitert sich die Bedeutung zu „Richtung", „Zustand", dann „Vernunft", „Wahrheit".
10) Laotse, S. 28522 (vgl. Laotse-Tao, S. 3)
11) Laotse, S. 28547 (vgl. Laotse-Tao, S. 13)
12) Laotse, S. 28560 (vgl. Laotse-Tao, S. 18)
13) Laotse, S. 28604 (vgl. Laotse-Tao, S. 37)
14) Laotse, S. 28602 (vgl. Laotse-Tao, S. 36)
15) zitiert nach Jäger und Grimm 2009, S. 16
16) Lukasevangelium 17, 20-21
17) frei nach Mumonkan S. 64

Literaturverzeichnis

Alexander, F.M.: The Use of the Self. Gollancz, London 1992.
Alexander, F.M.: Der Gebrauch des Selbst. Karger, Freiburg 2001.
Alexander, F.M.: Die konstruktive bewusste Kontrolle des individuellen Menschen.
    Karger, Freiburg 2006.
Alexander, F.M.: Articles and Lectures. Mouritz, London 1995.

Balk, M. und A. Shields: The Art of Running. Ashgrove Publishing, London 2000.
Bernhart, J.: Deutsche Mystiker, Band III: Meister Eckhart.
    Verlag der Jos. Kösel'schen Buchhandlung, München 1914.
Bloch, M.: F.M. Alexander. Little, Brown, London 2004.
Blackmore, S.: Consciousness. Oxford University Press, Oxford 2005.
Bottini, O.: Das große O.W. Barth-Buch des Zen. Scherz, Bern 2002.
Boerner, M.: Byron Katies The Work. Goldmann, München 1999.
Brück, v. M.: Zen. C.H. Beck, München 2004.
Büttner, H.: Meister Eckharts Schriften und Predigten. Eugen Diederichs, Jena 1917.

Carrington, W. und S. Cary: Explaining the Alexander Technique.
    Sheildrake Press, London 1992.

Deussen, Dr. P. (Übersetzer): Die Geheimlehre des Veda. Brockhaus, Leipzig 1919
    (In: Asiatische Philosophie. Indien und China. Digitale Bibliothek, CD-ROM.
    Zweitausendeins, Frankfurt am Main.)
Dispenza, J.: Schöpfer der Wirklichkeit. KOHA-Verlag GmbH Burgrain 2010.
Dyak, M.: The Voice Dialogue. Facilitator's Handbook. Part I. Energy Press, Seattle 1999.

Eccles, J.C.: Wie das Selbst sein Gehirn steuert. Piper, München 1996.
Eifert, G., McKay, M. und Forsyth, J.: Mit Ärger und Wut umgehen. Huber, Bern 2009.

Graf Dürckheim, K.: Vom doppelten Ursprung des Menschen. Herder, Freiburg 1973.
Goethe, J.W.v: Werke 3. Bd., Insel, Frankfurt 1981.
Gallwey, T.: The Inner Game of Tennis. Pan Books, London 1986.
Golenhofen, K.: Basislehrbuch der Physiologie. Elsevier GmbH, München 2004.
Goswami, A.: Das bewusste Universum. Lüchow, Stuttgart 2007.
Goswami, A.: Die schöpferische Evolution. Lüchow, Stuttgart 2009.

Haidt, J.: Die Glückshypothese. VAK Verlags GmbH, Kirchzarten bei Freiburg 2007.
Hanson, R. und R. Mendius: Das Gehirn eines Buddha. Arbor Verlag GmbH, Freiburg 2010.
Heisenberg, W.: Der Teil und das Ganze. Piper, München 1996.
Herrigel, E.: Zen in der Kunst des Bogenschießens. O.W. Barth, 1983.
Hüther, G.: Bedienungsanleitung für ein menschliches Gehirn.
   Vandenhoeck & Ruprecht, Göttingen 2007.
Hüther, G.: Was wir sind und was wir sein könnten. Fischer, Frankfurt am Main 2011.
Hüther, G.: Von den biologischen Wurzeln zur transformierenden Kraft der Liebe.
   CD, Auditorium Netzwerk, Müllheim 2006.
Hüther, G.: Brainwash: Einführung in die Neurobiologie für Pädagogen,
   Therapeuten und Lehrer. DVD, Auditorium Netzwerk, Müllheim 2006.
Hüther, G.: Mein Körper, das bin doch ich. CD, Auditorium Netzwerk, Müllheim 2007.
Hüther, G.: Müssen wir umdenken, umfühlen oder etwas einfach nur ganz anders machen,
   damit sich unser Gehirn verändert? CD, Auditorium Netzwerk, Müllheim 2008.
Hüther, G.: Wie man sein Gehirn optimal nutzt. CD, Auditorium Netzwerk, Müllheim 2008.
Hüther, G.: Die vergebliche Suche der Hirnforscher nach dem Ort,
   an dem die Seele wohnt. DVD, Auditorium Netzwerk, Müllheim 2008.
Huxley, A.: Eiland. Piper Verlag, München 1973.

Jacoby, H.: Jenseits von „Begabt" und „Unbegabt". Christians Verlag, Hamburg 1994.
Jacoby, H.: Jenseits von „Musikalisch" und „Unmusikalisch". Christians Verlag, Hamburg 1995.
Jäger, W.: Die Welle ist das Meer. Herder, Freiburg im Breisgau 2000.
Jäger, W.: Wiederkehr der Mystik. Herder, Freiburg im Breisgau 2005.
Jäger, W.: Das Leben endet nie. Theseus Verlag, Berlin 2005.
Jäger, W.: Der goldene Wind. CD, Wege der Mystik, Holzkirchen 2005.
Jäger, W. und B. Grimm: Die Flöte des Unendlichen. Wege der Mystik, Holzkirchen 2009.
James, W.: Die Vielfalt religiöser Erfahrung. Insel, Frankfurt 1997.
Jung, C.G.: Archetyp und Unbewusstes. Grundwerk Band 2. Walter, Freiburg 1989.

Kandel, E., Schwartz, J. und Jessell, T.: Neurowissenschaften.
   Spektrum Akademischer Verlag, Heidelberg 1996.
Knoch, D. und Fehr, E. 2007: Resisting the Power of Temptations. The Right Prefrontal Cortex
   and Self-Control. Annals of the New York Academy of Siences 1104: 123-134.
Kraus, G.: Ein Maß, das heute fehlt. Otto Müller Verlag, Salzburg 1986.

Landauer, G.: Meister Eckhart: Mystische Schriften. Insel Verlag, Frankfurt 1991.
Laotse: Tao Te King. Das Buch des Alten vom Sinn und Leben. Übersetzer: Richard Wilhelm.
   Eugen Diederichs Verlag, Düsseldorf/Köln 1952. (In: Asiatische Philosophie. Indien und
   China. Digitale Bibliothek, CD-ROM. Zweitausendeins, Frankfurt am Main.)
Leong, K.S.: Jesus – der Zenlehrer. Herder, Freiburg im Breisgau 2000.
Libet, B.: Mind Time. Wie das Gehirn Bewusstsein produziert. Suhrkamp, Frankfurt 2007.
Long, Dr. J.: Beweise für ein Leben nach dem Tod. Goldmann, München 2010.

Literaturverzeichnis

McTaggart, L.: Das Nullpunkt-Feld. Goldmann, München 2003.
McTaggart, L.: Intention. VAK, Kirchzarten 2007.
Maharshi, Sri R.: The Collected Works of Sri Ramana Maharshi.
　Sri Ramanasramam, Tiruvannamalai, 2007.
Mahlert, U.: Handbuch Üben. Breitkopf und Härtel, Wiesbaden, 2006.
Metzinger, T.: Der Ego-Tunnel. Berliner Taschenbuch Verlag, Berlin 2010.
Mumonkan: Die torlose Schranke. Übertragen und kommentiert von Koun Yamada Roshi.
　Kösel, München 2011.

Quint, J.: Meister Eckehart: Deutsche Predigten und Traktate. Diogenes Verlag, Zürich 1979.

Rennschuh, H.: Das Richtige geschieht ganz von allein. Kamphausen, Bielefeld 2010.
Rennschuh, H.: Klavierspielen, Alexander-Technik und Zen. Wißner Verlag, Augsburg 2011.

Sattar, A.: Was ist Bewusstsein? Germania-Com, Berlin 2011.
Schrödinger, E.: Mein Leben, meine Weltsicht. DTV, München 2006.
Seltmann, C.: Angelus Silesius und seine Mystik. Aberholz' Buchhandlung, Breslau 1896.
Senancour, de, E.P.: Oberman. Roman in Briefen. Insel, Frankfurt 1982.
Shaw, S. und A. D`Angour: The Art of Swimming. Ashgrove Press, Bath 1997.
Siegel, J.S.: Das achtsame Gehirn. Arbor Verlag, Freiamt 2010.
Stone, H. und S. Stone: Embracing Our Selves. New World Library, Novato 1989.
Storch, M., B. Cantieni, G. Hüther und W. Tschacher: Embodiment.
　Verlag Hans Huber, Bern 2006.

Thompson, R.: Das Gehirn. Spektrum Akademischer Verlag, Heidelberg 2010.
Tolle, E.: The Power of Now. Hodder & Stoughton, London 1999.
Tolle, Eckhart: Jetzt – Die Kraft der Gegenwart. J.Kamphausen
　in Kamphausen Media GmbH, Bielefeld 2023.
Tolle, Eckhart: Es ist immer Jetzt! CD. J.Kamphausen
　in Kamphausen Media GmbH, Bielefeld 2023.
Tolle, E.: Eine neue Erde. Goldmann, München 2005.
Tolle, E.: A New Earth. Penguin, London 2005.

Vogl, C.: Silesius, Angelus: Der Cherubinische Wandersmann. Einhorn Verlag, Dachau 1922.

Wber, A.: Alles fühlt. Berlin Verlag, Berlin 2008.
Wehmeyer, G.: Langsam leben. Herder, Freiburg 2000.
Wilber, K.: Eros, Kosmos. Logos. Fischer Taschenbuch Verlag, Frankfurt am Main 2001.
Wilber, K.: Integrale Spiritualität. Kösel, München 2007.

Danksagung

Danken möchte ich vor allem meiner Seelengefährtin und Frau Elisabeth, die mit ihrer liebevollen Unterstützung durch Rat und Tat wesentlich zur Entstehung des Buches beigetragen hat.

Von Herzen danken möchte ich meinen Eltern, Helmut (1925–2014) und Ursula (1930–2013), die mir mit ihrer Liebe ein Fundament für meine Arbeit geschenkt haben, auch wenn mir dies Fundament lange Zeit verborgen geblieben ist.

Herzlich Danken möchte ich allen Freunden und Lehrern der Alexander-Technik, die mich über die Jahre darin unterstützt haben, meinen Weg zu finden, insbesondere meiner Freundin Jeanne Day (1918–2010).

Mein herzlicher Dank geht auch an meine Lehrer vom Voice-Dialogue, insbesondere meinen beiden „facilitators" Theres Grau und Ana Barner. Ana danke ich auch besonders für ihre wichtigen Hinweise zum Voice-Dialogue-Kapitel.

Bernd Dahlhaus, der das Manuskript schon zu einem frühen Zeitpunkt gelesen hatte, danke ich herzlich für wichtige Hinweise und Anregungen.

Herzlicher Dank geht an den Kamphausen-Verlag, insbesondere an Anne Petersen, die immer ein offenes Ohr für mich hatte, an Kerstin Fiebig für die Gestaltung des Buches und die gute Zusammenarbeit und an Otmar Fischer für das gründliche Lektorat.

Helmut Rennschuh
Das Richtige geschieht ganz von allein
Loslassen mit Alexander-Technik und Zen
ISBN 978-3-75836-732-8

€ 22,50

Das Buch stellt die Alexander-Technik als eine Kunst des Nicht-Tuns vor. Nicht-Tun bezeichnet eine Qualität in der Bewegung, die sich als Leichtigkeit, Freiheit und Natürlichkeit in allen Aktivitäten des täglichen Lebens zeigen kann. Diese Qualität können wir durch eine bewusste Ausrichtung in unsere Handlungen bringen. Das Buch beschreibt einen Weg der Achtsamkeit, der mit seinem ganzheitlichen Ansatz auf der natürliche Koordination des Körpers aufbaut.

Viele anschauliche Beispiele und Experimente runden die Darstellung ab. Zahlreiche Abbildungen helfen die Körperwahrnehmung zu erweitern.

Milton Keynes UK
Ingram Content Group UK Ltd.
UKHW021900231124
451423UK00005B/496